大展好書　好書大展
品嘗好書　冠群可期

大展好書　好書大展

品嘗好書　冠群可期

道家養生與生命科學 ⑥

世界著名壽星吳雲青談中國傳統養生之道

吳雲青　原著

蘇華仁　丁成仙　劉裕明　徐曉雪　編著

大展出版社有限公司

中國道家內丹養生之道祖師中華民族神聖祖先　黃帝　聖像

中國道家養生祖師老子坐像

世界著名老壽星吳雲青1996年8月
攝於陝北青化寺後山修道處（時年158歲）

世界著名壽星吳雲青談中國傳統養生之道

道法自然

吳云青丙子年

世界著名老壽星吳雲青1996年8月攝於陝北青化寺

世界著名老壽星吳雲青大師靜心打坐，體悟人生智慧

世界著名壽星吳雲青談中國傳統養生之道

中國道教協會會長閔智亭給吳老題字

道天人福丹扥弘
造福人天

士善下天贈
吳云青书

丙子年秋

世界著名丹道養生壽星吳雲青墨寶

苏华仁道长

丹道回春

丙戌秋

唐明邦

世界著名壽星吳雲青談中國傳統養生之道

當代易道研究名家唐明邦墨寶

謹將本叢書敬獻給

**中國道家養生之道集大成者
中華民族神聖祖先黃帝，老子**

獻給渴望康壽事業成功，天人合一者。

中華聖祖黃帝、老子養生之道禮贊：

> 浩浩茫茫銀河悠，
> 浮動蔚藍地球，
> 造化生人世間稠；
> 生老病亡去，
> 轉眼百春秋。

> 黃帝、老子創養生，
> 度人超凡康壽，
> 道法自然合宇宙；
> 復歸於嬰兒，
> 含笑逍遙遊。

——蘇華仁於
《中國道家養生全書與現代生命科學叢書》總主編
道易養生院2008年春於廣東羅浮山沖虛觀東坡亭

142歲的吳雲青增補為延安市政協委員

陝西省延安市青化砭村142歲的老人吳雲青，增補為延安市五屆政協委員。

吳雲青出生於清朝道光18（戊戌）年臘月（即1839年）。原為青化寺長老，現為人民公社社員。他雖然經歷了142個春秋，但仍精神矍鑠，步履穩健。

張純本攝（新華社稿）

1980年9月10日《人民日報》第四版

世界著名生物學家牛滿江博士1982年專程來中國北京向邊智中道長學練中國道家養生時合影

唐明邦序

現代科學發展日新月異。無論宏觀世界或微觀世界研究都有長足進展。唯人體生命科學研究，相對滯後。人類養生之道和生命科學研究成為當今熱門課題，實非偶然。《中國道家養生與現代生命科學系列》叢書，正好為人們提供一套中國先賢留下的寶貴養生經典文獻與養生之道，閱後令人高興頗感實用。其中主要包括：

① 中國道家養生學說；

② 中國道家養生精華內丹養生之道；

③ 中國道家內丹養生之道與現代生命科學結合對當代人類身心健康的啟示。

我今真誠向讀者推介本叢書，同時簡要試論其內容如下：

一、關於中國道家養生學說

早在2500多年前，中國道家已提出深刻的養生學說，建立了完整思想體系，成為中華傳統文化中的瑰寶。中華聖祖道家始祖黃帝、道家祖師老子，首先闡揚天人統一宇宙觀。《黃帝陰符經》精闢指出：「宇宙在乎手，萬化生乎身。」《老子道德經》第二十五章曰：「人法地，地法天，天法道，道法自然。」強調人同自然和諧統一。《老子道德經》第四十二章，同時闡發「萬物負陰而抱陽，沖

氣以為和」的生命哲學，肯定人體保持陰陽和諧和維護生命的基本要求。莊子《齊物論》強調「天地與我並生，萬物與我為一，」人體小宇宙與天地大宇宙是息息相通的統一體。這也同《黃帝內經‧素問‧上古天真論》堅持的「法於陰陽，和於術數」哲學思想與養生原理完全一致。

道家養生學說既指導又吸取中國傳統中醫學中的臟腑、經絡、氣血理論，認為人體生理機能的正常發揮，全靠陰陽與五行（五臟的代表符號）的相生相剋機制，調和陰陽、血氣，促使氣血流暢，任、督二脈暢通。後來道教繼承這一思想傳統，實現醫道結合，高道多成名醫，名醫亦多高道。宗教與科學聯盟，成為中國道家與道教文化的重大特徵。

中國道家養生學說、博大精深包容宇宙，但其養生之道卻至簡至易。其養生三原則如下：

① 道家養生思想與養生之道首先重心性修養，《老子道德經》第十九章強調「少私寡欲，見素抱樸」淡泊名利，貴柔居下，不慕榮華，超脫塵世紛擾。

② 道家養生、養性同時重視性格與生活習慣的修養，其核心機制尤貴守和。心平氣和，血氣平和，心性和諧。

③ 在修練完成心性和諧，道家則進一步提出性、命雙修，即心性與肌體雙修，最終達到天人合一，心理與肌體都復歸於嬰兒，長生久視。

道家養生三原則是道家養生最根本、最偉大之處，實乃人類養生至寶。具有深遠科學價值與應用價值，這是歷史經驗與結論。

二、關於中國道家養生精華內丹養生之道

中華民族神聖祖先、中國道家祖師黃帝，中國道家大宗師老子創立的道家養生學說和道家內丹養生之道，為後來的中國道教繼承並發展，並以之為指導原則，繼承、創立了多種養生方術，如服食、導引、胎息、存神、坐忘、房中術等；再經過歷代丹家長期實踐修練，不斷總結提升，形成完整的內丹學體系，成為中國道教養生學說與實踐的中心內容。故載於中國《道藏》的《黃帝陰符經》、《老子道德經》《太上老君內丹經》，是有史以來中國道家內丹養生之道最早的經典，因此，中國宋代道家內丹養生之道名家、中國道教南宗祖師張伯端在《悟真篇》曰：

> 陰符寶字逾三百，
> 道德靈文止五千，
> 今古上仙無限數，
> 盡從此處達真詮。

道家內丹養生之道的操作規程，多由師徒口傳心授，不立文字，立為文字者多用金烏、玉兔、赤龍、白虎、嬰兒、姹女、黃婆、黃芽等隱喻，若無得道名師點傳，外人實難領悟。

修練內丹，最上乘的修法是九轉還丹，其目的是讓人類由內練生命本源精、氣、神，達到「還精補腦」，再進一步達到天人合一；達到《老子道德經》第五十九章中講的：「是謂深根固蒂、長生久視之道。」其具體修練法如下：首先要安爐立鼎。外丹的鼎，指藥物熔化器，爐，指

生火加熱器。內丹養生之道謂鼎爐均在身內。一般指上丹田為鼎，下丹田為爐。前者在印堂後三寸處，後者在臍下三寸處。還有中丹田在膻中穴，煉丹過程即「藥物」在三丹田之間循環。

煉丹的藥物，亦在人身內。指人體的精、氣、神，丹家謂之三寶。乃人體內生命的三大要素。精為基礎，在下丹田；氣為動力，在中丹田；神為主宰，在上丹田，實指人的心神與意念力。煉丹過程就是用自己的心神意念主導人體精水與內氣在三丹田線上回還，以心神的功力調協呼吸，吐故納新，調理、優化人體生理機能。

煉丹過程中「火候」極為重要。心神主導精、氣、神三寶在三田中循環往復，必須嚴格掌控其節奏快慢，深淺層次，是為「火候」。練丹成功與否，關鍵在於火候的調控，若無得道、同時修練成功的內丹學名師點傳，實難知其訣竅。

內丹修練，分三個階段，火候不同，成就各異，三個階段，當循序漸進，前階段為後階段打基礎，不可超越。

小成階段，練精化氣。以心神主導精與氣合一，即三化為二。此時內氣循行路線為河車，旨在打通任、督二脈，促使百脈暢通，有健體祛病功效。河車，喻人體內精氣神運行時，恍恍惚惚的軌跡。中成階段，練氣化神。達到神氣合一，即二化為一。是為中河車，功可延壽。大成階段，練神還虛，也稱練神合道，天人合一，即自身精氣神歸於太虛，太虛以零為代表，即一化為零。太虛與《周易》太極相似，指天地未分之先，元氣混而為一的狀態。此謂大河車或紫河車，乃達到長生久視的最高成就。

總的來看，練丹過程同宇宙衍化過程正好相反。宇宙

衍化是《老子道德經》第四章所講的那樣：道生一，一生二，二生三，三生萬物。由簡而繁，稱為「順則生人。」丹法演化是由三而二，由二而一，由一而零，由精氣神的生命體、返歸太虛，稱為「逆則成仙。」《老子道德經》第十六章曰：「歸根曰靜，靜曰復命。」實現此一法則，端賴火候掌控得法。

丹家指出：內氣在丹田中運轉，火候的調控，須透過「內觀」或「內照」。內觀指的是人的意念集中冥想體內某一臟腑或某個神靈，做到排除一切思慮，保持絕對寧靜。意念猶如心猿意馬，極易逃逸；內觀要求拴住心猿意馬，使心神完全入靜，其功用是自主調控生理系統。入靜在養生中的重要性，為儒佛道所共識。儒家經典《禮記‧大學》載孔子主張「定而後能靜，靜而後能安，安而後能慮。」其足以開發智慧。佛教主禪定，亦以靜慮為宗旨。《老子道德經》第十六章強調「致虛極，守靜篤」，為修道根本。

凝神靜慮以修道，必須首先排除外界的九大阻難，如衣食逼迫，尊長勸阻，恩愛牽纏，名利牽掛等。丹道要求「免此九難，方可奉道。」內觀過程，更大的障礙是「十魔」，即種種美妙幻象引誘，或兇惡幻象恫嚇，均能破壞修練者的意志，使其以為修練成功而中止修練。

美妙幻象有：金玉滿堂（富魔），封侯拜相（貴魔），笙歌嘹亮（樂魔），金娥玉女（情魔），三清玉皇（聖賢魔）等；兇惡幻象有：路逢凶黨（患難魔），兒女疾病（恩愛魔），弓箭齊張（刀兵魔）等，丹家要求見此十魔幻象應「心不退而志不移」，「神不迷而觀不散」。必須「免此十魔，方可成道」。

其詳情請參閱《鍾呂傳道集·論魔難第十七》。

道家內丹養生之道、也稱作內丹學或內丹術,是在道家養生理論指導下制定的一套修練程式。理論離開方術,容易流於空談;方術失去理論指導,將失去方向與依歸。中國道家道教的內丹養生學,理論與實踐結合,故能保持其永久魅力,造福人類,享譽古今中外。

故世界著名科學家李約瑟在《中國科技史》一書中,高度評價中國道家內丹養生之道,他寫道:中國的內丹,成為世界早期生物化學史上的一個里程碑。

三、關於道家內丹學與現代生命科學結合對人類康壽的啓示

自然科學的發展,到20世紀下半頁,興起系統科學與復雜科學,宏觀研究與微觀研究同時深化,迎來了「科學革命」。大力開展天地生人的綜合研究,建立了天地生人網路觀,從而將整個自然科學特別是人體生命科學研究推向發展新階段。人們開始發現,人體生命科學研究的目標任務,同中國道家與道教內丹學的目標任務,十分相近,其主要內容有四:

① 優化生命。由優生、優育到生命的優化,使免疫力提高,排除疾病困擾;保持血氣平和,生理機能旺盛,耳聰目明,精神奮發。

② 促進生命延續。做到健康長壽,童顏鶴髮,返老還童,黛髮重生,長生久視。

③ 開發智慧。增強認知力、記憶力;超強的隨機應變力、獨創力;直覺頓悟,捕捉可遇而不可求的奇思妙悟;打開思想新境界,發現新的科學規律或物質結構。

④開發人體潛能，具備超常的能量，抗強力打擊，不畏嚴寒、酷暑，耐饑渴、能深眠與久眠；具有透視功能、預測神通；誘發常人所不具備的特異功能。

人體潛能的開發，關鍵在人的大腦，人腦的功能，目前只用到百分之幾；許多人體功能的奧秘尚待破解。超越人的生命界線，早已成為道家道教內丹術奮鬥的目標。這實際上已為人體生命科學提出新任務和新課題。

四川教育出版社 1989 年出版的《錢學森等論人體科學》一書載：舉世聞名的中國科學家錢學森早有科學預見：「中醫理論，氣功科學，人體特異功能，是打開生命科學新發展之門的一把鑰匙。」錢學森同時指出：「結合科學的觀點，練功、練內丹。」道家內丹學將為生命科學提供新的課題，新的研究方法，引起生命科學的新突破；現代生命科學將以其現代化的科學手段，幫助道家內丹術進行測試、實驗、總結，使之上升到理論高度，構建更完備的理論思想體系，制定更加切實可行、利於普及的修練程式。兩者結合，相互促進，相得益彰。必將對現代人類身心健康長壽、事業成功做出巨大貢獻。

《中國道家養生與現代生命科學系列叢書》的出版，正好為二者架上橋樑。道家養生著作甚多，講服食、導引、胎息、存神、守一、坐忘、房中術均有專著。內丹學著作，由理論與方術結合緊密，成為道家道教養生文化的核心，其由行家編著的尚不多見。現經世界著名丹道老壽星吳雲青入室弟子，內丹名師、全書總主編蘇華仁道長，約集海內外部分丹道行家擇其精要，精心校點，詳加注釋、評析，或加今譯，分輯分期出版，洋洋大觀，先賢古仙宏論盡收眼底，內丹養生學與生命科學研究經典文獻，

熔於一爐。生命科學激發內丹學煥發新的活力；內丹學為生命科學研究提供新的參照系統，打開新思路，開拓新領域，兩大學科攜手並進，定能為研究中華傳統文化打開新局面，綻繁花，結碩果，造福全人類。

總主編蘇華仁道長徵序於愚，卻之不恭，聊陳淺見以就正於方家。同時附上近作「道家道教內丹學與中國傳統文化」一文，本文為2008年四月在華中師大舉行的「全真道與老莊學國際學術研討會論文。」

唐明邦簡介：

唐明邦：男，號雲鶴。重慶忠縣人。1925年生。武漢大學哲學學院教授，博士生導師，中國當代著名易學家。畢業於北京大學哲學系，歷任中國哲學史學會理事，中國周易研究會會長，國際易學聯合會顧問，東方國際易學研究院學術委員，中國周易學會顧問，湖北省道教學術研究會會長等職。

主講中國哲學史，中國辯證法史，中國哲學文獻，易學源流舉要，道教文化研究等課程。

著作有《邵雍評傳》附《陳摶評傳》、《當代易學與時代精神》、《易學與長江文化》、《論道崇真集》、《李時珍評傳》、《本草綱目導讀》。主編《周易評注》、《周易縱橫錄》、《中國古代哲學名著選讀》、《中國近代啓蒙思潮》；合編《中國哲學史》、《易學基礎教程》、《易學與管理》。多次應邀參加國際易學、道學、儒學、佛學、學術會議。應邀赴香港、臺灣講學。發表學術論文多篇。

世界著名壽星吳雲青談中國傳統養生之道

董應周序

中華道家內丹養生　人類和諧發展福星

　　史載由中華聖祖黃帝、老子創立的中華傳統絕學、道家內丹養生大道，自古迄今，修練者眾多。得真傳修練成功者，當代海內外有數。

　　世界著名道家內丹養生壽星吳雲青弟子、蘇華仁道長數十載寒暑，轉益多師，洗心修練，易筋髓化神氣，還精入虛，丹道洞明，遂通老子養生學真諦，庶幾徹悟人生妙境。但不願意自有、欲天下共用之。故而與諸同道共編《中國道家養生與現代生命科學系列叢書》，將丹道精華、公諸於世，使天下士人，能聞見此寶，持而養身，養人養家，利民利國利天下，誠謂不朽之盛事業。

　　何緣歟？蓋為21世紀人類文明，雖已可分裂原子，利用核能，控制基因，進行宇宙探索，然而，對自身卻知之甚少，人們能登上月球，卻不肯穿過街道去拜訪新鄰居；我們征服了高遠太空，卻征服不了近身內心，我們對生命真相的理解，至今還停留在蛋白質，基因、神經元等純物質層面。而在精神層面，知之更少：僅及於潛意識，稍深者，亦不過榮格的「集體潛意識，」當今世界、物質主義大行其道，人類精神幾近泯滅，有識之士，大聲疾呼，人類文明若不調整自己物質至上的發展方向，將會走向自我毀滅。

　　二次大戰後，1984年11月，美國參謀長聯席會議主席

布魯德利說：「我們有無數科學家卻沒有什麼宗教家。我們掌握了原子的秘密，卻摒棄了耶穌的訓喻。人類一邊在精神的黑暗中盲目地蹣跚而行，一邊卻在玩弄著生命和死亡的秘密。這個世界有光輝而無智慧，有強權而無良知。我們的世界是核子的巨人，道德侏儒的世界。我們精通戰爭遠甚於和平，熟諳殺戮遠甚於生存。」

現在，我們又看到了全球氣候變暖，發展中國家空氣，水、土壤生物圈的大規模污染和破壞，各種致命疾病的傳播等等。美國前副總統高爾四處奔波，呼籲拯救地球。英國著名物理學家霍金，於去年兩次提出人類應該向外太空移民以防止自身毀滅。

他在2006年6月的一次記者招待會上預言：「為了人類的生存和延續，我們應該分散到宇宙空間居住，這是非常重要的。地球上的生命被次大災難滅絕的危險性越來越大，比如突然的溫度上升的災難、核戰爭，基因變異的病毒，或者其他我們還沒有想到的災難。」

以上諸位道出了目前人類病因，也開出了藥方。能行否？可操作嗎？且不說眼下走不掉，即使能移民外太空，若不改變人類本性中貪婪的一面，還不是照樣污染破壞宇宙。

地球真的無法拯救了？難道這個世界真的是「有光輝而無智慧，有強權無良知？」是「核子的巨人，道德的侏儒」嗎？是也，非也，有是，有不是。問題存在但有就地解決辦法，不需要逃離地球，移民外太空目前只是異想天開！

這打開智慧之門，拯救人類良知的金鑰匙在哪裏？就在中華傳統道家內丹大道中，中華內丹大道，功能可導引

人類重新認識自己，發現人類自身良知良能，改變自身觀念，使人類昇華再造，進而改觀地球村，使之成為真正的桃花源伊甸園。中華內丹大道智慧，能教人人從知我化我開始，進而知人知物知天地，化人化物化天地；其智能之高能量之大，古往今來蓋莫過焉！

史載距今八千多年前，中華聖祖伏羲「仰觀天文，俯察地理，遠取諸物，近取諸身。」畫成伏羲先天八卦，首開人類天人合一世界觀和天人合一，性、命雙修大道。故中國唐代道家內丹名家呂洞賓祖師，禮贊伏羲詩曰：「伏羲創道到如今，窮理盡性致於命。」

距今約五千年前，《莊子・在宥》記載：中華聖祖黃帝之師廣成子，開示中華道家內丹養生大道秘訣曰：「勿勞汝形，勿搖汝精，乃可以長生。」

中華聖祖黃帝《陰符經》，開示宇宙天人合一生命要訣曰：「宇宙在乎手，萬化生乎身。」「知之修練，謂之聖人。」「聖人知自然之道不可違，因而制之。」

「東方聖經」老子《道德經》開示生命之道要訣曰：「道法自然」「修之於身。」「歸根曰靜，靜曰復命。」「聖人之道，為而不爭。」

整個人類若能忠行中華聖祖伏羲、廣成子、黃帝、老子取得人生成功的極其寶貴的經驗，修練中國道家內丹養生之道，身心自然會強健，身心自然會安靜下來，清淨起來，內觀返照。五蘊洞開，自會頓悟出原來人類的內心世界是如此廣闊無限，清淨無垢，透徹寬容，澄明神朗。這時候，自然的就都能收斂起外部的物欲競爭，停止巧取豪奪。人人和諧相處，家家和諧相處，區域和諧相處，天下和諧相處；自然的，地球村也就和諧和安清了，適合人居

了。

　　天地人和諧安清，還用得著移民外太空嗎？人類如要去太空，那只是去遊玩、去逍遙遊罷了！

　　華仁道長內丹全冊已就，開券有益，人人自我修練，庶幾自救救人。莫失良機。是為序。

董應周簡介：

　　董應周：男，1942年生於中國河南省禹州市，當代著名中華傳統文化研究專家與行家。1965年加入中國共產黨，1966年畢業於鄭州大學中文系。著名作家、詩人。本人任中國中州古籍出版社原總編輯兼社長期間，曾主持整理、出版了大量的中華傳統文化典籍。此舉在海內外各界影響深遠。目前任中國河南省易經學會會長，擔任香港中國港臺圖書社總編。

蘇華仁序

　　《中國道家養生與現代生命科學系列》叢書，由中國、美國、馬來西亞、澳洲和香港、臺灣，對中國道家養生學與現代生命科學結合研究和實修的部分專家與行家精心編著。其中，海內外著名、當代《周易》研究與道家學術研究泰斗、武漢大學教授唐明邦擔任重要編著者之一，並為該叢書作序、題字，同時擔任該叢書道家學術與周易學術顧問；中國社會科學院博士生導師、海內外著名的中國道家養生學術與內丹學專家、老子道學文化研究會會長胡孚琛教授，擔任該叢書道家養生學術與內丹學顧問；當代中國傳統養生文化研究專家、中國·中州古籍出版社原總編輯兼社長董應周，擔任該叢書技術編輯與出版藝術顧問，同時為該叢書作序。

　　《中國道家養生全書與現代生命科學系列》叢書編委，緣於本人為世界著名內丹養生壽星吳雲青弟子、中國廣東羅浮山軒轅庵紫雲洞道長、中山大學兼職教授，故推舉我擔任該叢書總主編；山西科學技術出版社副總編趙志春擔任該叢書總策劃。

　　為了確保《中國道家養生全書與現代生命科學叢書》的高品質、高水準，該叢書特別在世界範圍內諸如中國、美國、馬來西亞、澳洲和香港、臺灣，聘請有關專家與行家擔任該叢書編著者和編委。

　　經過該叢書編委和有關工作人員、歷時近兩年的緊張

工作，現在即由山西科學技術出版社出版，將與廣大有緣讀者見面了。其主要內容有三：

一、中國道家養生學與現代生命科學簡介

中國道家養生學，是一門凝聚著中國傳統養生科學與人天科學和生命科學精華的綜合學科。被古今中外大哲學家、大科學家和各界養生人士公認為：世界傳統養生文化寶庫中的精華和瑰寶。根據記載中華五千年文明史的中國《二十四史》和有關史書記載：中國道家養生學，主要由中華民族神聖祖先、中國道家始祖黃帝，中國道家祖師老子，依據「道法自然」規律，又「因而制之」自然規律的中國道家哲學思想和道家養生之道綜合確立。

古今中外無數事實啟迪人類：修學中國道家養生學，可促進全人類身心健康長壽、事業成功、天人合一。故其在中華大地和世界各地已享譽大約有五千多年歷史。

中國道家養生學歷史悠久、博大精深，其核心是中國道家內丹養生之道，其理論基礎主要為中國傳統的生命科學理論：其主旨是讓人們的生活方式「道法自然」規律生活，進而因而制之自然規律，達到「樂天知命，掌握人類自身生命密碼，同時掌握宇宙天地人大自然萬物生命變化的規律」，最終讓全人類達到健康長壽、平生事業獲得成功。

用黃帝《陰符經》中的話講：「宇宙在乎手，萬化生乎身。」中國道家養生學及其核心中國道家內丹養生之道主要經典有：《黃帝陰符經》、《黃帝內經》、《黃帝外經》、《黃帝歸藏易》、老子《道德經》、《太上老君內丹經》、《老子常清靜經》等。

　　中國道家養生學核心中國道家內丹養生之道的科學機制為「天人合一」、由修練中國道家內丹養生之道達到「返樸歸真」，其主要經典有：老子親傳弟子：尹喜真人《尹真人東華正脈皇極闔辟證道仙經》，鬼谷子《黃帝陰符經注》，魏伯陽《周易參同契》，葛洪《抱朴子》，孫思邈《養生銘》、《四言內丹詩》《千金要方》，漢鍾離、呂洞賓《鍾、呂傳道集》《呂祖百字碑》，張伯端《悟真篇》，張三豐太極拳和張三豐《丹經秘訣》等道家養生著作。中國道家養生學核心是中國道家內丹養生之道，修練方法要訣為「內練生命本源精、氣、神，返還精、氣、神於人體之內」。從而確保修學者能常保自身生命本源精、氣、神圓滿。經現代生命科學家用現代高科技儀器實驗表明：中國道家養生學核心的中國道家內丹養生之道所講的「精」、即現代生命科學中所講的去氧核糖核酸，「氣」、即臆肽，「一神」、即丘腦。此三者是人類生命賴以生存的本源，同時是人類健康長壽，開智回春、天人合一的根本保障和法寶。

　　中國道家養生學的核心是中國道家內丹養生學養生之道，其功理完全合乎宇宙天地人大自然萬物變化規律，故立論極其科學而高妙。其養生之道具體的操作方法卻步步緊扣生命密碼，故簡便易學、易練、易記。其效果真實而神奇、既立竿見影，又顯著鞏固。因此，古今中外無數修學中國道家養生學者的實踐表明：學習中國道家養生學的核心中國道家內丹養生學養生之道，可確保學習者在短時間內學得一套上乘養生方法，從而掌握生命密碼基本規律，為身心健康長壽、事業成功鋪平道路，並能確定一個正確而科學的人生目標而樂天知命地為之奮鬥、精進。

　　因此，靜觀記載中華五千年文明史的中國《二十四史》一目了然：大凡在中國歷史上大有作為的各界泰斗人物，大多首選了中國道家養生學的核心中國道家內丹養生之道，作為平生養生與改善命運規律的法寶。並因平生修學中國道家內丹養生之道，而獲得身心康壽、開啟大智，建成造福人類的萬世事業，成為各界泰斗。

　　諸如：中華民族神聖祖先、中華文明始祖黃帝，「東方聖經」《道德經》的作者、中國道家祖師老子，中國儒家聖人、中國教育界祖師孔子，中國兵家祖師、《孫子兵法》的作者孫子，中國商業祖師范蠡，中國智慧聖人鬼谷子，中國道學高師黃石公（即黃大仙），中國帝王之師張良，中國道教創始人張道陵，中國「萬古丹經王」《周易參同契》的作者魏伯陽，中國大科學家張衡、中國大書法家、書聖王羲之；中國晉代道家養生名家葛洪，中國藥王孫思邈，中國詩仙李白，中國唐、宋時代道家養生名家鍾離權、呂洞賓，張果老，陳摶，張伯端；中國元明之際，主要有中國太極拳與中國武當派武術創始人張三豐，中國清代道學名家黃元吉，中國近代道學名家陳攖寧，當代世界著名老壽星吳雲青，中國華山道功名家邊智中道長，中國終南山百歲道醫李理祥，中國安陽三教寺李嵐峰高師，中國武當山百歲高道唐道成，中國四川青城山百歲高道趙百川……

　　由於中國道家養生學核心的中國道家內丹養生之道，確有回春益智，促進人類事業成功，使人類天人合一，改善人類生命密碼之效，故從中國道家內丹養生之道祖師廣成子傳黃帝內丹始，為嚴防世間小人學得、幹出傷天害理之事。故數千年來其核心養生機制一直以「不立文字、口

口相傳」的方式，秘傳於中國道家高文化素質階層之內，世人難學真訣；當今之世，諸因所致：真正掌握中國道家養生學的核心與中國道家內丹養生之道真諦，並且自身修學而獲得年逾百歲猶童顏大成就的傳師甚少，主要有：世界著名百歲老壽星、道家內丹養生高師吳雲青，李理祥、唐道成、趙百川：中國道家養生學華山道功名家邊治中（道號邊智中），中國古都安陽三教寺李嵐峰等……

眾所周知：當今世界、進入西方現代實驗科學加東方古代經驗科學、進行綜合研究促進現代科學新發展的新時代，作為中國傳統養生科學精華的中國道家養生學核心的道家內丹養生之道，日益受到當今世界中、西方有緣的大科學家的學習與推薦，諸如舉世聞名的英國劍橋大學李約瑟博士，在其科學巨著《中國科技史》一書中精闢地指出：「中國的內丹成為人類早期生物化學史上的一個里程碑。」同時指出：「道家思想一開始就有長生不死概念，而世界上其他國家沒有這方面例子，這種不死思想對科學具有難以估計的重要性。」

世界著名生物遺傳科學家牛滿江博士，因科學研究工作日繁導致身心狀況日衰，又因求中、西醫而苦無良策，效果不佳。故於 1979 年，他來中國北京，向中國道家華山道功名家邊智中道長、（俗名邊治中）修學了屬於中國道家養生學核心的道家內丹養生之道動功的中國道家秘傳養生長壽術後、身心短時間回春。故他以大科學家的嚴謹態度，經過現代科學研究後，確認本功是：「細胞長壽術，返老還童術，係生命科學。」四年之後的 1982 年，牛滿江博士深有感觸地向全人類推薦道：「我學練這種功法已經四年，受益匪淺，真誠地希望此術能在世界開花，使全人

類受益。」（本文修訂之際，適逢世界著名生物遺傳科學家牛滿江博士於 2007 年 11 月 8 日以 95 歲高齡辭世，此足見道家內丹養生之道養生長壽效果真實不虛。）

中國當代著名大科學家錢學森，站在歷史的高度、站在高文化素養的基礎之上：深知中國道家養生學核心的道家內丹養生之道、為中國傳統生命科學和中國傳統人天科學精華，因此，對中國道家養生學核心的道家內丹養生之道又十分推崇，他在《論人體科學》講話中精闢地指出：「結合科學的觀點，練功、練內丹」。錢學森同時支援、中國社會科學院博士生導師、中國當代道學名家胡孚琛確立完善：「中國道家內丹學。」

經過胡孚琛博士長年千辛萬苦、千方百計地努力，中國道家養生學核心的道家內丹養生之道得以完成。走進了本應早走進的現代科學殿堂。成為一門古老而嶄新的生命科學學科。此舉，對弘揚中國傳統生命科學，對於全人類身心健康、事業成功，無疑是千古一大幸事。

為使天下有緣善士學習到中國道家養生學核心的道家內丹養生之道，世界著名老壽星、當代內丹傳師吳雲青、邊治中二位高師，曾經親自在中國西安、北京和新加坡等地對海內外有緣善士辦班推廣，同時委託其入室弟子，世界傳統養生文化學會的主要創辦人之一的蘇華仁等人，隨緣將中國道家養生學核心的道家內丹養生之道，傳授給了中國、美國、英國、法國、日本、新加坡、馬來西亞等國家和中國香港、澳門地區的有緣學員。

二、中國道家養生學核心道家內丹養生之道效果簡介

根據當代世界各地有緣修學、習練中國道家養生學核

心的道家內丹養生之道課程的學員，自己填寫的大量效果登記表，同時根據中國山東省中國醫藥研究所，所作的大量醫學臨床報告表明：學習中國道家養生學核心中的道家內丹養生之道課程，短時間內可有效地，大幅度地提高人類的智商和思想水準與思維觀念，並能確立一個樂天知命的科學目標而精進。同時，短時間內可有效地增加生命本源精、氣、神，提高人體內分泌水準和改善人體各系統功能，從而可使人們顯著地達到身心健康，軀體健美，智慧提高，身心整體水準回春。同時，還可以讓人類克服亞健康，康復人類所患的各類疑難雜症，諸如：神經系統失眠、憂鬱、焦慮等症。腎臟與泌尿系統各類腎病，精力不足、性功能減退等症。內分泌功能失調造成的肥胖與過瘦等症。循環系統糖尿病、心腦血管病，高、低血壓等症。呼吸系統各類肺病、哮喘病、鼻炎、過敏等症。消化系統各類胃病、肝病、便秘與腹瀉等症。免疫系統、衰老過快和容易疲勞的亞健康等症。

　　綜上所述：修學與忠行中國道家養生學核心的道家內丹養生之道，短時間內確保您身心能整體水準改善和提升與回春。為您一生取得身心健康、事業成功奠定一個堅實可靠的基礎，同時為您修學中國道家養生學核心道家內丹上乘大道，達到天人合一奠定基礎。這是古今中外大量修學中國道家養生學核心的道家內丹養生之道者的成功經驗。供您借鑒，您不妨一試。

（蘇華仁撰稿）

世界著名壽星吳雲青談中國傳統養生之道

《中國道家養生與現代生命科學系列叢書》

編委會名單

本叢書所載中國道家養生秘傳師承

1.吳雲青（1838～1998）

中華聖祖黃帝、老子創立道家內丹養生當代160歲傳師，世界著名壽星。

2.邊智中（1910～1989）

中國道家華山派內丹道功當代傳師，世界著名生物學家牛滿江道功師父。

3.李理祥（1893～1996）

中國道家龍門派內丹道功當代百歲傳師，中國當代著名道家醫學傳師。

4.李嵐峰（1905～1977）

中國道家金山派內丹道功當代傳師，張三豐太極拳與內丹養生當代傳師。

5.唐道成（1868～1985）

中國道家武當派內丹道功當代117歲傳師，中國當代著名道家醫學傳師。

6.趙百川（1876～2003）

中國道家青城山內丹道功當代127歲傳師，中國當代著名長壽老人。

本叢書專業學術顧問

中國道家養生與周易養生學術顧問：

——唐明邦（中國當代易學學術泰斗、中國武漢大學教授）

中國道家養生學術與內丹學術顧問：

——胡孚琛（中國社會科學院博士生導師、著名道家學術學者）

總主編	蘇華仁				
總策劃	趙志春				
副主編	辛　平（馬來西亞）				
編　委	丁成仙	毛飛天	馬　源	王正忠	王麗萍
	王炳堯	王　強	王學忠	鄭衛東	田合祿
	田雅瑞	玉真子	葉欣榮	葉掌國	葉崇霖
	古陽子	占米占	劉永明	劉小平	劉俊發
	劉繼洪	劉裕明	劉偉霞	劉　功	明賜東
	任芝華	孫光明	孫愛民	朱瑞華	朱瑞生
	朱文啟	牟國志	辛　平	辛立洲	蘇華仁
	蘇小文	巫懷征	蘇華禮	李宗旭	李武勛
	李太平	李靜甫	李志杰	李　興	吳祥相
	吳吉平	何山欣	嚴　輝	趙志春	趙　珀
	趙樹同	趙振記	張海良	張德礜	張若根
	張高澄	張良澤	陳　維	陳成才	陳全林
	陳志剛	陳安濤	陳紹聰	陳紹球	陳春生
	金世明	林遠嬌	周一謀	周彥文	周敏敏
	楊　波	楊建國	楊懷玉	楊東來	楊曜華

駢運來	賀曦瑞	聞玄真	鄭德光	柏　林
胡建平	柯　可	高　峰	高志良	徐曉雪
鄒通玄	秦光中	唐明邦	唐福柱	黃紹昌
黃易文	黃子龍	梁偉明	梁淑范	郭棣輝
郭中隆	曾本才	梅全喜	董應周	韓百廣
釋印得	釋心月	黎平華	黎　力	魏秀婷

秘　書

吳朝霞	吳鳴泉	嵇道明	蘇　明	蘇小黎
宋烽華	張　莉	潘海聰	米　鐸	劉文清

目　錄

第一章

吳雲青談
中國傳統養生之道真訣

第一節　吳雲青談中國傳統養生之道

世界著名老壽星吳雲青談中國傳統養生之道

吳雲青講述　弟子蘇華仁助講並整理

自從《人民日報》1980年9月10日四版，中國《體育報》1980年9月12日頭版，《新體育》雜誌1980年第七期，《長壽》雜誌創刊號1980年第一輯等諸多報刊向海內外報導：世界著名老壽星吳雲青：「生於清朝道光（戊戌）18年臘月（即西元1838年），原為青化寺長老，現為人民公社社員，他雖然經歷了142個春秋，但仍精神矍爍，步履穩健。」十六個春秋過去，時至1996年，吳雲青老人依然精神矍爍、步履穩健，年逾百歲猶童顏……

故海內外渴求健康長壽，渴求大道，渴求掌握生命密碼的有識有緣之士，渴望見到世界著名老壽星吳雲青，親耳聆聽一下他老人家談一下養生之道。為此，中國陝西著

名傳統養生專家，現為《西部法制報》主編的劉權壽，中國陝西著名商貿專家張濟方，中國陝西著名書法家張景一等同道，曾於 1996 年 10 月 12 日，特邀吳雲青老人攜同入室弟子蘇華仁（即本文筆者），在中國古都西安 213 研究所俱樂部，舉辦了一次為時兩個多小時，主題為：「世界著名老壽星吳雲青談中國傳統養生之道」的講座。

由於吳雲青老人功高德昭，飲譽海內外，屆時，慕名來自中國、新加坡、加拿大、澳洲、馬來西亞的海內外有緣有識之士近千人濟濟一堂，興致勃勃，專心致志地聆聽了吳雲青老人的講座；同時，與會者均深深感到此次聽吳老講座，於自己身心靈整體健康收益甚豐。

此消息傳到海內外，不少人士不斷來函或打來電話問我，希望能詳細知道吳雲青老人當日所講養生之道的內容。同時渴望學習到吳雲青老人傳承的中國傳統養生之道；故今筆者根據當日吳老講座實況錄影錄音，整理成文，敬呈給海內外有識有緣善士，同時懇願大家學得世界著名老壽星吳雲青養生之道，獲得身心健康長壽，天人合一真實而神奇效果。

1996 年 10 月 12 日上午 9 時，世界著名老壽星吳雲青在筆者陪同下，來到了中國古都西安 213 研究所俱樂部，頓時，全場自動起立，長時間熱烈鼓掌，歡迎吳老。講座開始前，中國陝西著名書法家張景一，敬贈給吳雲青老人一幅裝裱精美，他自己特意給吳老書寫的筆體古樸蒼勁而飄逸的大「壽」字；中國江蘇著名傳統養生學者秦裕鵬，特敬贈給吳老一個用水晶石精雕的微型小狗，（因吳老生於清道光十八年〔戊戌〕臘月十三日，按中國傳統人生十二屬相吳老屬相為狗。）以表示其敬意。爾後，吳雲青老人

養生講座在熱烈的掌聲中正式開始。

吳雲青老人當時浩然信步走到講臺中間（筆者陪同吳老站在左側，吳老身後肅立著弟子何山欣，右側為宋銀蓮），眾聽者敬觀吳雲青老人，但見他：鶴骨松身，百歲童顏，銀鬚飄胸，道貌岸然；他那古銅色的面龐充滿大慈大悲，那返樸歸真的雙目射出的精光格外暖人心，令人神往，那出自丹田深處的聲音，自然格外洪亮幽遠而深沉，他老人家首先出言至誠地給大家大聲而親切地講道：「我現在給大家講道話啊——」吳老此語一出，霎時，全場自覺響起長時間熱烈掌聲……

吳雲青老人接下去深有感觸，語重心長地面對海內外來賓，站立著侃侃而談他平生養生長壽之道真訣：「我叫吳雲青，中國河南人，我平生養生長壽之道，就是在中華大地流傳了數千年的中國傳統養生之道，其主要內容是由我們中華民族神聖祖先黃帝、老子確立的中國道家九轉還丹的『丹道』，同時也包括佛門『明心見性』之『禪道』和儒家修身養性之『禮道』，這以上中國道家、佛家、儒家養生之道，古來統稱為『大道』。

「為了學大道真訣，修大道真果，我從18歲出家，雲遊天下二十多年，就像《西遊記》中的唐僧那樣，經歷了九九八十一難，歷盡了千辛萬苦，才拜得真正得道高師、明師，才學得了大道真訣，正像太極拳祖師張三豐修道詩中寫的那樣：「落魄江湖數十秋，逢師咬破鐵饅頭。」而後，我又經過了千辛萬苦，歷盡了九九八十一難，才修成了大道。我修成大道、身心健康了，返樸歸嬰了，超凡脫俗了，天人合一了，一切都好了……

「古人所講的修大道，主要是指修煉由我們中華民族

神聖祖先黃帝、老子秘傳的中國道家內丹養生之道，古人稱為『黃帝、老子丹道』，今日世人稱之為『中國道家內丹養生學』，因為，古往今來的大量史實啟迪我們：中華民族神聖祖先黃帝、老子秘傳中國道家內丹養生之道，是真正能讓人類康壽超凡，天人合一的取得人生幸福和事業成功最佳途徑之一。

「現在，為了大家能夠儘早修大道，我經過深思熟慮，決定將黃帝、老子秘傳中國道家內丹養生學傳授給大家。傳授黃帝、老子秘傳內丹道功，古人叫做『開普度』。

「據古代道書佛經上講：古來許多年才大開一次普度，可見學大道、修大道，機會是萬分的難遇，機遇是萬分的珍貴，這一回開普度：天緣、地緣、人緣都合，大好時機，我們萬萬不可錯過呀！

「這一次，大家修大道，學會了黃帝、老子內丹養生之道，煉成了內丹道功就可以康壽超凡，天人合一；因此，大家要明白，要拿定主意，求大道，修大道，這是人生最首要之事，最重要之事呀，人生最幸福之事呀！」

吳雲青老人接下去繼續強調修煉大道重要性：「中國古代大聖哲孔子很早就提出同世界大同的理想：即天下為一家，國家為一家，世界為一家，無窮無富。人人都可以求大道，修大道，都可以像我吳雲青一樣；只要您不怕經歷九九八十一難，就可以修成大道；修成了大道，煉成了黃帝、老子內丹道功，就可以健康長壽；就可以天人合一；古人叫做超生了死，逍遙人天走天宮……

「誰天性心地善良，大慈大悲，誰的修道根基就深；誰知識素質高，看破紅塵，悟開人生修道為首，誰就可以早修大道，修煉黃帝、老子秘傳內丹道功。現在，就看您

修大道不修？」

吳雲青老人講到這裡，怡然大笑道：「哈——哈——人生唯有修成大道最好呀！——所以古來中華各界的大聖哲，大聖賢，大多修大道，修煉內丹道功啊——」

（吳老弟子，本文筆者，蘇華仁插話：「吳老所講的古來中華大聖哲，大聖賢大多都修大道，千真萬確，我們展卷記載我們中華五千年文明史的《二十四史》一目了然：大凡在中國歷史上大有作為的各界泰斗，平生大多渴求大道，習煉內丹道功：他們是中華易祖伏羲、中華丹祖廣成子、中華人文之祖軒轅黃帝、中國《周易》之祖周文王、中國道家祖師老子、中國教育界泰斗孔子、中國大軍事家孫武子、中國大道學家鬼谷子、中國大修煉家黃石公、中國帝王之師張良、中國道教創始人張道陵、中國「萬古丹經王」《周易參同契》的作者魏伯陽、中國大科學家張衡、中國書聖王羲之、中國藥王孫思邈、中國詩仙李白、中國八仙之首漢鍾離、中國八仙之一呂洞賓、中國真道高師張果老、中國華山陳摶老祖、中國太極拳祖師張三豐、中國佛道雙修大士觀音菩薩……

綜上所述，不言而喻：中華聖祖黃帝、老子秘傳內丹道功是全人類健康長壽，天人合一的最佳法寶。同時中國《二十四史》也深刻啟迪我們：中國歷史上各界泰斗大多修大道，中國歷史上各界泰斗大多因為修大道成為各界泰斗。

「歷史發展至今天，當今世界科技進入西方實驗科學加東方古代經驗科學進行綜合研究，以期人類科技新發展之際，中華民族神聖祖先黃帝、老子秘傳中國道家內丹養生長壽學，日益受到世界著名大科學家的推崇。世界著名科技發展史研究專家，英國皇家學會會員李約瑟博士，在他所著世

界名著，同時也是世界巨著《中國科技史》一書中，極其高度地評價中國道家內丹養生學，他深刻精闢地寫道：『中國的內丹成為世界早期生物化學史上的一個里程碑。』

「世界著名生物遺傳學家牛滿江，因科研日繁，身心俱衰，後來，他於1979年在中國北京、向中國道家華山派十九代傳人邊治中（道號邊智中）先生，習煉了屬於中國道家內丹養生學動功的華山道功後，身心碩健，短時間回春，他連連稱道：「養生秘術，千真萬確，千真萬確。」並以大科學家的嚴謹態度，確認道功為：『從增加生命本源入手，係細胞長壽術，返老還童術』。進而深有感觸地向全人類推薦道功道：『我習煉這種功法已經四年，受益匪淺，真誠地希望此術能在世界開花，使全人類受益。』（牛滿江博士之語見：上海翻譯出版公司，1986年出版邊治中著《中國道家秘傳回春功》154頁。）

「聞名世界的中國當代大科學家錢學森在《論人體科學》一文中強調並宣導：『結合科學的觀點，練功，煉內丹。』引文見人民軍醫出版社1988年出版《錢學森論人體科學》第282頁。」

吳雲青老人待弟子蘇華仁講完修大道之重要，他接下去，意味深長地講述修大道，修煉黃帝、老子秘傳中國道家內丹養生學的功理功法要訣：「修煉黃帝、老子秘傳內丹道功的功理與功法要訣：功理主要是在《伏羲先天八卦》、《黃帝陰符經》、《老子道德經》、《太上老君內丹經》、《老子常清靜經》、《周易參同契》、《張三豐全集》之中。」隨後吳老又補充道：「佛經中的《觀音心經》、《觀音夢授真經》、《達摩大乘入道四行觀》、《六祖惠能壇經》等經典，足可以讓人明心見性，對修煉

內丹道功，幫助很大，所以講也很重要。」

吳雲青老人接下去講《伏羲先天八卦》和《周易參同契》中所講：宇宙天、地、人、萬物和人身的八卦方位：「東方甲乙木，南方丙丁火、北方壬癸水，西方庚辛金……」

爾後，吳雲青老人接著背誦和講述《老子道德經》第一章要義：「道可道，非常道，名可名，非常名，無名天地之始，有名萬物之母，故常無欲觀其妙，常有欲觀其竅……」吳老特別強調：「老子講的『常有欲觀其竅』，就是指修煉內丹道功的首要功夫：『觀玄關竅』。」

吳雲青老人然後音調高亢，陰陽頓挫地背誦：《老子常清靜經》：「大道無形、生育天地，大道無情、運行日月，大道無名、長養萬物，吾不知其名，強名曰道。」吳老隨即講老子所講的大道內含：「老子講的道，一是指生天、生地、生人、生萬物之道。二就是指可以讓人們康壽超凡，天人合一的大道——中國道家養生學。」

為了將中國道家內丹養生學弘揚出去，造福人天，吳雲青老人於1996年曾親筆題寫：「弘揚丹道，造福人天」，八個大字以明示其志。為了實現他平生夙願，吳雲青老人，當日給大家開示古來修煉大道之秘，黃帝、老子內丹道功、下手功夫真訣。吳老引用古之秘傳古本《開示經》而向在座的千餘人開示，這時會場又響起長時間熱烈掌聲……

吳雲青老人先吟誦古本《開示經》中的開示詩：

　　父母未生前，與母共相連，
　　十月胎在腹，能動不能言。
　　晝夜母呼吸，往來透我玄，

　　　　剪斷臍帶子，一點落根源。

　　吳雲青老人感情凝重地一口氣將古本《開示經》的開示詩吟誦完，然後接著熟練地背誦古本《開示經》中，所開示的中國傳統道家內丹道功功理功法要訣性命雙修的真法：「天華母；送性往囟門而進，此為安身立命，乍落連聲叫，陰陽顛倒顛。地華母；送命往地戶而進，性為陽，命為陰，性在前頭走，命在後頭跟，性命一交陰陽則顛倒顛，而陰則在上，陽則在下，陽內有真陰，陰內有真陽，陰陽兩個字，能有幾人知？這點真性，散在內：五臟六腑，知饑知飽。散在外：皮毛筋骨，識痛識癢，皆在先天道性。

　　　　性命歸淨土，此處覓真元，
　　　　迷失當來路，輪迴苦萬千，
　　　　若遇明師指，徹透妙中玄，
　　　　時時拴意馬，刻刻鎖心猿，
　　　　都來二十句，端坐上青天——

　　吳雲青老人向大家開示完古本《開示經》中的內丹道功秘訣，然後含意深廣地講道：「剛才你們聽古本《開示經》中講得很清楚，『若遇明師指，徹透妙中玄。』我吳雲青，也算一個得道明師吧？

　　我想給你們傳授修煉黃帝、老子內丹道功真訣，但不知你們肯不肯立大志修大道？修煉內丹道功，修成大道，成為康壽超凡，天人合一的真人。

　　「如果大家確確實實立定了大志修大道，修煉黃帝、老子秘傳的內丹道功了，那就要先明白我們中華聖祖黃帝、老子流傳數千年的傳大道的道規：大道只傳給天下善良之士，萬萬不傳德薄才淺者，如果當代真正的年逾百歲

而童顏的得道高師，確認了您是德厚具才者，那您才可以按中國傳統傳大道規則履行學習內丹道功的三個程序：

「第一個程序：明師讓您在我們中華民族神聖祖先黃帝、老子像前發誓：平生食素，古人叫作忌口；食全素利於身心健康，食全素全身精氣神圓滿，這樣才能開始修煉大道，修成大道。如果人吃了葷腥，人體內的精氣神就被破壞了，人體內的精氣神是生命本源，精氣神被破壞了，人體自然就會多病，人身的體質就衰敗了，還怎麼能談上修大道？那怎麼還能夠談上修煉中華聖祖黃帝、老子秘傳內丹道功呢？」

（吳雲青弟子蘇華仁插話：吳雲青老人講得食全素，現代科學早已證明是科學的，因為古今中外無數事實證明：食全素確實可以使人身心健康，減少疾病；況且，現代大科學家、大醫學家經過無數次科學實驗證明，食全素可以保護人的生命三元素：

1. 去氧核糖核酸。〔即《黃帝內經·經脈篇》中所講的「人始生，先成精」的元精。〕

2. 多肽——酶體〔即《黃帝內經·陰陽應象大論》中講的『精化為氣』的『元氣』。〕

3. 丘腦垂體〔即《黃帝內經·靈樞篇》中所講的『故生之來謂之精，兩精相搏謂之神』的『元神』〕。

因此，現代諸多大科學家，大醫學家，大哲學家均宣導人類食素。其中，現代物理學之父，大科學家愛因斯坦，國父孫中山，大文學家托爾斯泰宣導人類食素尤甚。

「現代物理學之父，大科學家愛因斯坦，以大科學家的高度責任感和真知灼見而宣導人類吃素時說：『我認為素食者的人生態度，乃是出自極單純的生理上的平衡狀

態，因此，對於人類的影響應是有所裨益的。』

「中國近代偉人國父孫中山先生極力提倡素食，他在《建國方略》一文中寫道：『夫素食為延年益壽之妙術，已為今日科學家、衛生家、生理學家、醫學家所共認矣；而中國人之素食，尤為適宜，惟豆腐一物，當與肉類同視。』

「世界著名大文學家托爾斯泰說：『當我們的身體是被宰殺動物的活動墳場時，我們怎能期望這個世界能有理想境地呢？』

「至於世界東方傳統養生界：中華聖祖，中國道家祖師黃帝、老子早在數千年前就宣導素食，故古來修大道，修煉黃帝、老子秘傳內丹道功者均奉行全真而吃素由來已久。佛門祖師如來，也像中華聖祖黃帝、老子一樣，早在數千年前就已宣導人類食素。

綜上所述，不言而喻：現代大科學、大政治家和中華聖祖黃帝、老子與佛祖如來，均站在高文化素質的基礎上宣導人類食素食。我們後輩自然應該遵循上述古來大聖哲的話、忠實行之則為明智而至善之舉。」）

吳雲青老人看弟子蘇華仁講完，他接下去講修煉內丹道功的第二個程序：「根據古往今來諸多食全素者的親身經驗：人只要真正做到食全素一百天，人的身心自然會健康，身輕氣爽，這時明師開始讓您在黃帝、老子像前發大誓願：認真學習與弄通中國傳統道家文化經典著作《伏羲先天八卦》、《黃帝陰符經》、《黃帝內經》、《尹真人東華正脈黃極闔闢正道仙經》《老子道德經》、《老子常清靜經》、《太上老君內丹經》、《周易參同契》、《呂祖全書》、《張三豐全集》和《觀音般若波羅蜜多心經》、

《高上玉皇心印妙經》和佛門《達摩祖師大乘入道四行觀》、《達摩易筋洗髓經》《六祖（惠能）壇經》等佛門經典。如果有條件，還要求您認真學習中國文史哲著作。

以上經典不僅要時常學習，而且要學透弄通忠行之，其中《黃帝陰符經》、《老子道德經》、《老子常清靜經》、《觀音般若波羅蜜多心經》要求您能背誦如流。在學好弄通背熟上述經典的同時，還要您學習與習煉好太極拳，太極劍和少林武術，以強健筋骨與體魄。同時，還要您日常生活中嚴格重視道德的修養與道德的完善。

為此，要求您時常嚴格檢查自己的言行是否合於大道，是否合於大德，如果有不合之處，還要時時省悟，如果犯了罪過和錯誤，自然要求您要懺罪。如果您歷時滿了三年，各種經典弄通了，自己的日常言行也合乎了大道，自己的情操品行也合乎了大德，太極拳與少林武術習煉好了，身體強健了，體魄強壯了，古人叫做：師訪徒三年，這樣，明師則讓您履行修大道的第三個程序。」

吳雲青老人講到這裡，再一次用大慈大悲地目光靜靜地掃視一下全場，看大家仍在專心聽講，他老人家於是氣度沉著地講述修大道的第三個程序：

「第三個程序內容比較多，首先於黃帝、老子和孫思邈、呂洞賓、觀世音、陳摶、張三豐等祖師聖誕之日進行『抓道』，這有些像佛門密宗的『金瓶掣籤』，如果您順利通過了這道程序，然後明師則將您領到一個山間古洞裡，因為古代傳大道的古規是『道不傳六耳。』只准師徒二人在場時，明師則將口訣傳於您；傳修大道口訣如此嚴密，主要是嚴防小人學道後幹出壞事來」。

（吳雲青弟子蘇華仁插話：「其實，這時師父傳給您

的口訣，全是真訣真法，明師這時傳的您全是在您自身怎樣生精，怎樣養精，怎樣化精和怎樣還精補腦，根本沒有一點兒假的東西，根本沒有一絲一毫虛無縹渺的東西，古語道：「大道不離身，離身道不真。」明師這時秘傳您的，都是教您在您自身『性命雙修』，進行煉精化氣，煉氣化神，煉神還虛，其總綱是返精補腦；而古人所講人身性命雙修法訣，現代人稱之為人體生命密碼，古今中外眾說紛紜，至今擬無定論，其實，我們中華民族神聖祖先黃帝、老子早在數千年前就已有定論，就是精、氣、神理論。古道歌三寶歌曰：

　　　　天有三寶日月星，地有三寶水火風。

　　　　人有三寶精氣神，善用三寶可長生。

　　「古道歌三寶歌、用簡潔地語言，精闢地道出了人的生命之源三寶：精、氣、神。總之，修大道，修煉中華聖祖黃帝、老子秘傳內丹道功，古今中外歷史表明：是真道真理，真法真訣，真功真德，真效真果，所以在中國歷史上各界泰斗人物，大多修大道，修煉中華聖祖黃帝、老子秘傳的內丹道功。當代諸多世界著名的大科學家，對中國傳統道家內丹養生學評價甚高。不言而喻：中華聖祖黃帝、老子秘傳中國道家內丹養生學是古今中外人體生命科學的精華，絕非像個別文化素質淺薄者隨意斥為的『牛鬼蛇神』『封建迷信產物』」。

　　蘇華仁講到這裡，感歎頗深，不僅想起一段令人心情沉重而同時又頗帶些幽默的關於吳雲青老人的往事來，他說：「遠在二十世紀五、六十年代，因為吳雲青老人修大道，修煉黃帝、老子中國道家內丹養生學，無端地被個別文化素質淺薄者斥為是『牛鬼蛇神』。那時，還曾在當地

舉行萬人批判『牛鬼蛇神吳雲青大會』，當時，吳雲青身邊人有的被逼迫而還了俗私下修大道，他們或為吳老擔憂，卻束手無策。但吳雲青老人是大修行人，自然是功高德昭，他久歷世事滄桑，早已看破紅塵浮生事，他當時心靜如水，處之泰然；萬人批鬥會上，吳雲青老人被體罰站立在主席臺上長達數小時，屆時他則因勢站在那裡習煉內丹道功。讓他住牛棚，他也處之泰然；而今，轉眼幾十個春秋過去，那些當年體罰吳雲青老人者，大多則早已進了火葬場，而被他們因修大道，修煉黃帝、老子秘傳內丹道功，而斥為「牛鬼蛇神」的吳老，而今，時至一九九六年十月，依然真真實實地年逾百歲而童顏，宛若南極仙翁重回人間。

　　歷史無情，大浪淘沙，大道不言，真的就是真的，假的就是假的。我們從吳雲青老人堅持真道，默擯狂風逆流，堅持長年修大道，最終獲得成功的事實中，進一步可以認識大道至真無虛，只要長年實修實煉就能成功。就能獲得年逾百歲鶴髮童顏天人合一之效。」

　　吳雲青老人看弟子蘇華仁講完，他接下去言簡意賅，出言精闢地談修煉中華聖祖黃帝、老子中國道家內丹養生學的綱要：

　　「修大道，修煉中華聖祖黃帝、老子秘傳內丹道功，其核心機制，按伏羲先天八卦講為：『至人無己』『終日乾乾』，按《黃帝陰符經》講為：『宇宙在乎手，萬化生乎身。』按周文王後天八卦講為：『取坎填離』，按《老子道德經》叫「返樸歸嬰」。修煉內丹道功的程式共九步，古來稱作「九轉還丹」也稱『九品』。其具體內容和步驟如下：

一品煉己：性如灰，心掃雜念。

二品築基：止善地，固住本源。

三品按爐：採大藥，文烹武煉。

四品結丹：在抵樹，兩大中懸。

五品還丹：過崑崙，降落會晏。

六品溫養：玉靈胚，也得三千。

七品脫胎：鬚眉頂，嬰兒出現。

八品懸珠：並六道，妙哉難言。

九品還虛：九載功，丹成九轉。

吳雲青老人一口氣如數家珍地將中華聖祖黃帝、老子內丹道功九品功夫講完之後，吳老進一步講授修煉黃帝、老子秘傳內丹道功具體下手功夫的綱要：

「首先要煉腎生津，再煉津生精，然後養精，固精，待您自身確確實實固足有了先天的精水，然後才可按照黃帝、老子秘傳內丹道功的『九品』功夫習煉。《黃帝陰符經》中講的『造化在乎手，萬化生乎身，知之修煉謂之聖人』。就是指修煉內丹道功；《老子道德經》中講的：『孔德之容，惟道是從，道之為物，惟恍惟惚，惚兮恍，其中有象，恍兮惚，其中有物，窈兮冥兮，其中有精，其精甚真，其中有信。』則是講：修煉內丹道功過程中產生的自身真實效果。古人叫做：『內景』。老子故里中國河南鹿邑和老子晚年隱居修道之地中國陝西西安西南的樓觀台，至今猶存老子五十六字養生訣：

育爐燒煉延年藥，眞道行修益壽丹，

呼去吸來息由我，性空心滅本無看，

寂照可歡忘幻相，爲見生前體自然，

鉛汞交接神丹就，乾坤明原繫群仙。

吳雲青老人講完修煉黃帝、老子內丹道功的綱要，緊接著進一步出言至誠地給大家講修煉黃帝、老子內丹道功的重要性和必要性。他引用《老子道德經》中講修煉內丹道功的重要性說道：

「《老子道德經》中講得很清楚，老子曰：『故立天子，置三公，雖有拱壁以先駟馬，不如坐進此道。』如此可見修大道，修煉黃帝、老子內丹道功其價值勝過做天子，三公，勝過一切榮華富貴，因為榮華富貴並不能讓人康壽超凡，天人合一，古往今來無數史實啟迪我們：天地萬物，唯有修煉黃帝、老子秘傳內丹道功，才可以讓人康壽超凡，天人合一，故古語道：『朗朗乾坤，獨尊內丹』。」

吳雲青老人緊接著強調：「現在是修大道、修煉黃帝、老子秘傳內丹道功的大好時機：天緣、地緣、人緣和合。況且，古往今來，從中華聖祖黃帝、老子始，歷朝歷代修大道的大祖師都發下弘誓大願：要度眾生修大道，修煉黃帝、老子秘傳內丹道功。」

吳雲青老人講到這裡，弘道情懷愈烈，他欣然地給大家講：「有人問我吳雲青師承的是中國道家何派內丹功法？我坦誠相告：我師承的即是中華聖祖黃帝、老子內丹道功，具體師承源流，是老子創立的混元派，其源流宗譜如下：

混元乾坤祖，天地日月星，
三教諸聖師，金木水火土，
渾合本崆峒，朝謁上玉京。
虛無生一炁（氣），良久明太清，
一永通玄宗，道高本常清，

德祥恭敬泰，義久復圓明，

混元三敎主，天地君親師，

日月星斗眞，金木水火土。

「我在中國河南王屋山和中岳嵩山入道時，師父按上述老子丹道宗譜、定我為老子混元派丹道五十代傳人之一。故給我賜道號為吳清雲，我自號為吳雲青，時間長了，大家便喊我為吳雲青了。」

吳雲青老人熟練地吟誦完老子內丹道功源流宗譜，吳老弟子即筆者蘇華仁插話道：

「內丹道功，根據《史記・五帝本紀》、《史記・老子韓非列傳》、《莊子・在宥篇》等史籍明確記載：大約在五千年前始由我們中華民族神聖祖先黃帝兩次不遠萬里，兩次登臨崆峒山，向其時隱居在崆峒山上的大道學明師廣成子學得，黃帝修煉內丹道功之後身心確實深深感到康壽超凡，天人合一。於是，黃帝依照廣成子傳他內丹道功時用口傳方式，而定下道規，只准用口傳的方式，秘傳以當世天下善士，為嚴防小人學得而同時又能讓代代善士學得，黃帝進一步嚴格定下代代內丹道功只准言傳口授，不准立下文字的偉大的道規，故稱口訣。而歷史越二千五百年內丹道功傳人，中國春、秋之際的道家大祖師老子修煉內丹道功後，壽高二百餘歲而不知所終……老子隱居前傳授內丹道功於當世善士，函谷關令尹喜，還傳給中國儒家聖人，中國教育界泰斗孔子，傳大道時也均用口訣秘傳。由於中華聖祖黃帝、老子秘傳內丹道功效果真實而神奇，確確實實可讓人類康壽超凡，天人合一，故而在中華大地已經流傳了五千多年，而後流傳到全世界，被當代諸多世界著名大科學家、大哲學家、大養生家、大宗教家、

大醫學家公認為是：全人類掌握生命科學，達到康壽超凡天人合一的最佳法寶。」

　　吳雲青老人看弟子蘇華仁簡要地講完黃帝、老子秘傳內丹道功的歷史源流，在古今中外的養生寶貴價值之後，他老人家度人修大道，修煉黃帝、老子秘傳內丹道功心切，再一次希望大家早日立下大志修大道，修煉黃帝、老子秘傳內丹道功，他大慈大悲地強調：

　　「只要大家立大志修大道，積德行功，不問前程，千方百計地拜明師學大道，古語道：『天道酬勤』，『蒼天不負有心人』。大家就可以拜得名師，學得大道，修成大道，為了方便大家學得大道，我再一次直言相告，我吳雲青就是明師，我可以根據你們修大道的進度，逐步傳給你們由我們中華聖祖黃帝、老子秘傳內丹道功，使你們早日能夠康壽超凡，天人合一。現在，就看你們立不立大志？學不學大道？我今天講的都是肺腑話，都是真話，都是修大道的真法真訣，要法要訣，行了吧？你們該理解吧？」

　　吳雲青老人從上午9點講座開始，到現在時針指向上午10時，他整整已經站著講了一個小時了，而且沒喝一口水，這時，與會的海內外一千多名求道之士看到：年逾百歲鶴髮童顏的吳雲青老人，此刻不僅不感到累，他的弟子們和大會組織者請他老人家坐下來再講，他非但講自己不累，反而激情飽滿，緊接著給台下大眾講道：

　　「我現在為了使大家進一步明大道，早日修大道，我想給大家唱一首在中華大地流傳很久很久的古道歌：叫做《無極老母十捎書》，這首古道歌，還是我少壯之時，在我的故鄉河南，位於中原大地中部，被列為中國三山五岳之一的著名的仙山——嵩山半山腰間頗負盛名的修道古洞

『無極老母洞』學大道時向我的師父學唱的。

「無極老母：據我在嵩山學道時的師父當時對我講：其來源於《易經》：『無極生太極，太極生兩儀，兩儀生四象，四象生八卦，八卦定吉凶，吉凶生大業』。同時源於《老子道德經》中所言：『復歸於無極』和『無名天地之始，有名萬物之母。』總之，無極母：實質上是宇宙天地人萬物未生之前的無極原始母態，中國傳統道家、儒家尊稱其為無極老母；因為宇宙天地人萬物都是由無極原始母態，歷經漫長歷史變化，生化而成的，故古道書曰：『無極母，生天，生地，生人，生萬物……』」吳雲青老人簡要地講完《無極老母十捎書》的歷史源流，同時講完他自己學習的這首在中華大地流傳了很久很久的古道歌的來龍去脈。然後，只見他老人家道情益濃，高興地左手手持木錘輕輕地敲擊木魚，右手則手持木錘輕重適度地敲擊銅磬。引吭高歌，音調抑揚頓挫，宛如仙音縈繞人間地給大家唱起了《宇宙天地人無極母十捎書》：

詩曰：

紅塵災劫亂如麻，榮華富貴不可誇，

把書捎與皇胎子，忙捨紅塵歸故家。

歌曰：

一

一次把書作，　　　　為娘淚如梭，

娘的兒都在——　　　苦也苦海波。

二

飯來娘少吃，　　　　茶來娘少喝，

狠心的男女——　　不也不想我。

三

二次把書捎，　　為娘淚號啕，
小嬌兒一齊——　　下也下東郊。

四

聽您在東土，　　日夜把心操，
叫為娘不由——　　發也發煎熬。

五

三次寫書箋，　　為娘淚漣漣，
娘的兒齊困——　　苦也苦海邊。

六

三災一齊陷，　　八難在面前，
叫為娘心中——　　何也可得安。

七

四次寫書篇，　　為娘淚不乾，
不該拿血酒——　　迷也迷心猿。

八

鮮血當酒飯，　　哄醉我女男，
娘如今自把——　　自也自埋怨。

九

五次寫書單，　　為娘淚雙懸，
想起了嬌兒——　　心也心不安。

十

蟠桃吃不完，　　　仙酒飲不乾，
您何必東土——　　　受也受可憐。

十一

六次寫書章，　　　爲娘淚汪汪，
早晚間還記——　　　兒時兒模樣。

十二

肉皮白面像，　　　生得茂堂堂，
作爲娘咋樣——　　　不也不悲傷。

十三

七次寫書函，　　　爲娘濕衣衫
想起了嬌兒——　　　發也發謀亂

十四

白日飯不餐，　　　夜晚睡不安，
小嬌兒何日——　　　到也到面前。

十五

八次寫書長，　　　爲娘淚兩行，
黃昏時立在——　　　大也大門上。

十六

依門依閭望，　　　不見兒還鄉，
叫爲娘掛肚——　　　又也又牽腸。

十七

九次把書捎，　　　為娘淚珠飄，

小嬌兒您把——　　娘也娘忘了。

十八

也曾把書抄，　　　也曾把書捎，

娘的書累累——　　傳也傳東郊。

十九

十次寫書帶，　　　為娘淚滿腮，

誰把我兒女——　　叫也叫回來。

二十

嬰兒左邊站，　　　奼女右邊排，

也免得為娘——　　哭也哭哀哀。

二十一

嬰兒不歸家，　　　為娘實無法，

娘寤寐只想——　　小也小嬌娃。

二十二

書信寫完了，　　　無有人來捎，

又扯來彌勒——　　下也下東郊。

二十三

彌勒把書拿，　　　為娘淚吧吧，

您與他就說——　　娘也娘想他。

二十四

嬰兒見彌勒，　　　　接手把書拆，
您隨著彌勒——　　　一也一同回。

二十五

今輩響晨鐘，　　　　再聽娘叮嚀，
以法則行持——　　　保也保安寧。

二十六

要您三昄精，　　　　要您五戒嚴，
要子午卯酉——　　　歸也歸路錢。

二十七

要您斷塵緣，　　　　要您斷錢財，
斷塵緣心要——　　　鐵也鐵石堅。

二十八

不該爲塵緣，　　　　不該爲女男，
塵緣的兒女——　　　無也無道緣

二十九

娘開娘天門，　　　　您閉您地戶，
各人的性命——　　　各也各人顧。

三十

富貴把您拴，　　　　名利又來纏，
這酒色財氣——　　　迷也迷心猿。

三十一

光陰似箭過，　　　不過百歲多，
轉眼間就要——　　葬也葬山坡。

三十二

心猿牢拴鎖，　　　意馬緊繫著，
把紅塵美景——　　一呀一刀割。

三十三

要把凡塵丟，　　　還要斷死路，
斷死路六根——　　一呀一齊收。

三十四

六根一齊收，　　　塵緣自然丟，
免在那四生——　　六也六道遊。

三十五

六道不去遊，　　　口腹皆宜周，
借口腹四生——　　免也免結仇。

三十六

戒殺放生逃，　　　誦經冤孽消，
冤孽債全憑——　　善也善功消。

三十七

學大根大苗，　　　不怕大風搖。
遇磨難守死——　　這也這一爻。

三十八

酒色財氣煙，　　　　一刀要斬斷，
把功名富貴——　　　　不也不要貪。

三十九

莫把名利染，　　　　來把您心拴，
紅塵福誰能——　　　　享也享百年。

四十

下元劫云險，　　　　水火風災連，
您性命憑何——　　　　能也能保全。

四十一

看看三災臨，　　　　五魔緊隨跟，
怕連累佛子——　　　　與呀與仙孫。

四十二

男女迷的深，　　　　萬劫難翻身，
娘才把大道——　　　　傳也傳你們。

四十三

明智大根人，　　　　需把覺路尋，
莫負娘慈悲——　　　　一呀一片心。

四十四

傳心加法傳，　　　　喚醒衆女男，
普度些緣人——　　　　早也早回還。

四十五

普度佳期臨，　　有緣得相親，
萬不可錯過——　　這一緣因。

四十六

所以孔子曰：　　朝聞道妙音，
縱夕死可以——　　成也成真人。

四十七

靈明時存心，　　養精化元神，
借假體才能——　　修也修真人。

四十八

修煉精氣神，　　此事容易很，
無價寶豈肯——　　讓也讓別人。

四十九

紅塵看不穿，　　不能消孽冤，
看不破進道——　　依也依枉然。

五十

緣人智慧顯，　　遇道心朗然，
無根子當作——　　異也異端觀。

五十一

真心把道煉，　　度己度人緣，
功圓滿同上——　　九也九重天。

五十二

邪苗與惡種，　　　一風掃乾淨，

把善男信女——　　超也超天庭。

五十三

叮嚀再叮嚀，　　　您要遵道行，

十捎書莫當——　　過也過耳風。

吳雲青老人一口氣用了15分鐘的時間，吟唱完了古道歌《無極老母十捎書》，全場報以熱烈而長時間的掌聲，此後，為使大家進一步明白確立修大道，修煉中華聖祖黃帝、老子秘傳內丹道功，乃古今中外宇宙天地人之間最重要之事，最首要之事，最幸福之事，他老人家又不辭辛苦地給大家當場吟誦了兩首古道歌。其一為中國道家內丹養生之道大祖師之一呂洞賓所作《四不貪歌》，其歌曰：

酒色財氣四堵牆，世人都在牆裡藏，

有人能跳牆外去，不是神仙也壽長。

其二為《修煉丹道歌》其歌曰：

煉精化氣氣化神，煉神還虛保自身。

自身自有靈丹藥，何須深山把藥尋。

吳雲青老人吟完兩首古道歌之後，他老人家以過來人的身份，經驗豐富地說：

「人生在世，只要不沉迷酒色財氣，認真修大道，修煉成功中華聖祖黃帝、老子秘傳內丹道功，就自然而然可以康壽超凡，天人合一，自由自在？」

蘇華仁這時希望吳雲青老人給台下聽眾演示一下丹道靜功。吳雲青他老人家講道：

「台下這些人不一定學大道，修大道，我何必向他們演示黃帝、老子千古秘傳的內丹道功的坐功呢？如果他們確實要立大志，修大道，我可以演示。」

吳老如此一說，蘇華仁他當即面朝向大家，誠心而大聲說道：「吳老剛才對我講：如果大家立定大志，學大道，修大道，修煉我們中華民族神聖祖先黃帝、老子秘傳內丹道功，他老人家現在就給大家現場演示一下黃帝、老子秘傳內丹道功的一部分坐功，如果大家不學大道，他老人家自然就不會給大家演示內丹道功的一部分坐功，大家學不學大道？修煉不修煉中華聖祖黃帝、老子秘傳內丹道功呢？——」

在場的海內外同道聽蘇華仁如此一說：異口同聲，心情興奮地高聲說道：「我們學大道——」。

吳雲青老人聞大家如此一說，心中自然欣喜，因為他老人家知道，他方才一番苦口婆心地講述大道之高妙無比，勸大家修大道的大慈大悲之心大家領悟了。於是他老人家聞與會者異口同聲地講要學大道，他這時便步履輕盈地移步到位於大會主席臺中間講臺的北側，先演示了一個足可表明：他老人家經過修煉成功黃帝、老子秘傳內丹道功，身體確實已經「返樸歸嬰」，體態如嬰兒般柔軟的「嬰兒倒地即起式」。然後他則穩如泰山地採取內丹道功高難度的雙盤式功法坐在那裡，音調自如地講道：

「有人學識素質淺薄，不懂歷史，隨意就講修大道，修煉黃帝、老子秘傳內丹道功是『封建迷信』，是假的，那真是少見多怪。」

吳雲青入室弟子蘇華仁站在歷史的角度講道：「其實，靜觀中華五千年歷史，中國古代大聖賢大多修大道，

修煉中華聖祖黃帝、老子秘傳內丹道功，況且我們大家都是炎黃子孫。炎，是指炎帝；黃，就是指確立內丹道功的我們中華民族神聖祖先黃帝。不言而喻：誰講修大道，修煉黃帝、老子秘傳內丹道功是封建迷信是假的，誰不僅文化素質低，同時，也是數典忘祖。

假如一個人忘了自己祖宗正確而寶貴的經驗之訓，他怎麼能夠成大才，成大器？假如一個民族丟掉了神聖的祖先流傳下來的傳家寶，那怎麼能興旺發達，既然中國道家文化和中國道家內丹養生之道是我們中華民族的傳家寶，我們為什麼要丟掉呢？丟掉了我們中華民族的傳家寶，那我們中華民族怎麼能夠興旺發達？」

蘇華仁插話：「吳雲青老人講得太好了，中華五千年文明史啟迪我們：誰修了大道，修煉成了黃帝、老子秘傳內丹道功，他就能身心康壽超凡，天人合一，自然而然就會成大才，成大器？同時，世界上有不少著名的，有真知灼見的大科學家，對中國傳統道家文化評價甚高。世界著名科技史研究專家，英國皇家學會會員李約瑟博士精闢地指出：『中國離開了道學，就像大樹沒有根一樣。』

「海內外聞名的中國近代偉大思想家、文學家魯迅先生也精闢地指出：「中國的根柢全在道教。」李約瑟博士和魯迅先生講得何等好啊。我們靜觀中華民族發展史：大凡中國傳統道家文化興旺發達之時，就是中華民族興旺發達時代，我們看，中華民族的黃帝時代……大漢時代……大唐時代……都是中華民族興旺發達時代，反之，倘若中國傳統道家文化處於低潮之際，恰是中華民族衰弱之時；因為，中國道家思想是經過數千年歷史檢驗證明的，是全人類最能揭示宇宙天地人大自然奧秘，又能讓全人類掌握

宇宙天地人規律和奧秘的正確思想的精華。所以魯迅先生曾特意寫詩曰：『靈台無計逃神矢，風雨如磐暗故園，寄意寒星全不察，我以我血薦軒轅。』

魯迅先生詩中寫的『我以我血薦軒轅』，就是大聲疾呼振興以軒轅黃帝為首開創的中國道家文化，藉以振興我們偉大的中華民族，藉以振興我們偉大的國家，乃至振興全人類。

「再者，李約瑟博士、魯迅先生講的中國傳統道家文化是中華民族之根，講得實在太好了，我們看中國各界和各行各業，大多離不開大道，講中國哲學，離不開被西方各界公認為『東方聖經』的中國道家大祖師老子著的《老子道德經》，講中國政治，離不開中華民族神聖祖先黃帝開創的『治國之道』。講軍事，離不開中國兵家祖師和道家名家孫武子《孫子兵法》的『用兵之道』。講中國中醫，離不開《黃帝內經·素問》的『醫病之道』。講用藥離不開中國藥王道醫名家孫思邈的『用藥之道』。講養生之道，自然離不開黃帝、老子開創的中國道家養生之道。講中國武術，自然離不開舉世聞名的太極拳之道。而溯源中國太極拳，創始人張三豐在詩文中寫的很清楚：中國道學易學和內丹道功名家華山陳摶老祖是他的師爺。張三豐詩曰：『陳摶是我師之師』。顯然，張三豐是中國道學、易學內丹道功名家華山陳摶老祖的傳人，太極拳是在中國道學、易學、內丹道功原理基礎上創始的。我們今天捧讀《張三豐全集》，自然可以從中看到張三豐關於中國傳統道學、中國傳統易學、中國傳統內丹道功的研究何其深厚。他創立的太極拳內含的中國傳統文化底蘊是那樣的博大精深，現在從有關部門傳來消息講：鑒於中國太極拳早

已走向世界，成為世界各國人民喜聞樂見的健身運動活動，在不久將來，中國太極拳有望成為國際奧運會的重要比賽項目之一。」

蘇華仁繼續講道：「講中國商業，離不開中國商業界大祖師范蠡的『經商之道』。講中國科學，離不開中國大科學家張衡，用中國道家哲學思想對人類科技發展的偉大貢獻，測定風向的風向儀，測定地震的地動儀和揭示天文學奧秘的渾天儀與中國傳統日曆的《黃帝飛鳥曆》。根據史書記載：張衡是中國道家大名家張良後裔，是中國道教創始人張道陵的長子。講中國書法，離不開中國書聖王羲之開創的中國書道。講中國文學，離不開中國傳統文學的文以載道……總而言之：李約瑟博士、魯迅先生的見解正確而深刻，中華民族神聖祖先黃帝、老子開創的中國傳統道學是中國傳統文化之根，自然也是全人類文明根源的重要組成部分。」

吳雲青老人看弟子蘇華仁講完，他老人家繼續講道：「古往今來，中國歷朝歷代大聖賢，大多渴求大道，修煉中華聖祖黃帝、老子秘傳內丹道功，這是千真萬確的歷史事實。」

接著，吳雲青老人將話鋒一轉：「修大道，要想成大才，成大器，萬萬不可固持門戶之見。一定要在修煉成功大道的基礎之上，相容並蓄那些經過歷史檢驗的，各家各派屬於宇宙天地人之間一流的好的修行之道。因為，這是古往今來，中國歷朝歷代各門各派取得最大成就者的成功經驗。例如：中華聖祖黃帝，他本來貴為中華一國之君，但他為了求得大道，放下帝王的架子，以一普通學子的身份，兩次不遠萬里，誠心誠意地到中國道家名山崆峒山拜

廣成子為師學習大道，修大道，最終修成正果。

　　古往今來，有個別修行人卻不是這樣，他們『唯己獨尊，攻乎異端』，固持一己之見，門派之見甚深，這種人無數史實證明：很難得到真正的大道，也很難修成正果。

　　「孔夫子為了學習大道，放下自己已經成為春秋時代中國儒家大祖師，而且還身居要職，貴為魯國司寇的架子，恭恭敬敬不遠千里，到周都洛陽恭身拜中國道家大祖師老子為師學大道。中國有句名言：『朝聞道，夕死可矣。』這是孔夫子平生將學大道視為生命的由衷之言。

　　「中國魏、晉、南、北朝時的著名道學名家葛洪，他平生在學大道基礎上，又提出了「眾術合修」的修大道方法因而成為一代道學名家，著出了飲譽古今彙集大道、易學、佛學、醫學為一體的名著《抱朴子》。

　　「中國藥王孫思邈，為了學習大道，修成大道，本人不僅學習《老子道德經》、《莊子》、《伏羲先天八卦》、《周文王後天八卦》等道書，同時學習中醫祖典《黃帝內經》，張仲景《傷寒論》，還學習佛家經書，因此成為壽高142歲的「千古一代藥王」。根據目前發現的史料看：中國最早系統提出中國儒釋道三教合一著出《三教匯一論》的是中國藥王孫思邈。

　　「宋初之際的中國道學家、易學、佛學、儒學、武術、醫學名家，華山陳摶老祖，他之所以成為一代大祖師，根本原因就是在修大道的基礎之上兼學：易學、佛學、儒學、武術、醫學等學問，另據《宋史·陳摶傳》記載：陳摶平生與當世高人呂洞賓、麻衣道者、何昌一、譚峭、壺公等互為師友，而這些高人大多平生是以修大道為基礎，兼學，易學、佛學、儒學、醫學而成為一代高師的

大祖師。」

「中國金、元之際的中國道教全真派祖師王重陽，他最早創立的全真教也叫做『三教平等會』。

「中國太極拳創始人和中國武當派武術大祖師張三豐，平生也是以修大道為基礎而兼學易學、佛學、儒學、武術及各家之長。他師事華山陳摶老祖高徒火龍真人為師，是他平生學問成大才，成大器之源……」

吳雲青老人以極其崇敬的心情，語重心長地講完中國歷代大祖師修成大道，成為一代大祖師的經驗後，他又以極其慈悲的心情，講述了他本人學大道的經驗。吳雲青老人說：

「我早年隨爺爺學習儒學，並在故鄉河南少林寺習煉過少林武術，18歲出家為道士雲遊天下學道，先後到過神州無數名山大川，歷經漫長歲月的無數坎坷，最後才在中國道家著名仙山華山、嵩山、王屋山、武當山、羅浮山、衡山、喬山、白雲山等名山大川和深山老林之中，三生有幸拜得年逾百歲猶童顏的丹道明師，學得宇宙間最寶貴的法寶，黃帝、老子丹道秘功的全法全訣；同時學會了張三豐秘傳太極拳、太極劍。當我讀過中國《二十四史》和《道藏》，得知古來修成大道者，大多在修大道之際，同時兼學佛法禪學，於是，我又身入中國陝北青化寺學佛參禪。

「需要補充的是：中國陝北青化寺歷史十分悠久，在陝北頗負盛名。中國唐代明君李世民曾經給該寺題過匾。青化寺最大特點是大殿正中供奉老子的同時供奉佛祖如來的塑像。大殿前左側殿堂供奉太上老子的母親九天聖母和觀世音菩薩與西王母，這充分啟迪我們：中國佛、道文化共容，佛道雙修是修成大道的根源和成功的捷徑。然後吳

雲青老人又講述了古來有些修行人因為修行方法不當或因為固持門戶之見，而終生修大道而未修成，而且臨死執迷不悟的教訓。

「局外人有個別人講修大道，修煉黃帝、老子秘傳內丹道功是假的，我剛才已經明確表明，這個觀點是錯誤的。但是令人惋惜的是，在修行者內部也有個別人由於文化素質差，對修大道也存在著種種錯誤的修行方法，因而其終生未修成大道，例如：

首先，修大道一定要拜明師。什麼是明師？就是真正明白大道，同時自己必須是已經修成大道的高師。鑒別修成大道的明師方法極其簡單，年逾百歲猶童顏。您看古來修成大道的大祖師，根據正史記載，大多皆是年逾百歲猶童顏。

「《史記‧封禪》明確記載：我們中華聖祖黃帝因修大道『壽高三百八十歲仍健在』……」。

「《史記‧老子韓非列傳》明確記載：中國道家大祖師老子『壽高二百餘歲……而不知所終』……」

「《漢書‧張陵傳》載：中國道教創始人張道陵乃中國道學名師，漢高祖劉邦帝王之師張良後裔，本人壽高123歲時仍四處傳道……」

「《唐書‧孫思邈傳》記載：藥王孫思邈因修大道壽高百余歲而童顏，唐太宗見後歎為觀止……」

「《唐書‧張果傳》明確記載：張果老百餘歲而常遊歷於北岳恒山，中條山和京都之間，當世之人稱之為神人……」

「《宋史‧陳摶傳》載：華山陳摶老祖因修大道壽高118歲，始蛻骨於華山張超谷。而陳摶傳中附載：呂洞賓

百餘歲而童顏，動則行數百里⋯⋯」

「《明史・張三豐傳》明確記載：張三豐百餘歲而身輕⋯⋯」

「除上邊舉例因修大道而壽高『百餘歲而童顏』祖師外，因修大道而壽高百餘歲而童顏的大祖師還很多，史籍載，中華易祖伏羲，中華丹道祖師廣成子，中華老壽星彭祖，中國大軍事家姜太公，中國道家隱師黃石公，中國道家真師鬼谷子，中國羅浮山修真之士蘇元朗和中國丹道高師石泰、薛道光，陳楠，陳朴、白玉蟾等古之大祖師，其均因修大道而修成年逾百歲而童顏之真實而神奇功效。」

吳雲青老人講到這裡，再一次提綱挈領地對與會的海內外同道講道：

「不言而喻：修成年逾百歲鶴髮童顏是修成內丹道功功德圓滿的重要標誌之一。因此，古往今來，學大道，一定要千方百計的拜到年逾百歲而鶴髮童顏的高師。向他們學大道，最為上乘。」

吳雲青老人接著講道：

「當然，古來也有些學得真道的大祖師，因為平生忙於傳大道度人，或者因當時身處非常歷史時期，忙於救百姓於水深火熱之中，犧牲了自己的清修煉功時間，而未獲得年逾百歲猶童顏功效的，但這些大祖師救人度人功德無量，功不可沒。例如：古之王重陽祖師和他的弟子『北七真』：邱長春祖師，郝大通祖師，馬丹陽祖師，孫不二祖師，譚處端祖師，劉處玄祖師，王玉陽祖師⋯⋯」

「為什麼講修大道，修煉中華聖祖黃帝、老子秘傳內丹道功拜明師為首要，因為我在上邊已經講過，黃帝、老子秘傳內丹道功，古來練功主要靠口傳不立文字，古之修

道諺語曰：『大道性功可自悟，命功唯有靠師傳』，故中國宋代丹道大祖師張伯端在《悟真篇》中曰：『饒君聰慧過顏閔，不遇師傳莫強猜』。古來還有一句至關重要的古道話：『得訣歸來方看書』。明明白白地告訴您：只要您真正德才兼備了，不怕歷經九九八十一難的磨難，三生有幸，被當世內丹道功明師收為弟子，傳給您大道真正之真訣了，您才能真正明白和掌握了萬事萬物，興與衰的根源，又能夠高妙地運用大自然之道，而達到天道中和，人道不衰；這時，您才能夠真正理解《黃帝陰符經》精闢而深刻指出的：『聖人知自然之道不可違，因而制之』。《老子道德經》明言：『人法地，地法天，天法道，道法自然』。同時指出：人只要修成大道，就可以『返樸歸嬰』『長生久視』。」

「因此，修大道，修煉我們中華聖祖黃帝、老子秘傳內丹道功，一定要誠心誠意地拜得內丹道功明師，您才能學得大道真法。古人講：修大道四要：法、侶、財、地。真法為首要，但您只有拜當世年逾百歲猶童顏的內丹道功明師為師，才能夠學到大道真訣真法。如果實在遇不到百歲童顏的高師，您也要設法拜他的入室弟子為師。

「修大道的第二個要素是侶，真正的同道之侶。你在修大道大路上能有一些真正的能與您一塊心心相印，情趣相投而各方面能長年相處又相契的同道真侶那是大家共同的福分。

「修大道的第三個要素是財，古來修大道的祖師所講的修煉內丹道功之財，其意有二，一是指人體內部精、氣、神三寶。二是指修大道必備的生活，衣、食、住、行之財。故古來修大道者，一者平生勤於勞作，自食其力；

同時又身懷種種濟世救人之絕技。比如像中國藥王孫思邈那樣，既能修大道、修煉我們中華聖祖黃帝、老子秘傳內丹道功，又能給天下大眾中的病患者診治各種疾病。同時，藥王孫思邈精通文哲史。史書記載：唐初一代賢相魏征寫隋朝史籍時，曾多次詢問藥王孫思邈。此外史書還記載藥王孫思邈精通《易經》，擅長於占卜與推步之術……

「修大道、修煉中華聖祖黃帝、老子秘傳內丹道功第四個要素是地，即古人所講宛如仙境的風水寶地，這中間既包括中國名山中的崆峒山和東嶽泰山、西嶽華山、中嶽嵩山、北嶽恒山、南嶽衡山和河南王屋山、安徽黃山、山東嶗山、湖北武當山、陝西終南山、廣東羅浮山、江西龍虎山、四川青城山等神州名山大川。也包括那些雖名不見經傳，但對修大道修煉中華聖祖黃帝，老子內丹道功、功效很好的山川和平原……」

吳雲青老人向海內外來賓演講完修大道的四大要素：法、侶、財、地。稍微一頓，再一次用大慈大悲的目光，靜靜地掃視一下全場聽眾，看大家饒有興趣的聽他講大道，心中異常欣然。

這時，台下海內外近千名聽眾，但見吳老，先將身穿的青色道袍脫掉，然後上身換上一件普通的中式白色衫衣，在更換衣服的過程中，吳老自然而然地上身露出他那強健的古銅色的膚色，全場海內外聽眾看到一齊報以熱烈的掌聲……

吳雲青老人看與會者熱烈鼓掌，他便先隨手用自帶的小木梳將他那銀白閃亮、長須飄胸的鬍子簡單地梳理一下，大家看吳雲青老人如此舉動、深深地感到他這是大修行家的風範：面對近千人講話和對自家人談話一樣，無拘

無束，毫無分別之心；大家正報以熱烈的掌聲又因之持續了好久……

吳雲青老人待大家鼓完掌，緊接著便又向大家講修大道、修煉中華聖祖黃帝、老子秘傳內丹道功的注意事項：「修大道、修煉中華聖祖黃帝、老子秘傳內丹道功，實質上就是要您「道法自然」規律地生活，而且一定要至誠地遵循大自然之道生活。萬萬不可違背大自然之道生活。」

蘇華仁插話：「我三生有幸，被吳雲青老人收為入室弟子，至今屈指算來整整十六個春秋過去，我很榮幸被吳雲青老人允許與他五同，所謂五同：一同練功，一同勞動，一同吃飯，一同睡覺，一同雲遊，與吳雲青老人在一起，我自己深深感到：吳雲青老人吃、穿、住、行均嚴格地遵循大自然規律：早上，他老人家按照古人生活習慣『日出而作』從不睡懶覺，每日清晨5點之前起床，起床後他老人家先自己洗漱一下，然後他老人家即衣冠整潔而樸素地、恭恭敬敬地走進供奉黃帝、老子、如來、觀音等道家祖師和佛家祖師的山洞，極其虔誠地在黃帝、老子、如來、觀音像前敬獻上一炷香，然後按中國傳統禮節進行三叩九拜。

需要特別告訴大家的是，吳雲青老人敬獻給黃帝、老子、如來、觀音等道家大祖師和佛家大祖師的香，不是我們常常看到的：用松木粉，柏木粉或榆木粉再配一丁點兒檀木粉製成的『檀木香』，而是真真實實的檀木；吳雲青老人平素用小刀將大段白檀木細心地劈成火柴棒大小粗細的白檀木棒，放在黃帝、老子、如來，觀音像前備用。

另外，需要再特別告訴大家的是：吳雲青老人插香的香爐內、用的不像是一般人常用些沙子或大米、小米之類

的東西，而是由他老人家和弟子們精心採制的柏子，去掉柏子內的柏子仁做中藥，餘下的柏子殼則將其曬乾透後，磨成細粉，分批按需要放入香爐內，每到向黃帝、老子、觀音、如來敬香時，吳雲青老人先點燃火柴將香爐內的柏子粉燃著，這時要求香爐內的火候要適中：火既不能大、大的冒火焰，又不能小、小的冒黑煙則燃不著檀木香。

如果香爐內火大了，吳雲青老人會立即用常備在香爐邊的一把擦得閃亮的小銅勺，輕輕地將柏子粉按一下，香爐內的火焰便立即變小了，如果香爐內火小了，吳雲青老人便用小銅勺，輕輕地挑撥一下香爐內的柏子殼粉，待香爐內柏子殼粉調的火候大小適度了，吳雲青老人這時則用雙手捧起一個小檀木棒，輕輕地插進香爐內的柏子粉中間，這時您會看到：一縷檀木香煙嬝嬝直上至古山洞洞頂，然後，沿洞頂向四面八方，慢慢地漫延成一朵蓮花狀形，然後再向四周慢慢地散去……此時此刻，如果您身臨其境，您會立刻感受到陣陣檀木香味沁人心脾，使您剎那間感到神清氣爽……現在有關科學家，經過實驗證明：檀木香味和柏子殼味對人身心健康確實大有益處。

吳雲青老人就是在這彌漫著檀木香味的環境中，按照古來修大道，修煉中華聖祖黃帝、老子秘傳內丹道功的古道規：清晨習練卯時功，卯時其時間相當於現在的早上5-7點。吳雲青老人煉功特別守時，清晨煉完卯時功，恰是早上7點，他便開始吃早飯，吳雲青老人飯食極其平常簡單而清淡。一是絕對素食，嚴格到必須要求用只做過素食從未做過葷食的鍋做出的素食食品，我曾經看過，有些人曾經用做過葷腥的鍋反覆洗涮乾淨後，再給吳老做素食端到了吳老面前，但吳老輕微一嗅，就斷定出這是用曾經

做過葷食的鍋做出的食物而謝拒食用。二是吳雲青老人吃飯極其普通而簡單，從不挑剔食物，主食主要吃些我們大家常食用的小米、大米、玉米和小麥麵粉做出的食品，比如：小米粥，大米飯，麵條和饅頭、包子、餃子之類，蔬菜主要食些常見的大白菜、捲心菜、南瓜、冬瓜、黃瓜、馬鈴薯、番茄、小白菜、君子菜等普通蔬菜。

吳雲青老人一日三餐，也時常用一點辣椒佐餐。我曾問過吳老，『修大道和佛門中人不吃蔥、韭、蒜和洋蔥香菜，為什麼可以吃辣椒呢？』吳雲青老人對我講：『人吃了蔥、韭、蒜和洋蔥、香菜在人體內產生濁氣，故對人身不宜，而吃辣椒，在人身體內產生的是清氣，故修道人和佛門中人吃辣椒，古修行人曰：『道不忌辣。』

「吳雲青老人收我為入室弟子至今十六個春秋過去了，我從未見吳老吃過一次補品，於此足見修成大道，煉好中華聖祖黃帝、老子秘傳內丹道功，是最好的人身營養品。吳老從未吃過葷食，而遇到食葷者，吳老則幽默地對他們講：『雞、鴨、魚、肉、蛋，都是大壞蛋』『吃啥像啥』」。

台下海內外近千名聽眾聽蘇華仁轉述吳老之語，大家都一齊開心地笑了，吳老見大家笑了，他也開心地笑了，這時，臺上台下的笑聲，自然匯成一片笑的海洋……

大家開心的笑聲過後，蘇華仁接著講道：

「吳老和身邊的弟子一同吃完簡單而純素地早餐，隨即親自帶弟子們一塊去到農田勞動，其勞動時間為上午8點—11點，11點鐘吳老準時回到住所、他練功的山洞內，從上午11點練功到下午1點。古人稱作『午時功』，下午1點吳老與弟子們一塊吃午餐，午餐內容與早餐一樣是純

素而簡單，吃完午餐，吳老則又帶弟子們一塊勞動於田間，勞動時間是下午2點—5點，5點鐘，吳老又回到他常住的山洞裡練功，時間為下午5點—7點。古人稱為『酉時功』，煉完酉時功，吳老則和弟子們一塊吃晚餐，晚餐也像早餐、午餐一樣是簡單的素食。吳雲青老人吃完晚餐，他老人家先『飯後百步走』，山前山後散一下步，然後或者誦一下《黃帝陰符經》、《老子道德經》、《老子常清靜經》、《觀世音菩薩夢授真經》，或者打兩遍太極拳，舞一下太極劍，或者幹一些雜活，比如：從山腳下往山上挑水。時間至晚上9點，吳老則上床睡覺，睡兩個小時後至晚上11點，吳老則必然起身面南端坐，從晚上11點練功至午夜1點，古人稱作『子時功』。「上述生活習慣：即是吳雲青老人，一個大修行者，忠行百年『道法自然』的生活習慣，請海內外各位同道從中汲取經驗，早日修成大道。

　「需要補充的是：上邊是吳雲青老人平素生活習慣。若逢農忙時節，吳雲青老人清晨5點起床後，先向黃帝、老子、如來、觀音等道家大祖師和佛門大祖師敬獻上一炷檀香，恭行完三叩九拜的大禮後，他馬上去田裡勞動，中午由弟子將簡單的午餐送到田間地頭。吳雲青老人吃過午餐，一直幹到日薄西山回家，農忙時節，怎麼練功呢？吳雲青老人這時則將幹活中間休息時間充分利用抓緊練功。如果是農閒時間，吳老則每日時間以煉功為主了。除了子午卯酉、四大時辰練功外；早餐後，午餐後的大部分時間大多用來習煉內丹道功。古人叫做閉關修煉。

　　當然，吳雲青老人練功分兩大內容：一是中華聖祖黃帝、老子秘傳的內丹道功動功。一是中華聖祖黃帝、老子

秘傳內丹道功的靜功。吳雲青老人經常開示我們說：修大道一定要性命雙修、動靜雙修。只煉動功不煉靜功是一大錯；而只煉靜功不煉動功也是一大錯；因為大道之內涵，正如《老子道德經》中講得那樣：『萬物負陰而抱陽，沖氣以為和』。大家知道：動為陽，靜為陰，自然動功屬陽，靜功屬陰，動功、靜功雙修才合乎大道。」

吳雲青老人看弟子蘇華仁講完，他老人家接著語重心長、誠心誠意地向大家講他百年修成大道的成功經驗，同時叮嚀大家：

「第一：修大道的人，首先要切切實實地做到：與宇宙天地人萬事萬物之間大和。切實做到：與天合一，與地合一，與人合一。同時一定要順乎自然之道而行，古人稱為：『順天而行。』這就是我們中華聖祖黃帝在其所傳《黃帝陰符經》中講得那樣：『聖人知自然之道不可違，因而制之。』萬萬不可像有些人那樣，今天跟這個人鬥，明天又跟那個人鬥，鬥來鬥去不是被別人鬥死，就是自己因為鬥別人而累死。

「第二：修大道的人切記：一定要識見高遠，志向遠大，壯志凌雲置身於九霄之上。只要自己真真正正地在行大道，就不要怕冷諷熱嘲、狂風惡浪的打擊。

「第三：修大道的人切記：要尊師重道，沒有得道明師傳給您宇宙天地人之間最寶貴的大道，患難與共，福禍共依，終生不渝。您怎麼能夠康壽超凡，天人合一？！故古語道：『師徒如父子。』一樣親密，患難以共，福禍共依。終生不渝。

「第四：修大道的人切記：平生遇到順利時要修大道，遇到不順利時也要修大道，古人云：『一個修道人必

有無數個魔來考。』您歷經九九八十一難，經受住了魔考，就一定可以修成大道，康壽超凡，天人合一。

「第五：修大道的人切記：時時處處要努力學習，儘量向現實中學、向各位同道師友學、向書本中學、學一切關於宇宙天地人奧秘的知識，學習掌握宇宙天地人奧秘的本領。用《黃帝陰符經》中的語言叫做：『宇宙在乎手，萬化生乎身。』

「第六：修大道的人切記：一定要嚴格要求自己，一定要實實在在地修大道，同時一定要嚴格嚴守關於修大道的道規道戒，比如三皈五戒，這些戒律是歷朝歷代無數古人數千年來修成大道的寶貴經驗。萬萬不可輕視之，將修大道成功的古道規隨意視作清規戒律。而是要平生表裡如一，因為，只有這樣，您才能儘快修成大道。

「第七：修大道的人切記：一定要懂得報恩：古之修道人每日要求自己報古來十方大恩：

（1）一報黃帝、老子恩；

（2）二報天地老爺恩；

（3）三報日月星光恩；

（4）四報養我水土恩；

（5）五報父母養育恩；

（6）六報師父傳道恩；

（7）七報諸仙諸佛恩；

（8）八報八方道友恩；

（9）九報九州升九天；

（10）十報眾生早超凡。

「第八：修大道人，切記：不管發生什麼好事，壞事，都要以修大道、修煉中華聖祖黃帝、老子秘傳內丹道

功為本、為首、為要、為準。堅持修煉 10 年，修煉 20 年，修煉 30 年，修煉 40 年，修煉 50 年……要數十年如一日地修大道。『天道酬勤』，『蒼天不負有心人』。您一定會修成大道，修成一個康壽超凡、天人合一的真人高士。

「我修大道沒有太多經驗好談，簡單地講：就那麼八個字：積德行功，不問前程。」

吳雲青老人連續講修煉大道近兩個小時，他老人家看臺下近千人個個專心致志地聽他講話，於是，他接著吐露肺腑之言講道：

「學大道，修煉黃帝，老子秘傳內丹道功也要綱舉目張，宇宙天地人之間養生修真之道，雖然紛紛紜紜，但是綱只有一條，即黃帝在《陰符經》中講得「宇宙在乎手，萬化生乎身」和老子在《道德經》中講得「復歸於嬰兒」「長生久視」。試想我們世間人，要想真正做到「宙宇在乎手，萬化生乎身。」談何容易？！古今中外的歷史啟迪我們，只有一條成功之路和捷徑，修煉我們中華民族神聖祖先黃帝、老子秘傳內丹道功。

「因此，我們在學大道修大道的路上，首要之事是排除萬難，千方百計地拜得當代年逾百歲猶童顏的丹道明師，學得黃帝、老子秘傳九轉還丹秘功的全法全訣。最起碼也要克服重重困難，想方設法拜年逾百歲童顏的丹道明師的入室弟子學習到修煉丹道的秘訣。因為古來黃帝、老子秘傳九轉還丹的丹道秘訣，惟靠代代明師口傳，別無他途。學習到九轉還丹的秘訣後，然後再看道書佛徑。古聖哲曰：『書如山海，能者取華。』古來那麼多道書佛經，您很難有時間讀完弄透，這需要您從中取其精華，什麼是

精華？我們試看古來修成大道的大聖哲，大多以《黃帝陰符徑》《老子道德經》《太上老君內丹經》《佛祖如來開示眾生要訣》《觀世音夢授真經》《呂祖百字碑》《張三豐祖師打坐歌》為眾經之重。」

吳雲青老人精闢地講道：「以上經典至要至簡，最好大家既能背熟又能弄通。《黃帝陰符徑》才三百多字，《道德經》才五千多字，故中國宋代丹道大祖師，張伯端在《悟真篇》中寫詩讚頌道：

「陰符寶字逾三百，道德靈文止五千，

　今古上仙無限數，盡從此處達真詮。」

吳雲青老人講到這裡，朗朗地背誦《黃帝陰符經》道：「觀天之道。執天之行。盡矣。天有五賊。見之者昌。五賊在心。施行於天。宇宙在乎手，萬化生乎身。天性，人也。人心，機也。立天之道。以定人也。天發殺機。移星易宿。地發殺機。龍蛇起陸。人發殺機。天反地覆。天人合德。萬化定機。性有巧拙。可以伏藏。九竅之邪。在乎三要。可以動靜。火生於木。禍發必克。奸生於國。時動必潰。知之修煉。謂之聖人。（以上為《黃帝陰符經‧神仙抱演道章》）。

「天生天殺。道之理也。天地。萬物之盜。萬物。人之盜。人。萬物之盜。三盜既宜，三才既安。故曰。食其時。百骸冶。動其機。萬化安。人知其神之神。不知不神之所以神。日月有數。大小有定。聖功生焉。神明出焉。其盜機也。天下莫能見。莫能知。君子得之固躬。小人得之輕命。（以上為《黃帝陰符經‧富國安民演法章》）。

「瞽者善聽。聾者善視。絕利一源。用師十倍。三返晝夜。用師萬倍。心生於物。死於物。機在於目。天之無

恩而大恩生。迅雷烈風。莫不蠢然。至樂性餘。至靜性廉。天之至私。用之至公。擒之制在氣。生者死之根。死者生之根。恩生於害。害生於恩。愚人以天地文理聖。我以時物文理哲。故曰。沉水入火。自取滅亡。自然之道靜。故天地萬物生。天地之道浸。故陰陽勝。陰陽相推。而變化順矣。是故聖人知自然之道不可違。因而制之。至靜之道，律曆所不能契。爰有奇器。是生萬象。八卦甲子。神機鬼藏。陰陽相勝之術。昭昭乎進乎象矣。」（以上為《黃帝陰符經·強兵戰勝演術章》）。

吳雲青老人給大家背誦完《黃帝陰符經》，緊接著給大家講述《太上老君內丹經》：

「《太上老君內丹經》是老子在《黃帝陰符經》哲學基礎上進一步發展而成。本經是老子專門開示內丹養生之道的經典，全經言簡意賅，才七百多字，它與《黃帝陰符經》《老子道德經》同為修煉道家內丹寶典。本經很早以前就被收入《道藏》，一般人不易見到，我今吟之如下：

「老君曰：夫學長生久視，不死之道，先須理心正行，然後習氣。道則有三：上有還丹金液。中有神水華池，下有五金八石；術亦有三：上有神仙抱一，中有富國安民，下有強兵戰勝。若得其一，萬事畢矣。神仙抱一者，玉爐煊赫，姹女端嚴，嬰兒含嬌，深根固蒂，五行匹配，八卦相連，此之謂上也。富國安民者，龍盤金鼎，虎繞丹田，黑白真金，鉛汞至寶，水火既濟，日月騰輝，一片火輪，九年丹灶，此之謂中也。強兵戰勝者，一殿恢張，三峰蒼翠，表夫妻之心意，放龍虎以往來，兩湊玄關，一泥丸道，此之謂下也。

老君曰：夫煉大丹者，精勤功行，清靜身心，僻靜深

山，幽玄石洞，絕於雞犬，斷卻是非，不睹外物，不聽外聲，一心內守，無勞外求。大凡修道，必先修心。修心者，令心不動。心不動者，內景不出，外景不入，內外安靜，神定氣和，元氣自降，此乃真仙之道也。

老君曰：聖人以身為國，以心為君，心正則萬法皆從，心亂則萬法皆窮；後以精氣為民，民安則國富，民散則國廢。

老君曰：修生之法，保身之道，因氣安精，因精養神，神不離身，身乃長健。凡修大道，利於生靈之性，發人智見，使人達道，得天沖虛之氣也。

老君曰：心有所愛，不用深愛，心有所憎，不用深憎，如覺偏頗，即隨改正。處富有成效者勿謂長富，居貧者勿謂長貧，貧富之中，常當奉道。道不在煩，心不可亂，勿思衣食，勿思嗜欲，勿思名利，勿思榮辱，抱一守中，自然之道也。

老君曰：夫煉大丹者，固守爐灶，返老還童，功成行滿，氣化為血，血化為精，精化為髓。一年益氣，二年益精，三年益脈，四年益肉，五年益髓，六年益筋，七年益發，八年益骨，九年益變形神，身中有三萬六千精光，神居身不散，身化為仙，足下雲生，頂中鶴舞，號曰長生。修功不怠，關節相連，五臟堅固，內氣不出，外氣不入，寒暑不侵，兵刃不傷，升騰變化，壽齊天地，玉女侍衛，玉童相隨，上佐玉皇，下度黎庶，號曰真人。

老君曰：玄中有玄是我命，命中有命是我形，形中有形是我精，精中有精是我氣，氣中有氣是我神，神中有神是我自然之道也。

老君曰：長生之體，久視之門，洗心易行，乃成正

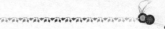

真，然除想化物，要淨六根，邪魔遠離，眾病無因，通幽顯聖，無不成真，須明恍惚，輔弼帝君。

太上曰：自己三清，何勞上望；自己老君，何勞外覓。知之修煉，謂之聖人矣。

吳雲青老人背誦完《黃帝陰符經》，《太上老君內丹經》。接著講道：「《佛祖如來開示眾生真訣》才二十個字：訣曰：天上天下，唯我獨尊，自觀自在，守本真心，常樂我靜。需補充說明的是：佛祖如來講的唯我獨尊是指的我們每個人自己的個性自身。

「《觀世音菩薩夢授真經》才七十八個字，經曰：南無觀世音菩薩，南無佛，南無法，南無僧，與佛有因，與佛有緣，佛法相因，常樂我靜，朝念觀世音，暮念觀世音，念念從心起，念佛不離心，天羅神，地羅神，人離難，難離身，一切災殃化為塵，南無摩訶般若波羅蜜。「需要特別告訴大家的是：《觀世音菩薩夢授真經》既可讓修行者明理，又可以開示人練功。

「《呂洞賓祖師百字碑》也才一百個字，其中講得全是修煉內丹道功的命功真訣。

其碑文曰：

養氣妄言守，降心爲不爲，

動靜知宗祖，無事更尋誰，

眞常須應物，應物要不迷，

不迷性自住，性住氣自回，

氣回丹自結，壺中配坎離，

陰陽生反覆，普化一聲雷，

白雲朝頂上，甘露灑須彌，

自飲長生酒，逍遙誰得知，

坐聽無弦曲，明通造化機，

都來二十句，端的上天梯。

「《呂洞賓祖師百字碑》，張三豐祖師特意逐句進行了注解，為我們弄通修大道真訣開闢了一條捷徑。而呂洞賓祖師故里山西永濟縣永樂宮《呂仙翁百字碑》，專門開示修煉丹道性功、其碑文曰：

本性好清靜，保養心猿定，

酒又何曾飲，色欲已罷盡，

財又我不貪，氣又我不競，

見者如不見，聽者如不聽，

莫論他人非，只尋自己病，

官中不繫名，私下憑信行，

遇有不輕狂，如無守本分，

不在人殼中，免卻心頭悶，

和光且同塵，但把俗情混，

因甚不爭名，曾共高士論。

「而張三豐祖師親自撰寫的《打坐歌》完全是對我們修煉內丹道功最簡明的開示：

其歌曰：初打坐，學參禪，這個消息在玄關，秘秘綿綿調呼吸，一陰一陽鼎內煎；性要悟，命要傳，體將火候當等閒，閉目觀心守本命，清靜無為是根源；百日內，見效驗，坎中一點往上翻，黃婆其間為媒妁，嬰兒姹女兩團圓；美不盡，對誰言，渾身上下氣沖天，這個消息誰知道，啞子做夢不能言；急下手，採先天，靈藥一點透三關。

丹田直上泥丸頂，降下重樓入中元；水火既濟真鉛汞，若非戌己不成丹，心要死，命要堅，神光照耀遍三千；無影樹下金雞叫，半夜三更現紅蓮，冬至一陽來復

始，霹靂一聲震動天；龍又叫，虎又歡，仙樂齊鳴非等閒，恍恍惚惚存有無，無窮造化在其間；玄中妙，妙中玄，河車搬運過三關，天地交泰萬物生，日飲甘露似蜜甜；仙是佛，佛是仙，一性圓明不二般，三教原來是一家，饑則吃飯困則眠，假燒香，拜參禪，豈知大道在目前，昏迷吃齋錯過了，一失人身萬劫難，愚迷妄想西天路，瞎漢夜走入深山，元機妙，非等閒，漏泄天機罪如山，四正理，著意參，打破玄關妙通玄，子午卯酉不斷夜，早拜明師結成丹，有人識得真鉛汞，便是長生不老仙，行一日，一日堅，莫把修行眼不觀，三年九載功成就，煉成一粒紫金丹，要知此歌何人作，清虛道人三豐仙。吳雲青老人吟為《張三豐祖師打坐歌》，以大慈大悲的胸襟開示說：

「張三豐祖師抱度人超凡之大志，在打坐歌中將宇宙天地間最好養生修真大法，黃帝、老子秘傳丹道的具體路數講得明明白白，如果再有名師親口點傳下手功夫全法全訣，則可直入修大道仙境。」

吳雲青老人此時看時針指向上午11點，他又充滿超凡感情地給大家吟誦了一首古來傳下的古道詩，作為他老人家本次講中國傳統養生大道的結尾：

開天闢地育聖賢，同天同地同三才，

天地有壞我有道，不生不滅不轉來。

吳雲青吟誦完這首古道詩聲音剛落，在場海內外近千名聽眾全體自動起身，長時間熱烈鼓掌。以崇敬的眼光目送吳雲青老人離開會場……

特附：本次養生講座剛完，當時便有一百多名海內外有識有緣之士，深刻理解了吳雲青老人講的修煉大道是人

生首要之事，當即懇求吳雲青老人給他們傳授黃帝、老子秘傳內丹道功。吳雲青老人以慈悲度人之心而恩准。於是，次日上午10點，由吳雲青老人擔任總顧問，入室弟子同時也是掌門弟子的蘇華仁親自執教的「中華聖祖黃帝、老子秘傳道家內丹功當代158歲傳師吳雲青與掌門弟子面授班」於1996年10月13日至20日在中國古都、西安隆重開班。

辦班期間，吳雲青老人又親自到班上做指導，他千叮嚀萬囑咐：

「大家一定要好好修煉大道，修煉成功中華民族神聖祖先黃帝、老子秘傳道家內丹功，兼學佛法和儒學與《易經》、太極拳、少林拳等中國傳統文化之長。」同時開示了按黃帝、老子秘傳道家內丹功規則「只能口傳，不立文字」的修煉內丹道功下手功法的部分秘訣。

1996年5月18日，吳雲青老人又親自率領參加內丹道功學習班的全體學員親自去遊學位於西安西南的，老子當年西出函谷關後主要隱居修煉大道的福地樓觀台道觀。在樓觀台老子說經台老子塑像前，吳雲青老人家步履輕捷、仙風浩浩，他再一次告誡大家道：「我們神聖的祖先黃帝、老子給我們留下超生了死的內丹大道，我們一定要好好修成大道，才不愧對先祖啊！同時也不愧對自己一生啊！」

隨後他給大家照相留念，照完相，他老人家對身邊的人說：「兩年後，我要到很遠的地方。」

之後不久，吳雲青老人先返回陝北青化寺與入室弟子宋金蓮、宋銀蓮、范建勳和當地眾父老鄉親生活了一段日子，爾後隨緣回到故鄉河南隱居於《周易》發源地古都安

陽，與入室弟子蘇華仁（道號蘇德仙）、宋金蓮、劉天蟾、丁成仙、趙履端；學生何山欣、楊建國、史明公、蘇華禮、張洪恩等人生活在一起。其間，吳雲青老人特意讓蘇華仁與他的得意弟子毛飛天電話聯絡。欲習煉吳雲青老人傳承秘煉的中華聖祖黃帝、老子秘傳中國道家內丹養生長壽之道者，請與上述吳雲青老人諸入室弟子聯繫。

第二節　丹道高師吳雲青養生之道訪談實錄

——本文是基於訪談錄 VCD 進行文字整理而成

【畫面】：

1. 在飄飄欲仙的優美的中國道家音樂聲中，中國陝北延安青化寺全貌由遠到近慢慢地展示在觀眾面前，遠處座座青山和潺潺流水綠樹成蔭，鬱鬱蔥蔥，青化寺就座落在這風景古幽的青山綠水之中。

2. 在黃帝、老子聖像下。

3. 吳雲青老人在修道打坐……

【字幕】：

黃帝、老子秘傳道家內丹養生功 158 歲高師吳雲青養生修道秘錄。

【畫外音】：

宇宙在乎手，萬化生乎身。

知之修煉，謂之聖人。——黃帝《陰符經》

玉爐燒煉延年藥

正道行修益壽丹——老子《五十六字養生丹訣》

【畫面】：

1. 展示 1980 年 9 月 10 日《人民日報》發表的《142 歲吳雲青增補為政協委員》的報導，1980 年第七期中國《新體育》雜誌發表的《訪 142 歲老人吳雲青》以及《長壽》雜誌第一期，封面刊登吳老照片等諸多報紙雜誌發表的關於吳雲青老人的文章。

2. 吳老和眾同道一起在山上合影留念。

3. 吳雲青老人在山洞前下打坐修道。

4. 青化寺大殿全貌，吳老住的其中的一處窯洞全貌，天剛亮，吳老便起床，洗漱完畢便走進大殿，在殿內上香禮拜於中國道家祖師老子、佛祖如來佛塑像前。

【畫外音】：

尊敬的海內外各位觀眾；尊敬的海內外各位同道：

我們首先真誠地歡迎您觀看本片，同時借此天緣良機，真誠地祝您身心康壽超凡；事業成功。自《人民日報》1980 年 9 月 10 日、中國《體育報》9 月 12 日，《新體育》雜誌 1980 年第七期以及海內外眾多報刊披露：

中華民族神聖祖先黃帝、老子秘傳中國道家內丹養生學當代 158 歲高師吳雲青，因為修煉了中國道家內丹養生長壽學，而獲年逾百歲猶童顏之效以來，海內外許多有識之士，想見一下吳雲青老人，同時渴望學習到他傳承秘煉的中國道家內丹養生學，以便早日掌握生命科學和人天科學；為了弘揚中華聖祖皇帝、老子秘傳中國道家內丹養生學神奇之效，又不干擾吳雲青老人清靜的修道生活，而又能滿足大家要求，我們反覆研究決定：製成本紀實片，本

片為1996年中秋節前五天，吳雲青老人親自題寫為傳功弟子的蘇華仁，陪同現任中國《西部法制報》主編的劉權壽、中國陝西著名書法家張景第、中國陝西鋼廠科學技術協會秘書長張秉信，拜訪吳雲青老人的實錄。需要補充說明的是：本片未經過任何藝術加工，只是在剪接時作些精煉處理，以保持本片的真實性和科學文獻價值。實踐表明：本片具有很強的祛病強身，開發大智慧的效能。

當代158歲高師吳雲青，他很早以前就被中國陝北青化寺眾修行公推為長老。青化寺歷史悠久，源遠流長，早在中國唐代，一代名君唐太宗李世民曾親自為該寺題寫匾「青化寺」。該寺最大的特色為：大殿內供奉道家祖師老子的同時，供奉如來佛，大殿左側供奉老子的母親九天聖母，這充分說明：該寺為中國傳統道家文化和中國佛家文化共融。

【畫面】：

張景第手拿一張親自書寫的「壽」字，敬獻給吳老並對吳老說：「這是我給您寫的大壽字。」吳老笑著收下道：「這壽字寫的好啊，你寫字有功。」張景第答：「我給老人家寫字就是用功夫寫的。」劉權壽問身邊一位農民：「您今年多大了？」農民答：「76了」，劉權壽又問：「你叫什麼名字？」老漢答：「叫朱德才。」劉權壽問：「您第一次見到吳老他是什麼樣子？」朱德才答：「他那時候看上去7、80歲，鬍子搭拉至胸前這麼長（用手比劃）。」蘇華仁問：「那還是胡宗南沒有來延安的時候嗎？」朱德才答：「他來的時候，胡宗南走罷了。吳老建社前就來了。」劉權壽說：「這麼講吳老解放前就來青化寺了。」朱德才接著對大家說：「我小時候常常見吳老

給青化寺裡挑水，他挑完水，就在挑水的山泉旁打坐修道，鶴髮童顏，像個活神仙。」另一位當地79歲的農民左旺業對大家講他從前對吳老說：「我今年七十幾了，我七、八歲時，揪您鬍子，你說你七十幾了，我現在七十幾了，你還七十幾了。」劉權壽等人大笑說：「這個人他七、八歲時見吳老，吳老說他七十幾了，現在他都七十幾了，吳老還說他七十幾了。」

【畫面】：

吳老看著「壽」字的題寫人名為張景第。蘇華仁說：「吳老，請您給張景第起個道號。」這時，劉權壽手拿出吳老給他題寫的道號：「劉大同。」後邊題寫吳雲青三個字，讓吳老看。吳老說：「你看我這個名字吳雲青字畫不夠二十八畫，古稱不夠二十八宿，不夠數，我在寫青字時在上邊點上一點才夠二十八宿。」吳老仔細端看著張景第的名字說：「起的不好還能改。」看了一會，吳老說：「叫張景第不如叫張景一。」蘇華仁問：「哪個一？」吳老說：是一字的一。」蘇華仁連聲說：「好，好，第一風景，風景第一。」

蘇指著身邊一個叫劉波的青年人對吳老說：「這個小夥子他叫劉波。」吳老說：「劉波就可以。」蘇說：「你給他起個道號，他要當你徒弟。」吳老說：「再給他起個道名？」蘇華仁說：「對」，吳老仔細看劉波給他寫的名字，停了一會兒，然後說道：「改名字為劉天海」。蘇華仁說：「好，劉波改為劉天海，好，請吳老唱個歌，唱個歌。」吳老說：「這首歌講的是修大道走天宮的事，修道的事。」於是吳老開始唱道歌，道詩曰：……（吳老唱道歌內容請參看本書《吳雲青談中國傳統養生之道真訣》）。

【畫面】：

吳老盤腿坐著，手拿木魚，一邊敲，一邊唱：

吳老唱完道歌後，劉權壽看一下手錶，讚歎吳老說：「唱了一刻鐘呢。」蘇華仁說：「上一次來訪吳老，吳老將呂祖百字碑一口氣背完，吳老您再背一次呂祖的百字碑好嗎？」劉權壽說：「讓吳老休息一會兒，剛唱道歌一刻鐘呢？」，接著劉權壽問吳老：「吳老，我們今天來你知道不知道？」吳老答：「不知道」。蘇華仁笑著說：「你真的不知道？你不在山上等我們，而在山下等我們。」吳老笑笑說：「古聖哲說：人修煉內丹，老了能還童了，不知還了還不了。」劉權壽、張景第異口同聲對吳老說：「您已經返老還童了。」大家一起觀看吳老的手指甲，蘇華仁說：「你們看吳老的手指甲光亮，沒一點凹，你們再看吳老的腳。」劉權壽說：「吳老一年四季不穿鞋。」蘇華仁說：「我冬天在陝北下著大雪時，見吳老不穿鞋在雪地上走，我仔細看過他的腳沒有一點凍的痕跡。吳老腳指甲跟手指甲一樣光亮，一般老人的腿都瘦得像乾棍，你看吳老的腿上肌肉豐滿皮膚有彈性。」

吳老講：「古人歷來重功德，比如神農，他功在神州農業發展了，故而能霸九州。」劉權壽對吳老說：「我們準備把你請到西安去，您就給大家講講養生之道。大家都想見你，一千多人呢？有外國人，專門坐飛機來的。」吳老說：「以前孔子說過做世界大同。」劉權壽說：「對，我就是做大同的，您跟我起道號就叫劉大同。」吳老說：「大同世界就是世界為一家，天下為一家，無窮無富，人人平等，家家幸福。可是，古來有些辦公人，不給老百姓辦公事，只為自己兒女著想，那要不得。」

劉權壽問吳老：「您坐火車可以吧？」吳老回答：「火車、汽車都能坐。」劉權壽問：「敢不敢坐飛機？」吳老回答：「敢」。眾大笑。

蘇華仁問吳老：「修道有啥好處？」吳老答：「修道長生不老，學修道要長年行善吃素，忌口就可以，我給你們說說忌口的事，再背誦一下呂祖百字碑，裡邊講得都是修大道，走天宮的事」吳老接下去背誦古秘本《開示經》。

吳雲青老人先吟誦古本《開示經》中的開示詩：

> 父母未生前，與母共相連，
> 十月胎在腹，能動不能言。
> 晝夜母呼吸，往來透我玄，
> 剪斷臍帶子，一點落根源。

吳雲青老人感情凝重地一口氣將古秘本《開示經》的開示詩吟誦完，然後接著熟練地背誦古本《開示經》中，所開示的中國傳統道家內丹道功功理功法要訣性命雙修的真法：「天華母：送性往囟門而進，此為安身立命，乍落連聲叫，陰陽顛倒顛。地華母：送命往地戶而進，性為陽，命為陰，性在前頭走，命在後頭跟，性命一交陰陽則顛倒顛，而陰則在上，陽則在下，陽內有真陰，陰內有真陽，陰陽兩個字，能有幾人知？這點真性，散在內：五臟六腑，知饑知飽。散在外：皮毛筋骨，識痛識癢，皆在先天道性。

> 性命歸淨土，此外覓真元，
> 迷失當來路，輪迴苦萬千，
> 若遇明師指，撤透妙中玄，
> 時時拴意馬，刻刻鎖心猿，

都來十二句，端坐上青天——

蘇華仁說：「這就是修大道開示經的主要內容。」隨後大家隨吳老一起上山，去看吳老修道的古洞。路上碰到當地挑水的一位民工，張景第順便問：「您見到吳老時，他多大年齡？」民工說：「他沒說，我爺爺活了84歲，他小時見吳老時吳老就是老漢了，一般人年紀大了皮膚皺了，吳老的皮膚嫩得跟青年人似的。」

張景第問：「你爺爺現在多大年齡了。」民工答：「早去世了」。張問：「請問你爺爺哪一年去世的？」民工答：「76年」。張景第說：「哦，20年了，你爺爺活到現在該是104歲，如此講吳老一百多歲高?無疑。請問你貴姓？」民工答：「姓李」。張景第又問：「您在什麼地方工作？」民工答：「我是這裡青化砭油礦的職工。」

【畫面】：

大家登到半山腰，走進吳老住的普普通通的窯洞。和吳老敬神和修道的窯洞內。

吳老在山上和大家一起照相。

吳老一個人在山間樹林中散步。

【畫外音】：

這是吳雲青老人多年居住和修道的窯洞。吳雲青老人多年在這個窯洞裡休息和練功，因此，這個窯洞具有很強的健身磁場能量，這裡是吳雲青老人多年禮拜黃帝、老子、西王母、如來佛、觀世音的道壇佛堂。吳老在山上道壇佛堂門外對大家講：「人要重道德，古人講心好命也好，富貴自到老」。

【畫面】：

吳老一起與大家下山。然後一起到窯洞內休息。

【畫外音】：

劉權壽對吳老說：「吳老，自從報紙發了關於你的報導以後，全國各地還有國外的好心人給你捐了點款，一共六千元，我們打算給你存到銀行去供您安心修道。」蘇華仁向吳老解釋說：「劉主編的意思說，上次訪問你以後，劉主編把你的事蹟登報了，登報以後，國外有很多善人。」劉權壽接著說：「你的學生、您的弟子，還有國外一些好心人，有美國的、新加坡的，還有我們報社這些人給你捐了點款。」蘇華仁插話道：「劉主編給你捐了100元。」劉權壽接下去說：「我們準備給您存到銀行去，作為您修道的基金。」吳老點了點頭。

【畫面】：

吳老親自給大家題字：「道法自然」。然後又認認真真簽下名：吳雲青，字寫的筆力古樸耐人尋味。

當地郵電所長楊紀林對吳老說：「您給大夥背背英語字母A、B、C、D」，吳老說：「A、B、C、D」接著背英語二十六個字母：「ABCDEFGHIJKLMNOPQRSTUVWXYZ。」吳老背的一字不差，大家聽後嘆服地大笑。

【畫面】：

吳老早上起床、散步，爾後吃飯，吃的全是素食。

【畫外音】：

吳雲青老人養生長壽與生活規律的總綱為道法自然規律，吳老平時早睡早起，勤於勞動，生活簡樸，與人為善。吳雲青老人平時生活飲食習慣為全素，從不沾葷，每頓飯半斤左右，吳老說：「吃飯不要沾葷，身心就能健康長壽。」蘇華仁問吳老身邊的一位徒弟宋銀蓮：「吳老平時吃飯吃多少？」徒弟答：「包子吃三個，米飯吃一碗。」

蘇華仁看到身邊與吳老一起吃飯的年輕農家女：毛毛，便對大家講：「毛毛是吳老看著長大的。我16年前的1980年來延安給吳老拜師時毛毛才12歲。吳老一貫勤勞，常與12歲的毛毛比賽從山下往山上挑水，看誰挑的多。」毛毛與大家聽後都朗朗大笑。蘇華仁問吳老：「平時喜歡吃什麼水果」。吳老說：「什麼水果都可以，愛吃葡萄。」

【畫面】：

1980年9月10目《人民日報》發表吳雲青老人壽高142歲的文章，《新體育》雜誌1980年第七期。《長壽》雜誌創刊號封面以及1996年9月23日吳雲青老人在延安市人民醫院體檢時的情景。

【畫外音】：

1980年《人民日報》9月10日發表吳雲青老人壽高142歲，《新體育》雜誌發表記者張純本、劉仙洲採訪吳雲青所寫的《訪142歲老人吳雲青》，該文中記敘報導了1980年延安地區人民醫院對吳雲青老人體檢情況：

吳雲青身高159公分，體重43公斤，脈搏72／分次，血壓低壓80，高壓146，視力1.2，辨色能力、聽力正常。

而今16個春秋過去了，從外表看吳雲青老人健康狀況基本如前，為確切掌握吳雲青老人身心狀況的具體資料，我們於1996年9月23日下午，特意陪同吳雲青老人到延安市人民醫院進行了體檢，經檢查：心臟功能基本正常，血壓：高壓90—145，低壓60—90毫米，視力屬老年人正常範圍內。

1980年秋天，吳雲青老人與《新體育》記者張純本、劉仙洲；1996年秋天，吳雲青老人同現任《西部法制報》常務主編劉權壽，編輯記者張濟方談到中國道家內丹養生

學時，反復向他們吟唱中國古人修煉內丹道功的道歌《三寶歌》：其歌曰：

　　天有三寶日月星，地有三寶水火風，

　　人有三寶精氣神，善用三寶可長生。

同時吟唱呂洞賓祖師所寫古道歌《四不貪歌》，其歌曰：

　　酒色財氣四堵牆，世人都在牆裡藏，

　　有人能跳牆外去，不是神仙便壽長。

吳雲青老人傳授中國道家內丹養生宗旨為「弘揚丹道，造福人天。」關於黃帝、老子秘傳中國道家內丹養生的具體下手修煉功訣，吳雲青老人嚴格履行黃帝、老子秘傳中國道家內丹養生學的總道規，親自口傳於心地善良、德才兼備而有志超凡脫俗之人，吳雲青老人平生傳授黃帝、老子秘傳內丹學的宗旨為：

願天下德才兼備之士，康壽超凡，造福人天。

　　參透萬物與人生，最高者煉內丹功，

　　黃帝老子尚如此，我輩自應步道蹤。

【字幕】：

顧問：吳雲青

方伯豪（美國哈佛大學同學基金會總裁）

湯堯坤（中國上海著名道家辟穀養生專家）

撰稿：蘇華仁（吳雲青掌門弟子）

攝影：劉天海

製片：劉權壽、張景第、張秉信、張濟方

中國陝西鋼廠科學技術協會聯合攝製

【畫面】：

吳老親自題寫的：

蘇華仁是我親傳弟子，1980年7月15日子時我親傳內丹道功給蘇華仁，賜號蘇德仙，蘇德仙可代我傳功。

　　　　　　　　　　　　吳雲青（吳老章印）
　　　　　　　　　　　　一九九四年五月

右附：
吳老親自書寫：
蘇華仁（蘇德仙）是我掌門傳功弟子。

　　　　　　　　　　　　　　吳雲青
　　　　　　　　　　　　　　丙子年

【字幕】：

特別附錄：

吳雲青老人傳承黃帝、老子秘傳中國道家內丹養生學精要。

【畫面】：

吳雲青老人正在解答蘇華仁習煉中國道家內丹養生學的有關問題。

蘇華仁問吳老：「吳老，修道打坐要訣是什麼？吳老說：「上古時黃帝和燃燈古佛打坐是雙盤，老子和釋迦古佛是單盤，我們採取的是自然盤，要左腿包著右腿坐好，身體內裡的練功秘訣，要明師口口秘傳天下善人。

【畫面】：

中國古都安陽周文王演易坊

【畫外音】：

吳雲青老人為弘揚黃帝、老子秘傳道家內丹養生學，造福人天，他除自己潛心修煉中國道家內丹養生學，造福人天，還嚴格遵守黃帝、老子秘傳道家內丹養生學的古道規；對經過長期考驗確實德才兼備者收為弟子重點培養，

為了使廣大愛好者瞭解中國道家內丹養生學真訣正脈，我們特請蘇華仁先生在具有很強磁場的舉世聞名的《周易》發源地、中國古都安陽：周文王演易坊習煉中國道家內丹養生坐功。

【畫面】：

蘇華仁在周文王演易坊演練坐功。

【畫外音】：

將你的左手拇指扣掐中指上部中間，右手作扣合姿勢，然後雙手扣成合同放在小腹部，兩腿自然盤坐，身體放正直，全身自然放鬆，目視前方，先作左旋丹田：輕輕慢慢地將你的丹田從左轉向右，在轉丹田的過程中要自然，旋轉丹田時要求畫圓，越自然越好，要用自然之力。然後再將丹田從身體右側畫向左側，畫圓的要求和剛才一樣，要畫的圓、要輕鬆、自然，要用自然之力，左右各作8次。

現在作平轉丹田功：先將你的丹田向左側平行畫圓，從左側向後，向右，向前平行畫圓圈，劃完以後再從你身體左側畫往右側，畫時要求鬆靜自然，身體要保持正直。

下面作前、後回還丹田：將你的丹田從下往前，往上往後以此韻還，自然而然，畫的要領是：畫圓要輕鬆、自然；這樣增加你的腎功能，畫完以後，再將你的丹田從前向後畫，也要求用自然之力畫圓，次數也要求8次，坐功次數均為8次。

【畫面】：

安陽殷墟博物苑內，苑內後邊復建的二層殷商時代木樓，蘇華仁在木樓前邊草坪上做九轉還丹。

【畫外音】：

現在開始做中國道家內丹養生學九轉還丹功，將你的左手拇指扣掐中指，右手與左手扣合同，放於下丹田，兩腿自然盤坐，身體要正，周身身心要寧靜自然：

一品：煉己，性如灰，心掃雜念。

二品：築基，至善地，固住本源。

三品：按爐，採大藥，文薰武煉。

四品：結丹，在抵樹，兩大中懸。

五品：還丹，過崑崙，降落會晏。

六品：溫養，玉靈胚，也得三千。

七品：脫胎，鬚眉頂，嬰兒出現。

八品：懸珠，並六道，妙哉難言。

九品：還虛，九載功，丹成九轉。

【畫面】：

蘇華仁在殷墟博物苑大殿後簷下的雕龍柱子之間演練中國道家內丹養生學上乘功法：黃帝龍行太極八卦掌。

【畫外音】：

下面做黃帝秘傳龍行太極八卦掌，它集中國傳統養生精華動功、靜功、外功、內功和道家武術為一體，具有剛柔相濟、陰陽合和、自然而然、康壽超凡。具體練習方法需面授方可學會。

【字幕】：

中國陝西鋼廠技術協會聯合攝製1996年中秋節。

第三節 黃帝、老子秘傳當代丹道 高師吳雲青修道經驗

吳雲青入室弟子：蘇華仁

《人民日報》1980年9月10日轉發新華社訊：《142歲吳雲青增補為延安市政協委員》，文中載：「吳雲青生於清朝道光18年（即西元1838年）臘月，原為延安青化寺長老，現為人民公社社員，他雖然經歷了142個春秋，但仍精神矍爍，步履穩健。」本消息一發，當時即在海內外引起強烈反響，海內外諸多報刊紛紛轉發這一消息。

星移斗轉、滄海桑田，16載春秋過去，時至1996年，吳雲青老人壽齡自然高達158歲矣，令人頗感神奇的是：吳雲青老人不但健在人間，而且仍鶴髮童顏，精神矍爍，步履穩健。故而海內外有識之士紛紛探詢吳雲青老人康壽超凡之謎及其養生之道奧妙之所在。

筆者三生有幸作為吳雲青老人家入室弟子與掌門傳功弟子。鑒於上述：特於我應邀出國傳授中國道家內丹養生之道與《易經》養生預測學真機之際，揮筆寫就《當代158歲丹道高師吳雲青養生秘錄》，承蒙《國際氣功報》諸同仁慧眼卓識，中華民族神聖祖先黃帝、老子依人天科學創立的道家內丹養生之道乃人天科學之冠，故將本文刊於1996年元月10日《國際氣功報》二版，本文一發，旋即在海內外引起強烈反響。各界有識之士紛紛致函我或打來長途電話問我，吳雲青老人習煉丹道百年成功經驗及其

傳承中華民族神聖祖先黃帝、老子依人天科學確立與秘傳丹道真機。

鑒於上述：筆者應邀出國傳授丹道與易經養生預測學真機歸國後，即伏案揮筆寫就《當代158歲丹道高師吳雲青談煉丹道百年經驗》和《中國道家丹道真訣》。又蒙《國際氣功報》諸同仁慧眼獨具，將上述兩篇文章一併發表於《國際氣功報》1996年4月10日3版。

上述兩篇文章發表後，海內外有識之士反響日烈，紛紛來函詢問：

當代158歲丹道高師吳雲青老人秘傳秘煉黃帝、老子秘傳丹道更深層次內容，如何才能學得吳雲青老人傳承黃帝、老子秘傳丹道，為此筆者特將隨吳雲青老人習煉丹道十六個春秋，所知吳雲青老人修煉成功丹道秘聞實錄之，誠奉獻於海內外諸同道，以便促進大家身心康壽。

一、年逾百歲依然童顏，行家拜訪歎為觀止

自從1980年《人民日報》披露吳雲青老人壽高142歲而鶴髮童顏、精神矍爍，步履穩健，時至1996年16年之間，海內外各界有識之士拜訪吳雲青老人，叩問其傳承黃帝、老子秘傳丹道者絡繹不絕，試舉例如下：

一：1980年9月間，中國佛門著名寺院武漢歸元寺八十四歲的老方丈昌明法師，特意從武漢長途跋涉三千多里，赴陝北吳雲青老人隱居修煉丹道青化寺古窯洞內拜訪吳雲青老人，同時向吳雲青老人學習與交流修道與禪修經驗多日，其間兩位老人曾親切地合影留念。1980年10月間，筆者特往武漢歸元寺拜晤昌明老方丈。八十四歲的昌明老方丈見我之後，知我乃吳雲青老人家入室弟子，格外

熱忱，他老人家氣度沉著、識見高遠，充滿禪機地對我說：您師父吳雲青老人家乃非凡之人，他是中國諸多史書古籍、道典佛經中所述的那種「超凡脫俗、天人合一」，「跳出三界外，不在五行中」之高人、真人。

1989年，筆者於北京白雲觀小住時與中國著名道觀北武當山道長車至先結緣，車道長饒有興趣地給我談起吳雲青老人1982年數九寒天，迎著風雪赤足登上北武當山而道氣軒昂，談笑自若，飄飄欲仙的情景。他由衷欽佩地對我說：「您師父吳雲青老人是修煉黃帝、老子秘傳丹道而功力超凡者，故爾不僅達到年逾百歲猶童顏，而且獲得寒暑不侵之超凡功能。」

大約在1994年春季，中共中央黨校于曉非教授，特意去陝北吳雲青隱居修煉丹道的青化寺古窯洞看望吳雲青老人。後來，我們兩人於一九九五年九月，相晤於北京中共中央黨校內，于曉非教授一談起吳雲青老人嘆服之詞溢於言表，于教授興致勃勃地說：「吳雲青老人雖已年逾百歲，然竟毫無老態，你看他舉止輕捷之姿，真宛若仙翁，令人歎為觀止。」

約在1994年春夏之交，曾經給我們國家不少領導人診治過疾病的著名特異功能大師毛飛天，隨著他對生命科學與人天科學研究的深入，他越來越感到我們中華民族神聖祖先黃帝、老子依人天科學確立的中國道家內丹養生之道乃朗朗乾坤至寶，故爾不遠萬里叩首吳老門下拜吳老為師，向吳老學習丹道。後來，毛天飛聞知吳雲青老人所住窯洞被雨水沖壞一部分，即慷慨解囊，拿出一千元人民幣助師修洞。

1995年5月間，我和毛飛天師兄弟二人在中國道家

「第一洞天」王屋山王母洞深談，毛飛天大師深有感觸地說：「我在海內外滾打了多年，各門各派、各式各樣的功法與法術我見過多了，說真的，唯有黃帝、老子秘傳丹道乃人類人天科學寶中之寶啊！故古人云：「任它萬般差別法，總與金丹事不同。」

1996年4月28日，《國際氣功報》常務副社長兼常務副主編劉權壽與編輯張濟方，這兩位對國際上各門各派功法比較深刻瞭解的行家，不辭長途跋涉之辛苦，於百忙之中特擠出時間赴陝北拜訪吳雲青老人，兩人對吳雲青老人繼承、習煉的黃帝、老子秘傳道家內丹養生之道，所取得年逾百歲猶童顏的功效讚歎不已，當時拍了吳雲青老人修道練功與生活起居的不少照片，而後不久，兩人合作揮筆寫就《當代壽星誰之最》長篇紀實文章，連同吳雲青老人修道練功與生活起居的不少照片發表在一九九六年六月十九日《國際氣功報》頭版與三版。本文一發，海內外有識之士渴望學習吳雲青老人繼承黃帝、老子秘傳道家內丹養生之道呼聲益高。

特別需要告訴諸位同道的是：劉權壽、張濟方兩位先生對如何弘揚吳雲青老人繼承秘傳的中華聖祖黃帝、老子秘傳的道家內丹養生之道以造福更多世人；如何保護與改善吳雲青老人修道與生活條件費了大量心血。

二、黃帝老子秘傳丹道，吳老康壽超凡法寶

從筆者隨吳雲青老人習煉道家內丹功十六年間耳聞目睹大量事實，我真誠地敬告天下善士：吳雲青老人年逾百歲猶童顏，其養生長壽超凡脫俗的最主要因素是因煉習了黃帝、老子秘傳中國道家內丹養生之道。

　　據中國《二十五史》及大量有關史籍記載：中國道家內丹養生之道古稱「黃帝、老子金丹大道」、簡稱「丹道」，是由中華民族神聖祖先黃帝、老子依人天科學確立的。道家內丹養生之道以「道法自然」規律為綱，又以「因而制之」自然規律為用。它以內煉生命本源精、氣、神，返還生命本源精、氣、神為其核心機制，具有供人類祛病回春，養生長壽、開智健美，掌握生命科學與人天科學，達到超凡脫俗，天人合一真實而神奇功效。

　　故爾展卷史實確鑿，博大精深的中國《二十五史》一目了然：大凡在中國歷史上大有作為事業輝煌，同時大多獲年逾百歲猶童顏之效。今謹將中國歷朝歷代道家內丹養生之道主要代表人物平生卓行，秉史實錄如下：

　　據《史記·五帝本紀》、《史記》、《封禪》、《莊子·在宥》和《抱朴子·內篇》記載：距今上溯五千年的中國上古歷史時期，中國政治界泰斗，中華民族的神聖祖先黃帝不遠萬里，兩次登臨崆峒山拜當世丹道高師廣成子為師習煉丹道，黃帝因習煉道家內丹養生之道後身心康壽超凡，平生不僅完成了拓殖華夏偉業，鑒於萬國、萬國和，而且壽高三百八十歲仙登於天。

　　古之帝王大多傳位於下一代，而《史記·五帝本紀》明確記載：黃帝傳位於其子「昌意」之子高陽立，是為帝顓頊也。」明言黃帝傳其位於其孫。於此足證黃帝之高壽也。

　　據《史記·老莊申韓列傳》記載：距今上溯二千五百多年，中國春秋之際的道家大宗師老子，平生繼承、發揚了黃帝確立的道家文化思想與道家內丹養生之道，著出了被古來西方世界公認為「東方聖經」的《老子道德經》，而且以其修道而養壽也，壽高達二百餘歲而莫知其所終。

　　據《史記・留侯世家》、《神仙通鑒》載：距今上溯二千二百餘年的中國秦、漢之際，中國大謀略家，身為西漢開國皇帝漢高祖劉邦帝王之師的張良之恩師黃石公。港、澳、臺等地及東南亞諸國家地區人士大多尊稱其為「黃大仙」，黃石公平生著出中國《武經七書》之一的《黃石公三略》和道家重要寶典《黃石公素書》，同時也獲年逾百歲猶童顏之效。

　　據《後漢書・劉焉傳》、《漢張天師家傳》載：距今上溯二千年左右的中國東漢之際，中國道教創始人，留侯張良八世孫張道陵，他以其繼承祖傳的道家與丹道為綱，在從古流傳至東漢的「黃老道」（即黃帝、老子之道）的基礎上創立了中國道教，張道陵平生修煉丹道弘揚丹道，年逾百歲猶童顏，壽高123歲時始羽化。

　　據《舊唐書卷一百九十一列傳一百四十一》記載：距今上溯一千五百多年前的中國隋、唐之際，中國藥王孫思邈修煉道家內丹養生之道有大成而獲年逾百歲猶童顏之效。同時著出飲譽古今中外醫藥界的《千金要方》、《千金翼方》等中醫學寶典，其間，唐太宗因仰慕孫思邈道德高深而將其「詔旨京師」並因「嗟其容貌甚少」欲封其官職，孫思邈因志在隱居山林習煉丹道、易道、醫道而誠懇謝絕。

　　再據《舊唐書》卷一百九十一《列傳一百四十一》載：距今上溯一千二百多年盛唐時期，唐開元二十一年，（西元733年），唐玄宗遣中書舍人徐嶠持璽書以邀迎，因為習煉道家內丹養生之道有大成致年逾百歲猶童顏，而被古今世人譽為八仙之一的張果老於京都，親驗張果老功能高超，康壽超凡不虛之後，而下詔欲將其女兒玉真公主嫁張果老，張果老大笑竟不奉詔，後懇辭歸山，其時唐玄

宗親自下制曰：「恒州張果老先生，遊方外者也。跡先高尚，深入杳冥。是渾光塵，應召城闕，莫詳甲子之數，且謂羲皇上人。問以道樞，盡會宗極。今特行朝禮，封銀青光祿大夫，號曰通玄先生。」其年請入歸山。

據《宋史·陳摶傳》記載：距今上溯一千年左右的唐末五代與北宋時期，中國道家華山陳摶老祖隱居華山潛心修煉道家內丹養生之道與易道，他上承黃帝、老子之遺教，下開後世丹道與易道之宗風，其間，後周世宗，北宋太宗均仰慕陳摶老祖而數次詔陳摶老祖入宮中，向陳摶老祖求教丹道與治國之道，陳摶老祖亦因習煉丹道而獲年逾百歲猶童顏之效，壽高至一百一十八歲時，始蛻骨化形於華山蓮花峰下的張超谷中。

再據《宋史·陳摶傳》內附載：降生於唐末，爾後拜丹道高師漢鍾離為師習煉丹道而有大成，因而身列為八仙之一的呂洞賓，他與華山陳摶老祖互為師友。《宋史·陳摶傳》明載呂洞賓有劍術，百餘歲而童顏、步履輕疾，頃刻數百里，世以為神仙。皆數來陳摶齋中，人咸異之。

據《明史·張三豐傳》載：距今上溯六百至七百年前的中國元、明之際的張三豐，師承華山陳摶老祖高徒火龍真人為師學得道家內丹養生之道。張三豐在修成黃帝、老子秘傳中國道家內丹養生之道基礎上，「內煉內丹、外顯金鋒」創立了中國武術界重要流派武當派，同時創立了飲譽古今中外的太極拳。張三豐曾與清代黃帝、老子道家內丹養生之道傳人黃元吉相晤，黃元吉平生主要著作《老子道德經注釋》至今飲譽海內外，而且同時獲得年逾百歲猶童顏之效。

據飲譽海內外的中國近代與道家內丹養生之道名家陳

攖寧先生所創辦的《仙學月報》刊載：清末，民國年間，隱居在北京城中，身為孫中山先生護衛鏢師杜心五的老師「劉神仙」，平生因習煉道家內丹養生之道而致年逾百歲猶童顏，同時對中國傳統《易經》養生預測學及中國傳統武術與醫術造詣頗深。中國近代諸多丹道名家與武林高手及醫林高手不少皆出其門下：諸如：杜心五、楊畏之、萬籟聲等。

吳雲青老人生於中國道家文化與道家內丹養生之道大祖師黃帝、老子故里中華大地河南。爾後歷經無數悲歡離合，歷經無數坎坷，蒼天不負有心人，終於在黃帝、老子曾經修煉過道家內丹養生之道的聖地河南王屋山、嵩山、陝西華山、橋山、白雲山一帶，拜得年逾百歲猶童顏之真師而獲得年逾百歲猶童顏真實神奇功效。

綜上所述：從中國歷史上無數大聖哲及當代吳雲青老人從一個普通人，由於習煉了黃帝、老子秘傳道家內丹養生之道而獲得平生大有作為，同時獲得康壽超凡、年逾百歲猶童顏之真實神奇功效啟迪我們：黃帝、老子秘傳道家內丹養生之道是全人類掌握生命科學與人天科學取得康壽超凡的最佳法寶。

三、黃帝老子丹道要訣，內煉精氣還精補腦

人生可貴首在學得中國道家內丹養生之道。

黃帝、老子秘傳道家內丹養生之道是全人類康壽超凡的最佳法寶。

黃帝、老子秘傳道家內丹養生之道的核心機制與功理功法何在呢？

吳雲青老人以他修煉道家內丹功百年獲得成功而深有

體會告訴我們：「黃帝、老子秘傳道家內丹養生之道的核心機制是取坎填離，還精補腦。」吳雲青老人的話，用現代通俗的生命科學語言來講即：內煉生命本源精氣神，返還生命本源精氣神。

吳雲青老人講起道家內丹養生之道理功法時對我說：「人之生命本源精氣神，而精為精、氣、神三寶之首。」

談及修煉丹道功理功法時，吳雲青老人常常愛吟古來流傳至今之《丹道三寶歌》。其歌詞曰：

天有三寶日月星，地有三寶水火風；

人有三寶精氣神，善用三寶可長生。

吳雲青老人所言所吟古丹道歌訣，與中華民族神聖祖先黃帝、老子論述一脈相承。《黃帝內經‧經脈篇》說：「人始生，先成精，精成而腦髓生，骨為幹，脈為營。筋為剛，肉為牆，皮肉堅而毛髮長。」

老子在《道德經》中寫道：「孔德之容，唯道是從；道之為物，惟恍惟惚；惚兮恍兮，其中有象，恍兮惚兮，其中有物；杳兮冥兮，其中有精；其精甚真，其中有信。」

不言而喻：人類養生長壽根本大綱為內煉生命本源精氣神。返還生命本源精氣神，故爾中國藥王孫思邈精闢地論述道：「精少則病，精盡則死，不可不思，不可不慎。」

眾所周知：人身體內精氣神三寶之首的精液，有一個生生滅滅的週期規律——精滿自流。其具詳況為：人類男性長至十六歲，女性長至十四歲始精滿自流，爾後男性長至六十四歲，女性長至四十九歲精水基本枯竭。

人類如何才能在因循自然規律的基礎上超越自然規律，做到生生不滅永葆青春而康壽超凡天人合一。這是古今中外人類生命科學價值與重要意義，遠遠勝過人類在自

然科學領域中的原子彈、氫彈、太空船的實驗成功，因為一切科研項目掌握製造與試驗命脈的是人，而當人類的生命密碼能夠得到大大改善與延長，其科學價值深遠的現實意義與成功歷史意義自然是不可估量的。

鑒於上述：我們中華民族神聖祖先黃帝、老子等古之大聖哲，奮起大智大勇，運用大智大勇經過無數次精心研究，歷經無數次親身實驗，爾後又經過無數崢嶸歲月的反覆鍛鍊精練，終於創立出一整套行之有效，完善可靠的使人類延長壽命開發大智、天人合一的科學機制，這個科學機制，就是黃帝、老子秘傳中國道家內丹養生之道，由於其生命科學與人天科學價值不可估量，故爾西方科學家將黃帝、老子秘傳中國道家內丹養生之道稱作「生命再造工程。」

黃帝、老子秘傳中國道家內丹養生之道，其在古今中外全人類生命科學與人天科學的價值是不可估量的，故古語道：「朗朗乾坤，獨尊內丹。」

由於無數習煉中國道家內丹養生之道取得成功與神奇功效表明：中國道家內丹養生之道，確實可讓人類掌握與改善生命密碼而產生康壽超凡種種神奇功效，中華聖祖黃帝、老子為了讓天下世世代代天性慈悲，確有志習煉丹道以康壽超凡，造福人天的高士學得丹道，同時又為了嚴禁世間惡人竊得丹道真機，幹出傷天害理之事，以干擾天道中和，故爾黃帝、老子嚴格定下道規：丹道功理寓含於《黃帝陰符經》、《老子道德經》之中，丹道具體下手方法則嚴禁著於文字，只准由因習煉丹道功成而致命逾百歲猶童顏之高師口傳於功德兼備的有緣弟子。

故古語又云：「朗朗乾坤，獨尊內丹。朗朗乾坤，得道至難。」

而今，天運良機：中華聖祖黃帝、老子秘傳丹道當代傳師吳雲青老人為弘揚黃帝、老子秘傳丹道以接引天下有緣高士，特親筆委託我為掌門傳功弟子。故世間天性慈悲，有志習煉丹道以超凡脫俗，同時以造福人天之善士，可致函於我，我將酌情擇優隨緣而度之，我之位址附本文之後。

四、吳老學道修道成道，成功經驗世人借鑒

攀上生命科學峰巔。

吳雲青老人學得中華民族神聖祖先黃帝、老子秘傳丹道而修煉成功丹道，獲得年逾百歲猶童顏之效。其修煉道家內丹養生之道百年間豐富的經驗與教訓是極其寶貴的，如果當今世人能從中認真借鑒，擇善而從，自然會給全人類的每一個人康壽超凡，攀上生命科學峰巔，帶來不可估量的益處。

因此，讓我們用極其嚴謹地科學態度全方位地分析一下：吳雲青老人的成長歷史和其生活與練功的人文環境至關重要。

吳雲青老人出生於中華大地中原河南中部鄭州西鄰，緊靠黃河南岸的滎陽縣的一個普通農家。眾所周知：中華大地乃世界東方傳統文化和東方古代人天科學的發源地。而居中華大地之中的中原大地的河南，又是中國傳統文化和東方傳統科學的主要發源地。中國傳統文化和中國傳統人天科學主要創立者的故鄉多在河南。

中華民族神聖祖先黃帝故里在河南新鄭。史載河南是黃帝拓殖華夏偉業與創立道家文化和道家內丹養生之道的大本營。

中國春、秋之際的道家大宗師老子故鄉在河南鹿邑，

史載老子為周守藏史，周都在河南洛陽。爾後老子「知周將衰乃遂去」。途經函谷關時關令尹喜，懇請老子著出《道德經》，函谷關位於河南三門峽市靈寶縣境內。

中國佛教的第一座寺院白馬寺在中國河南洛陽。中國佛門禪宗祖庭在河南少林寺。

中國儒家祖師孔子祖籍史載明確記載在河南商丘，孔子祖墳在河南商丘，孔子當時拜老子為師學道在中國河南洛陽。

中國道教創始人張道陵是西漢開國皇帝劉邦軍師張良八世孫。史載張良為韓國人。韓國即今河南黃河南南岸大部分，國都在今河南新鄭，史載張良家族祖上「四世相韓」，於此可知張良家鄉韓國新鄭與黃帝同鄉里。

中國道家華山陳搏老祖故鄉也在河南鹿邑。史書云：「搏亳州真源人，與老子同鄉里。」真源即今河南鹿邑。

中國易學也發源於中國河南大地：中國易學之祖伏羲在河南淮陽「上觀天文、腑察地理、遠取諸物、近取諸身」，創立中國先天八卦易學，中國中天易學《歸藏易》創始人黃帝是河南新鄭人，中國後天易學《周易》是周文王姬昌在河南安陽演成六十四卦的。

總之，中華大地河南是中國傳統道家、佛家、儒家、易經的主要發源地。故爾中國傳統文化基礎紮實渾厚、歷史悠久。

吳雲青的家鄉在河南中部鄭州西鄰黃河南岸的滎陽縣。眾所周知：黃河是哺育中華民族與中華文化的母親河。吳雲青的祖父是當地一位頗負盛名的老教書先生，自然受中國傳統儒釋道三教文化的薰陶，他少年則有機會讀到三教經典。以致他長至18歲時，便立定大志，效法中華

聖祖黃帝、老子煉成丹道志成仙真，掌握性命真諦以康壽超凡，天人合一於物外。爾後，吳雲青老人歷經無數悲歡離合，而拜得年逾百歲猶童顏高師學得丹道真訣。又歷經無數崢嶸歲月的潛心修煉成功丹道，取得康壽超凡，年逾百歲猶童顏之效。

綜上所述：要爾言之：吳雲青平生修煉成功黃帝、老子秘傳丹道經驗主要如下：

一、認真學習博大精深、史實確鑿，記載全人類中人口最多，歷史悠久的中華民族發展史的中國《二十五史》，自然而然會深刻明白：中華民族神聖祖先黃帝、老子依人天科學創立的中國道家內丹養生之道，乃人天科學之冠。至於古來社會上流傳的各式各樣的功法大多屬於道家內丹養生之道源頭的支流。故爾古語道：

道有三千六百門，門門只知一苗根；

惟獨內丹玄關竅，不在三千六百門。

諸位行家周知：黃帝、老子秘傳道家內丹養生之道第一部功即煉好玄關竅，於此足見其功法層次之高。

二、認真體驗人生與社會及其天地人運行規律，如此，您才會努力學習與深刻理解和領悟到《黃帝陰符經》、《老子道德經》中所揭示天地人變化規律奧妙真諦；才會理解愛因斯坦、李約瑟、玻爾等世界大科學權威為什麼會推崇備至中國道家文化與中國道家內丹養生之道。

三、眾所周知，古來修煉丹道，其必須具備「法、侶、財、地」。請聽吳雲青老人之高見。

甲：關於學得黃帝、老子秘傳丹道正法：吳雲青老人說：「《黃帝內經》中講得很清楚，上古知道者，度百歲乃去，不言而喻；中華聖祖黃帝明告世人：丹道正法掌握在年

逾百歲猶童顏之高師手中，故爾只有不畏艱難曲折，拜得年逾百歲猶童顏之高師才能學得丹道正法。吳雲青老人特別告誡世人：「萬萬不可拜那些年紀輕輕就自詡熔儒、釋、道三教於一爐之所謂高師，以免誤入歧途，斷送性命。」

乙：關於覓得修煉丹道佳侶，吳雲青老人深刻地講道：「這要拜得精通《易經》之高師，學得中國《易經》鑒人查物真諦，以便選擇好真正的佳侶。」

丙：關於積蓄修煉丹道之財。吳雲青老人曰：「古丹家所謂財，其意有二：一曰內財精、氣、神三寶，為人一定要養精、聚氣、守神。二曰外財金銀財寶，為人一生只要生活簡樸、食素而不用煙酒，穿戴樸素，自然無需多少外財就可以靜心修煉丹道。」

丁：關於選擇修煉丹道之地。吳雲青老人真誠地告訴天下有緣之士：「選擇黃帝、老子等古來大聖哲曾經修煉丹道成功而獲年逾百歲猶童顏等神奇功效的地方修煉為上。」

五、生活起居依乎天理，修煉丹道固其自然

吳雲青老人康壽超凡的第二個重要因素是忠行中國道家傳統的生活方式，其核心指導思想是「道法自然」規律，其舉止行為準則為「依乎天理，則天而行。」用現代科學語言講：生活起居與大自然運行規律同步。

吳雲青老人生活起居很有規律，多年未變，今以一日之內的生活起居為例，列其具體做法如下：

早睡早起，早上5點起床練功，晚上9點準時睡覺，其詳情如下：

早上5點至7點（古稱卯時，這時日出）：

吳雲青老人5時至即起床、穿衣、洗漱完畢後先虔誠

焚香誦經於黃帝、老子、西王母、如來、觀音菩薩、彌勒佛等道家與佛家祖師像前，他常誦持的經典為《黃帝陰符經》、《老子道德經》、《高上·玉皇心印妙經》、《觀世音菩薩夢授真經》等。焚香誦經的時間大約15分鐘。焚香誦經畢即開始潛心習煉道家內丹養生之道至早上7點結束。

早餐吳雲青老人飲食為全素與素油。吃的是一般常見的五穀雜糧與一般的蔬菜，一生從未食葷，食量主食約半斤左右，味道喜清淡。蔥、韭、蒜、洋蔥、香菜一日三餐一概不用。但吃點兒辣椒，因「道不忌辣」。飯後一般簡單散一下步。正如古語道：飯後百步走，活到九十九。

上午8點至11點：

吳雲青老人下田勞作農活，有時則居家幹些雜活。吳雲青老人一生非常勤勞，樂於勞作，很少見他閑著，即便時至今日，年逾百歲猶童顏，也每日勞作不止。這無疑也是他取得康壽超凡、天人合一的重要原因之一。

中午11時到下午1時（古稱午時，太陽此刻居天之中）。

吳雲青老人這時依古規先焚香誦經於黃帝、老子、西王母、如來佛、觀世音菩薩像前，然後潛心習煉道家內丹養生之道至午時結束。

下午1點至1點半：

吳雲青老人則吃午餐。他午餐仍食全素與素油，吃一般的五穀雜糧與一般的蔬菜，一生從未食葷，食量主食約半斤左右，蔬菜適量。

下午1點半至2點半：

吳雲青老人此時一般為午休時間，但午休從未超過一個小時。

下午2點半至5點：

吳雲青老人即下田勞作或居家幹些雜活，或讀道書佛經儒典，有時則接待來訪客人。

下午5點至7點：（古稱酉時，此刻太陽落山）。

晚7點至7點30分：

吳雲青老人則進晚餐，他晚餐仍為全素與素油，吃一般的五穀雜糧與一般的蔬菜，從不食葷，主食食量主食仍為半斤左右。晚飯後一般至戶外散步。

晚上8點至9點習煉劍術與太極拳等武功。

晚上9點準時上床休息。

吳雲青老人睡覺外部姿勢採取屈腿側臥，內裡則先煉丹道周天，然後則自然而入睡。時間兩個小時左右。

夜間11點至次日1點（古稱子時，一陽初動之時）。

吳雲青老人一至子時則準時坐起習煉道家內丹養生之道至子時結束。子時功煉完，吳雲青老人即屈腿側臥約四個小時。至次日卯時起床習煉道家內丹養生之道。

每日裡這樣如此反覆，百年不輟。

我真誠告訴天下同道：吳雲青老人所習煉的道家內丹養生之道乃黃帝、老子秘傳丹道正脈，與古今社會上流傳的所謂丹道，根本不同，故而特別提請大家求學得黃帝、老子丹道正脈，不負此生康壽超凡。

這裡特別需要強調與補充的是：

1. 吳雲青老人特別對中華民族神聖祖先黃帝、老子依人天科學創立的中國道家文化思想和道家內丹養生之道崇尚與誠信。這種崇尚與誠信是理智的不是盲目的，故爾達到矢志不渝，因而經得起百年滄桑形形色色的嚴峻考驗。

2. 吳雲青老人對將黃帝、老子秘傳丹道全法全訣秘授

給他的老師特別尊重。因為他深深理解丹道的價值與老師傳功的價值是不可估量的。故爾他每日裡三次焚香恭拜黃帝、老子、西王母、觀世音菩薩神像之後，緊接著必恭拜自己的傳功恩師之神位。

3. 吳雲青老人習煉道家內丹養生之道之際特別注重道德的修養與文化素質的提高。尤其重視積德行功，不問前程。為人處世，他嚴格遵守老子在《道德經》中所講「吾有三寶；一曰慈，二曰儉，三曰不敢為天下先。」

4. 吳雲青老人對黃帝、老子秘傳道家內丹養生之道習煉起來特別勤奮，特別專一，特別深入，其勤奮專一，深入程度十分有深度，故爾他能全面理解老子思想和老子養生之道。

5. 吳雲青老人對黃帝、老子遺傳下來的習煉道家內丹養生之道的道規遵守特別精嚴。因為他深刻理解：「黃帝、老子所定道規，實質上是因循道法自然」規律所定之規，如違背，無疑難修煉成功中國道家內丹養生之道。

6. 吳雲青老人習煉黃帝、老子秘傳道家內丹養生之道，時間安排的特別合理，不緊不鬆。他每日修煉丹道特別珍惜分分秒秒。故爾吳雲青老人很少與人聊天。

7. 吳雲青老人習煉黃帝、老子秘傳道家內丹養生之道之際，毅力特別剛毅。不管遇到什麼樣的艱難曲折，都未曾動搖其堅定的信念，都未曾動搖其志效黃帝、老子習煉成功丹道，掌握人天科學之凌雲壯志，都未曾改變他為習煉成功道家內丹養生之道遵循的生活方式。

8. 人生在世，難免坎坷，修煉丹道，磨鍊尤甚，逢有不順心之事或磨難，吳雲青老人馬上透過誦道經佛經與習煉道家內丹養生之道而使其自然而然化解。

總而言之：吳雲青老人是以中華聖祖黃帝在《陰符經》中所言其宏願「宇宙在乎手，萬化生乎身」為平生修煉丹道志向，以老子在《道德經》中所言「復歸於嬰兒」為修煉身心的大目標。

六、大道大兮無所不包，佛道雙修兼學儒易

吳雲青老人平生站在高學識素養和久歷人間滄桑，在深知人間各門各派功法實際情況的基石上，他深刻地認識到：黃帝、老子依人天科學確立的中國道家文化思想與中國道家內丹養生之道乃古今中外人天科學之冠。吳雲青老人平生以修煉成功中國道家內丹養生之道為人生目標，並為此而潛心修煉，「忠行不輟，志誠通天，天道酬勤」而獲年逾百歲猶童顏之效，令幾多世人羨慕不已。

吳雲青老人習煉成功中華聖祖黃帝、老子秘傳丹道取得年逾百歲猶童顏之效，對有志習煉丹道的我們年輕後輩無疑是一個巨大鼓舞，他時刻鼓舞我們在修煉黃帝、老子秘傳丹道的大道上精進不已，直到成功。

吳雲青老人平生對世間其他學問，則遵循黃帝、老子之古訓：「道大無所不包。」

黃帝、老子所謂之「道大無所不包」，與中國佛門「眾善奉行，諸惡莫為」有許多相通之處。

吳雲青老人對世上那種假的、醜的、惡的行為，則秉行「諸惡莫為」，並同時揭露其偽之本質，以免天下善良人被蒙蔽上當受騙。

例如：吳雲青老人對古今社會上流行的那些不明大道者自編的所謂功法，歷來持鮮明態度。他幽默地對筆者講道：「一個人連人生首要之事，學會黃帝、老子秘傳丹道

都不會就編起什麼五花八門、千奇百怪、人云亦云的功法，而且自封為『宗師』。可是，任憑這些『宗師』講得『口吐蓮花』『地湧金蓮』，到頭來也只會在人生苦海裡打圈圈，最終成為閻王殿上的座上客。豈能像黃帝、老子秘傳丹道，習煉成功之後可以康壽超凡，跳出三界，逍遙九天，笑傲滄桑。」

吳雲青老人對古今社會上流傳那些奇異幻術更是一笑置之。我一九八零年冬天曾請教吳老：「現在有人打坐不久，身體不由自主地升起來是怎麼回事？」

吳雲青老人莞爾一笑答道：「這些事我見得多了，這說明一個人練功自身定力與功德還不夠。」

吳雲青老人對古今世間真正好的學問與好的功法，不僅不排斥，均採取「道大無所不包」，他兼收並蓄，擇善而從，吳雲青老人特別推崇觀世音菩薩，佛道雙修，救苦救難，早成大功果。故爾他本人平生在修煉黃帝、老子秘傳道家內丹養生之道的前提下，兼取中國佛門禪功明心見性之長。為此，吳雲青老人早年曾以一個普普通通的僧人身份，而入中國佛門陝北青化寺長期學習禪功並躬身力行之。

由於吳雲青老人修煉道家內丹養生之道時兼收佛門禪功明心見性之長。故其功德功力進展甚快，威望日隆，最後自然被陝北青化寺僧眾公推為長老。

吳雲青老人對《易經》先天八卦與後天八卦造詣頗深，他對中國儒學也頗精通，他能大段大段地背誦先天八卦和儒門經典《大學》與《中庸》。

七、黃帝老子秘傳丹道，天人合一生活經驗

為使天下善士便於記住黃帝、老子秘傳丹道當代158

歲傳師吳雲青老人修煉丹道，起居生活與為人處世經驗，以便大家參照行之身心獲益，修成大道，我將自己隨吳雲青老人習煉丹道，生活起居方式與為人處世經驗，用通俗易懂的方式，至簡的語言總結之，敬呈於眾同道諸讀者面前：

1. 平生優選養生之道方面：

　　　立志效法，黃帝、老子；

　　　煉成內丹，康壽超凡。

2. 人生奮鬥目標方面：

　　　提挈天地，把握陰陽；

　　　我命在我，笑傲滄桑。

3. 習煉丹道成功經驗方面：

　　　悟透人天，煉成內丹；

　　　積德行功，不問前程。

4. 個人為人處世方面：

　　　心地慈悲，與人為善；

　　　師乎造化，道法自然。

5. 生活起居衣食方面：

　　　住處清淨，食素清淡；

　　　早睡早起，穿戴至簡。

6. 平生品行情操方面：

　　　崇道敬佛，效法古聖；

　　　天人合一，返樸歸嬰。

7. 學習知識學業方面：

　　　恭拜明師，一心修真；

　　　時時精進，掌握乾坤。

8. 平素陶冶情志方面：

　　　靜觀人天，時讀史卷；

常吟道歌，行遵道典。

9. 自我道德修養方面：

至人無己，終日乾乾；

一切隨緣，逍遙自在。

八、雲青高師弘傳丹道，海內海外熱烈歡迎

自從《人民日報》1980 年 9 月 10 日與《國際氣功報》1996 年元月 10 日和 4 月 10 日、6 月 19 日數次發表紀實文章，報導吳雲青老人因修煉中華民族神聖祖先黃帝、老子秘傳丹道康壽超凡、年逾百歲猶童顏後，海內外有識之士欲習煉吳雲青老人傳承黃帝、老子秘傳丹道與欲目睹吳雲青老人道貌者甚眾。

為滿足海內外有識之士需要與要求，《國際氣功報》有關領導與吳雲青老人及筆者為弘揚黃帝、老子秘傳丹道、造福人天而精誠合作，決定 1996 年金秋十月十二日在中國古都西安，舉辦國際性的中國道家養生內丹養生之道報告會與面授班。不言而喻，此乃千載難逢良機。故海內外有識之士聞訊後而紛紛來函來電告知屆時來參加報告會與學習班。美國、新加坡、馬來西亞丹道煉士已決定組團屆時來西安致賀並學習。

基於上述：筆者深感我中華聖祖黃帝、老子秘傳丹道復興有望，造福天下善良人有成，不禁心如春潮，詩意遂萌動，自然而然吟出：禮贊中華聖祖黃帝、老子秘傳丹道一首。今筆錄敬呈於諸同道眾讀者面前，也聊作本文之尾。

詩曰：

參透萬物與人生，最高者煉內丹功，

黃帝老子尚如此，我輩自應步道蹤。

第四節　吳雲青肉身不腐成爲不朽真人

蘇華仁（吳雲青入室弟子）

1998年陰曆7月15日（即西曆9月5日），隱居在舉世聞名的《周易》發源地、中國古都安陽的世界著名壽星吳雲青老人，特意對隨他多年的弟子：蘇德仙（即本文作者蘇華仁）宋金蓮、劉天蟾、趙履端、丁成仙等人，像往常一樣大慈大悲地叮嚀眾弟子：「你們一定要好好修大道，修煉好我們中華民族神聖祖先黃帝、老子秘傳的中國道家內丹養生修真大道，切切實實地做到積德行功、不問前程，自然而然就會修成大道，成仙成佛，康壽超凡、事業成功、天人合一。」隨後，吳雲青老人家則採用兩腿雙盤式，修煉中國道家內丹養生九轉還丹之道靜功，同時開始辟穀，而後進入大定之中。

半月過後，時至1998年陰曆8月初一（即9月20日）酉時（即傍晚5-7時），在場的吳雲青老人弟子：蘇華仁、宋金蓮、趙履端和門人劉玉秀、史芳星等人看到：正在打坐的吳雲青老人的頭頂部，冒出一道金光直沖九霄。（中國道家對修煉內丹成功者「元神」出竅稱為「脫殼飛升」。）至子時（即當晚11時）吳雲青老人則停止呼吸。令人感到神奇的是：其時本文筆者蘇華仁親手把握吳雲青老人脈搏，發現他的心臟仍在有規則地跳動，從停止呼吸算起，吳雲青老人心臟又跳動了一小時30分鐘，而且他停止呼吸，心臟停止

跳動後，其身軀仍端坐在那裡栩栩如生。（中國道家和中國佛家對坐著而去的高道、高僧稱為「坐化」。）

以上就是世界著名老壽星，一代真人吳雲青最後「脫殼飛升」和「坐化」時實況。根據中國最具權威的報紙《人民日報》1980年9月10日報導：吳雲青老人生於清道光戊戌（即西元1838年）12月13日，至1998年9月20日坐化，其壽齡自然而然高達160歲。

筆者秉筆實錄吳雲青老人，壽高160歲仍鶴髮童顏、宛如仙翁地坐化《周易》發源地、中國古都安陽實況，其目的是供海內外各界修行人和科學家、養生家、宗教家進行科學研究。同時讓大家認識到，中華民族神聖祖先黃帝、老子秘傳中國道家內丹養生之道、養生長壽、成道成真效果真實不虛。因而激勵大家排除萬難，努力修成中國道家內丹養生之道，掌握生命科學，成為功德圓滿、天人合一的一代真人。

吳雲青老人「坐化飛升」三天之後，其周身肌膚仍栩栩如生。其弟子蘇華仁、宋金蓮、趙履端、楊建國、史明公、張洪恩、蘇華禮和門人姜振水、史芳星、陸秀英、劉玉秀、黃金娥、姚琰生等人。將吳雲青老人「遺蛻」（中國道家稱坐著「脫殼飛升」的高道遺留下的遺體為「遺蛻」。）按中國道家和中國佛家傳統古制，安放於兩個對口合壅的大缸之內。然後在中國河南著名作家鄧葉君、趙秀琴、郭藝田等人協助下，於1998年9月24日，將吳雲青老人「遺蛻」，安放於被史學家稱為「中國河朔第一古剎」的安陽市西南35公里的安陽靈泉寺懸壁山前、寶山山麓，一塊松柏森森的風水寶地之內。眾弟子隨即又籌資聘請當地匠人築起一個高約1.60公尺，形狀古樸的八卦形石

塔，然後將吳雲青老人「遺蛻」按放於石塔之中。

　　春去秋來，三度春秋，有關人士又按中國道家和中國佛家傳統古制，將吳雲青老人開缸，但見其肉身不腐，仍栩栩如生地端坐於缸內，不言而喻，世界著名老壽星吳雲青，成為了中國道家所稱的「不朽真人」。中國佛家所稱的「金剛不壞之身。」

　　上述真實神奇的情況，經中國新華社駐河南記者、中央電視臺、中國河南《大河報》、《安陽日報》、記者，《老人春秋》作者，中國河南著名作家王安琪、馮湘平、張志敏、郭旭光、孫寶成、尚廣等人如實報導後，隨即在海內外引起強烈反響：時任中國道教協會會長的閔智亭道長先期來《周易》發源地、中國古都安陽靈泉寺瞻仰吳雲青老人不朽真身，對吳雲青老人平生功高德昭給以崇高地評價，同時對吳雲青老人平生傳承秘煉的中國道家內丹養生之道給以高度推崇。並揮筆留下墨寶「龍泉勝境」。

　　隨後，中國、美國、日本、新加坡、馬來西亞和中國香港、澳門地區的不少有緣有識之士、絡繹不絕地來中國古都安陽靈泉寺，瞻仰吳雲青老人不朽真身，同時向吳雲青老人入室弟子：蘇華仁、宋金蓮、劉天蟾、趙履端、丁成仙、毛飛天、舒成仙等人學習：由吳雲青老人傳承的中華民族神聖祖先黃帝、老子秘傳中國道家內丹養生之道。

　　另外，海內外尚有不少有識之士，為苦於不知上述吳雲青弟子地址，而學不到中國道家內丹養生之道深表遺憾，為此，本文特將吳雲青入室弟子蘇華仁地址附後，以方便海內外有緣人學習大道。

第五節　吳雲青老人傳承道家內丹修煉道歌

一、宇宙天地人無極母十捎書

詩曰：

　　紅塵災劫亂如麻，榮華富貴不可誇，

　　把書捎與皇胎子，忙捨紅塵歸故家。

（一）

1=F²/4　慢速　　　　　　　　　　　　吳雲青傳承詞曲

2　2 1｜1　2　3'｜2— —｜2— —｜5　2 3｜1 7｜6 5｜6— —｜6— —｜

一次　把書作　　為　娘　淚　如　梭
飯來　娘少　吃　　茶　來　娘　少　喝
二次　把書捎　　為　娘　淚　號　啕
聽您　在東　土　　日　夜　把　心　操
三次　寫書　箋　　為　娘　淚　漣　漣

6　2　V　2 1｜6　5｜6　1　6　5｜5　　　3｜2— —｜2— —｜

娘的　兒　都在　苦　呀苦　海　波(重)
狠心　的　男女　不　也不　想　我(重)
小嬌　兒　一齊　下　也下　東　郊(重)
叫為　娘　不由　發　也發　煎　熬(重)
娘的　兒　齊困　苦　也苦　海　邊(重)

（二）

1=F²/4　慢速　　　　　　　吳雲青傳承詞曲

2　2|1　2　3|2——|2——|5　2　3|1　7　6　5|6——|6——|

三	災	一齊	陷	八	難	在	面	前
四	次	寫書	篇	為	娘	淚	不	乾
鮮	血	當酒	飯	哄	醉	我	女	男
五	次	寫書	單	為	娘	淚	雙	懸
蟠	桃	吃不	完	仙	酒	飲	不	乾
六	次	寫書	章	為	娘	淚	汪	汪
肉	皮	白面	像	生	得	茂	堂	堂
七	次	寫書	函	為	娘	濕	衣	衫
白	日	飯不	餐	夜	晚	睡	不	安
八	次	寫書	長	為	娘	淚	兩	行
依	門	依閭	望	不	見	兒	還	鄉
九	次	把書	捎	為	娘	淚	珠	飄

6　2　Ⅴ　2|1　6　5|6　1　6　5|5　3|2——|2——‖

叫	為	娘	心中	何	也	可	得	安(重)
不	該	拿	血酒	迷	也	迷	心	猿(重)
娘	如	今	自把	自	也	自	埋	怨(重)
想	起	了	嬌兒	心	也	心	不	安(重)
您	何	必	東土	受	也	受	可	憐(重)
早	晚	間	還記	兒	時	兒	模	樣(重)
作	為	娘	咋樣	不	也	不	悲	傷(重)
想	起	了	嬌兒	發	也	發	謀	亂(重)
小	嬌	兒	何日	到	也	到	面	前(重)
黃	昏	時	立在	大	也	大	門	上(重)
叫	為	娘	掛肚	又	也	又	牽	腸(重)
小	嬌	兒	您把	娘	也	娘	忘	了(重)

世界著名壽星吳雲青談中國傳統養生之道

（三）

1=F²/4　慢速　　　　　　　　　　吳雲青傳承詞

```
2   2 1 1 2 3· | 2 — — | 2 — — | 5  2  3 | 1 7 6 5 | 6 — — | 6 — — |
```

也	曾	把	書	抄		也	曾	把	書	捎	腮
十	次	寫	書	帶	站	為	娘	淚	滿	邊	排
嬰	兒	兒	不	歸	家	姹	女	右	邊	無	法
書	信	寫	完	了		為	娘	實	人	來	捎	吧
彌	勒	把	書	拿		無	有	娘	淚	吧	拆
嬰	兒	見	彌	勒		接	手	聽	娘	書	叮	嚀
今	輩	響	晨	鐘		再	要	娘	五	戒	嚴
要	您	三	皈	精		要	您	斷	錢	財
要	您	斷	塵	緣		要	您	斷	為	女	男
不	該	為	塵	緣		不	該	為	女	地	戶
娘	開	娘	天	門		您	避	您			

```
6·  2   ∨   2 1 6 5 | 6 1 6 5 | 5 | 3 | 2 — — | 2 — — ‖
```

娘	的	書	累累	傳	也	傳	東	郊(重)
誰	把	我	兒女	叫	也	叫	回	來(重)
也	免	得	為娘	哭	也	哭	哀	哀(重)
娘	寤	寐	只想	小	也	小	嬌	娃(重)
又	扯	來	彌勒	下	也	下	東	郊(重)
您	與	著	就說	娘	也	娘	想	他(重)
您	隨	則	彌勒	一	也	一	同	回(重)
以	法	午	行持	保	也	保	安	寧(重)
要	子	緣	卯酉	歸	也	歸	路	錢(重)
斷	塵	的	心要	鐵	也	鐵	石	堅(重)
塵	緣	的	兒女	無	也	無	道	緣(重)
各	人	的	性命	各	也	各	人	顧(重)

（四）

1=F²/4　慢速　　　　　　　　吳雲青傳承詞曲

```
2   2 1 | 1  2  3· | 2 — — | 2 — — | 5  2  3 | 1  7  6 5 | 6 — — | 6 — — |
```

富貴把您拴	名利又來纏
光陰似箭過	不過百歲多
心猿牢拴鎖	意馬緊繫死
要把凡塵丟	還要斷死路
六根一齊收	塵緣自然丟
六道不去遊	腹皆宜周
戒殺放生逃	誦經冤孽消
學大根大苗	不怕大風搖
酒色財氣煙	刀要您心斷
莫把名利染	把火風災拴
下元劫雲險	來水魔緊連
看看三災臨	五魔緊隨跟

```
6·  2  ∨ | 2 1 | 6  5 | 6  1 | 6  5 | 5 | 3· | 2 — — | 2 — — ‖
```

這 酒 色	財氣	迷 也 迷	心 猿(重)
轉 眼 間	就要	葬 也 葬	山 坡(重)
把 紅 塵	美景	一 呀 一	刀 割(重)
斷 死 路	六根	一 呀 一	齊 收(重)
免 在 那	四生	六 也 六	道 遊(重)
借 口 腹	四生	四生 也 冤	結 仇(重)
冤 孽 債	全憑	善 也 善	功 消(重)
遇 磨 難	守死	這 也 這	一 爻(重)
把 紅 塵	富貴	不 也 不	要 貪(重)
斷 死 路	誰能	享 也 享	百 年(重)
免 借 口	憑何	能 也 能	保 全(重)
冤 遇 把	佛子	與 呀 與	仙 孫(重)

（五）

1=F ²/4

慢速吳雲青傳承詞曲

世界著名壽星吳雲青談中國傳統養生之道

2　2 1 1 2 3· | 2 — — | 2 — — | 5　2 3 | 1 7　6 5 | 6 — — | 6 — — |

男　女　迷的　深　　　萬　劫　難　翻　身
明　智　大　　根　　　需　把　覺　路　尋
傳　心　加　　法　　　喚　醒　得　眾　音
普　度　佳　　臨　　　有　緣　妙　相　神
所　以　孔　　曰　　　朝　聞　道　得　很
靈　明　子　　心　　　養　精　易　化　冤
紅　煉　時　　神　　　事　事　孽　容　然
緣　塵　存　　穿　　　能　能　消　心　緣
真　人　精　　顯　　　道　道　心　度　淨
邪　心　氣　　煉　　　己　己　度　　　行
叮　苗　看　智　種　　　風　風　掃
　　嚀　把　與　嚀　　　要　要　邊
　　　　再叮

6̣　2　∨　2 1 6 | 5̣ 6̇ 1 | 6 5̣ | 5　3 | 2 — — | 2 — — ‖

娘　才　把　　大道　傳　也　傳　你　們（重）
莫　負　娘　　慈悲　一　呀　一　片　心（重）
普　度　些　　緣人　早　也　早　回　還（重）
萬　不　可　　錯過　過　這　個　緣　因（重）
縱　夕　死　　可以　成　一　成　真　真（重）
借　假　體　　才能　修　也　修　真　人（重）
無　價　寶　　肯　　讓　也　讓　別　人（重）
看　不　破　　進　　依　也　依　枉　然（重）
無　根　子　　當　　異　也　異　端　觀（重）
功　圓　滿　　做　　九　也　九　重　天（重）
把　善　男書　同上　超　也　超　天　庭（重）
十　捎　　　　信女莫當　過　也　過　耳　風（重）

二、崑崙山西王母蟠桃歌

1=C²/4

吳雲青傳承詞曲

‖ 5 5 ⌒6 5 6 ‖ i‖5•3‖5 5 ⌒6 5 6 ‖ i‖5—--‖ 5 5 i ‖ 6 5 3‖5 ⌒2 3 2‖1—-- ‖

桃樹	日	日	高，	桃樹	日	日	高，	桃	花兒	未開	不敢動搖，
觀定那	一	爻，	觀定	那	一	爻，	清	淨那	無爲	呀是根苗，
桃樹	日	日	青，	桃樹	日	日	青，	開	朵桃	花照	在北海中，
金木那	相	並，	金木	那	相	並，	半	夜那	三更	呀太陽紅，
桃樹	日	日	發，	桃樹	日	日	發，	結	一顆	仙桃	其中有假，
收拾那	還	家，	收拾	那	還	家，	尾	閭關	前呀	有些絆達，
桃花	日	日	強，	桃花	日	日	強，	船	行到	黃河	心中思量，
桃花	日	日	紅，	桃花	日	日	紅，	崑	崙山	上那	熱氣騰騰，
樂在那	其	中，	樂在	那	其	中，	無	人那	無我	呀又我生。

‖ 1⌒6 1 ‖ 3•i ‖ 6 5 ‖5 ⌒2 3 2‖1—-- ‖ 1⌒6 1 ‖ 3•i ‖ 6 5 ‖5 2 5 2‖1 0 ‖

男女	爲生死，	回光	勤返照，	男女	爲生	死，	回光	勤返	照，(重)
悟開	了這一竅，	定要赴蟠桃，	悟開	了這	一竅，	定要赴蟠桃，(重)
先天	三昧火，	一心	見金公，	先天	三昧	火，	一心	見金公，(重)
精氣	神三寶，	拿來	一處烹，	精氣	神	三寶，	拿來 一處烹，(重)
五穀	未下喉，	肚裡	好嘰咋，	五穀	未	下喉，	肚裡 好嘰咋，(重)
黃婆	來說和，	咱也	不怕她，	黃婆	來	說和，	咱也 不怕她，(重)
今日	凡心死，	道心	越堅剛，	今日	凡	心死，	道心 越堅剛，(重)
二六	法輪轉，	欲罷	是不能，	二六	法	輪轉，	欲罷 是不能，(重)
口飲	甘露酒，	逍遙	在天宮，	口飲	甘	露酒，	逍遙 在天宮。(重)

三、觀世音勸人修道歌

1=C/4

吳雲青傳承詞曲

| 5 | 2̆2 | 5 | 2̆2 | 12 | 5̆ 5 | 5 | 2̆1 | 2 | 1·2 | 3 3 | 1 2 | 3 |

一　座　雲　頭　淚　水　　　流，　看見　世人　不回頭，
船　遊　東　土　時　常　　　走，　緣人　咋也　不上舟，
書　信　不　在　往　來　　　修，　上寫　末動　出了頭，
雲　層　仙　佛　齊　淒　　　愁，　九十　六億　把凡頭，
急　早　緣　人　早　回　　　頭，　醒悟　性命　是根由，
四　大　部　洲　常　出　　　走，　十字　街頭　把詩留，

| 1̆ 2 2 | 1 6̇ | 5 | ·6̇ | 1̆ 2 2 | 1 6̇ | 5 | 0 ‖ |

南　無　何不修，　　南　無　何不修，(重)
南　無　何不修，　　南　無　何不修，(重)
南　無　怎不丟，　　南　無　怎不丟，(重)
南　無　地府游，　　南　無　地府遊，(重)
南　無　上渡舟，　　南　無　上渡舟，(重)
南　無　入龍樓，　　南　無　入龍樓。(重)

四、鍾離權、呂洞賓勸人修道歌

1=C/4　歡快地

吳雲青傳承詞曲

5　5　6 i 6｜5 ・ 3｜i 5 5　　3 2｜1 －－－－｜

錢	財	聚	復	散，	衣	冠	終究	壞，
不	欠	國	家	糧，	不	少	兒女	債，
不	與	世	俗	交，	免	惹	他人	怪，
爛	了	又	重	補，	洗	淨	太陽	曬，
不	怕	賊	來	偷，	也	免	小人	愛，
我	有	無	窮	理，	使	你	千年	在，
你	若	知	我	意，	定	要	把頭	拜，

2　5　6｜3　2 1｜2　2 3　　1　6｜5 －－－－｜

怎	知	我	二	人，	置身	於世	外。(重)
不	說	好	和	歹，	不言	興和	敗。(重)
一	件	破	衲	襖，	年年	身上	穿。(重)
白	日	遮	身	體，	夜晚	當鋪	蓋。(重)
長	存	凌	雲	志，	一心	遊上	界。(重)
惜	呼	人	不	識，	以恩	反為	害。(重)
你	若	知	我	意，	定要	把頭	拜。(重)

五、八仙慶壽歌

1=C/4　歡快地　　　　　　　　　　吳雲青傳承詞曲

5　5　5　i 6|5 ·3|5　5　5　i 6|5　0|5　5　i|6 5 3|　5 2 2　3 2|1 ——|

好一座	青 山，	好一座	青山，古樹	林裡	有一座 茅庵，
春 鳥四	下 旋，	春鳥四	下旋，仙鶴	野鹿	站立那 橋邊，
玉笛不	住 吹，	玉笛不	住吹，曹國	舅品	蕭那聲 微微，
玉鼓響	叮 噹，	玉鼓響	丁當，張果	老騎	驢忙下 山崗，
往也往	終 南，	往也往	終南，漢鍾	離呂	洞賓下 九霄，
韓湘子	離終南，	韓湘子	離終南，仙桃	仙花	呀降在 花籃，
王母蟠	桃 宴，	王母蟠	桃宴，諸仙	那諸	佛歡聚 九天，

‖:1 6　1 1｜5 i　3　|2 ·5　2 1 1｜　5　6|1 ·2　1 6|5 ———:‖

上座上 福	祿	壽呀，仙童 兩	邊，站	衣呀 嘟。(重)
小白猿 原	來	獻果，手捧 仙	桃 鮮	衣呀 嘟。(重)
後隨上 柳	仙	童呀，酒瓶 杯	中 報	衣呀 嘟。(重)
後隨上 鐵	拐	李呀，跑的 漢	流 長	衣呀 嘟。(重)
後隨上 藍	採	和呀，把雲 陽	兒 拍	衣呀 嘟。(重)
後隨上 何	仙	姑呀，手捧 仙	花 鮮	衣呀 嘟。(重)
後隨上 新	仙	佛呀，仙桃 吃	開 懷	衣呀 嘟。(重)

六、唐僧取經修道歌

1=C/4　　　　　　　　　　　　　　吳雲青傳承詞曲

5　222 | 5　222| 122　555|2　1　2 |122　33|123　 |

一	更裡	修	行	上	蒲	團,	孫悟空	困在	五行山,
手	拿上	金	箍棒	打	妖	精,	打敗妖	精去	取真經,
二	更裡	修	行	六	賊	反,	豬八戒	經過	尾閭光,
眼	耳鼻	舌	身	與	意	氣,	拿住了	六賊	過玄關,
三	更裡	修	行	往	西	行,	沙僧緊	跟著	護唐僧,
無	名禪	杖	手	中	緊	拿,	眾妖精	六賊	都害怕,
四	更裡	修	行	無	驚	怕,	手裡牽	一匹	白龍馬,
取	來了	一	卷	無	字	經,	修仙修	佛全	都能用,
五	更裡	修	行	出	崑	崙,	師徒五	人都	很用功,
空	中出	現	了	無	相	人,	渾身上	下是	蓮花罩,

1　22　16 | 5·6 | 122　1　6 |5　0|

眾妖精	把身	纏,	眾妖精	把身	纏,(重)
西天上	保唐	僧,	西天上	保唐	僧,(重)
才得上	去龍	山,	才得上	去龍	山,(重)
緊奔向	古雷	音,	緊奔向	古雷	音,(重)
馱經典	全是	他,	馱經典	全是	他,(重)
眾妖精	把身	纏,	眾妖精	把身	纏,(重)
從海底	往上	轉,	從海底	往上	轉,(重)
一心要	取真	經,	一心要	取真	經,(重)
東土上	度眾	生,	東土上	度眾	生,(重)
忽然行	行登	空,	忽然行	行登	空,(重)
他是一個古世尊,			他們一個古世	尊,(重)	

七、王重陽祖師開示《觀世音夢授真經》歌

1=C/4

吳雲青傳承詞曲

| 5 6 i 6 5 | 3 2 5 3 | 2 1 1 6 | 3 ---- |

性三有真經黃自元功相我暎崑返性清風真凡修下常冤魚立真言飛心功

命。乘。懇。經。論。庭。性。精。進。因。靜。井。崙。本。坤。命。淨。進。人。境。成。潤。青。孽。鱗。應。經。論。升。審。靈。

清淨講說弟子夢授就把中央菩薩僧爲採藥佛法常樂潛後上四烹煮溫養沐浴免受恰似離了大道醍醐松柏得好似止痛夢授帶蛻殼仔細百日

戒，祖尊卷，念離照氣緣鉛留音，音心，火，火身，盤孽是，露樹王泡授爲孽佛子行，

飯陽師一徒爲光元有投氣世世離武文離摩收得甘根莊爛中呼冤仙弟子忠

守重秉講隨無回法佛承清觀觀不爲爲難是是衆言是無妙起夢因消成衆能

陽，日禮師祖坎音神因降退念，佛，神難訶若，得，塵蜜了，朝，上，音世，經，聲，貼，

玉望一恩陽爲世元有氣氣念慕羅離般卻爲羅轉周身世後此此一體

王朔頂請重南觀佛佛天濁那願天地人言言一化運昔渾觀傳誦悟叫能

八、張三豐祖師勸人修道歌

1=C/4　　　　　　　　　　　　　　　　吳雲青傳承詞曲

|5 6 i 6 5｜3 2 5 3｜2 1 1 6｜3 ----｜

骷髏死骷髏哭淚流滿面
眾骷髏不住的苦叫連天
忙抬了四塊板把骷體裝
請骷體來念經超度升殮
骷髏兒宰豬羊靈前祭奠
造下罪還是哄骷體承擔
眾骷體鬧哄體飲酒划拳
齊動手把骷的抬到山邊
哭的哭哀的陰令人難見
死骷體在間中實在可憐
輪迴上馬羊生要您去變
皆因是在前名冤孳牽纏
勸世人求師外指點修煉
丹成了天天蟠不欠銀錢
那時節赴桃外快樂無邊
自然是世人外西方金仙
自然是世人外成佛成仙

第二章

吳雲青傳承道家內丹養生《九轉還丹功》真傳

第一節　　築　基

　　今日傳築基之真傳，吾欣喜諸子，道家內丹功做得廣大，善事亦作得甚多，對家事亦安置好，妥當修道四要素：法財侶地，亦有齊備。對於煉心性功夫，平常亦做得純正能忍，在靜中已無雜念，坐到身中有千變萬化之景，絲毫都無駭怕，雖化泰山崩落，壓在吾身，而亦不懼，又化刀槍之險，而都不驚，心意永無亂動，一心守玄竅，所以在靜中，死活不管他，任其自然，此初步煉心性之功體，以得到自然健全之效果。

　　須知修真學道，還丹最容易，而煉心性之功最難，煉心性之功，比喻人生之造屋，築地基一樣，初初造屋，若無先築地基，以後如何疊壁上樑柱乎？

　　所以築地基得堅固，後日資力積滿，材料備足，欲建平階，或是建三層，五層，則可由人願力之希望，資料若豐富，建到中途，自無停工，或欠料之失敗，亦免有困難

之處，所以煉心性者，謂之築道基也。

心性者，還丹之基礎，做仙佛之來源也。心性之功夫，若得健全，在修學途中，雖遇千魔萬難，而心性亦不遷移，已入真靜，所以在鬧動之中，受世事件件刺激，又逢萬般考懲，而能心無亂，性無變，又能忍受，看淡俗事虛景，人人若能抱此心志，而進行修道，此為道之資力，道基之資料，如此還丹，則容易貫通也。

所以外功，惟善德多作，自然數據豐富，欲證初乘人仙，中乘地仙，大乘神仙，上乘天仙，最上一乘金仙，此五乘亦謂五等，證此五位仙果，亦是由人信願行而證，亦由人功德而分也。登此五等仙果者，是以煉心性之功夫健全，遇事能看破忍耐，不使心性妄動，而發無明火，可說基礎堅固，對渡己渡人之事，或善事亦有廣積，善根深固，乃有大德之人，可能得此至道也。

為何仙有分五乘五等乎？因初乘煉精血化氣，使精血無走漏，得長生不老，但外功未足，謂之人仙也。中乘煉氣養神，但本性養未真明，所以不得變化，謂之地仙也。大乘煉氣成神，本性朗明，而有神通變化之境也。上乘煉神化形，千百化身，經十數年之熱氣燒過，全身筋骨皮膚臟腑，已無半點陰氣，乃在大溫養之功，而得此果也。最上一乘，煉神還虛，煉虛還無，以道合真，一性圓明，萬古長存，無去無來，佛之大覺金仙者，即此果也。總要內果外功俱備，方能證此果也。

佛亦有五乘之分別，一人乘，乃持守五戒，殺盜淫妄酒不犯，而生人道者，二天乘，乃修上品十善，即一不殺生，二不偷盜，三不邪淫，四不妄語，五不兩舌，六不惡口，七不綺語，八不貪欲，九不瞋恚，十不愚癡，不犯此

十條者，順於正理，故曰十善，此十善之相反，即為十惡也。所以持守此十善，而不錯亂，則生在天上，為天神也。

三聲聞乘，聞聽經理之修法，而獨善其身，自悟四諦理，乃徹明苦集滅道，而斷生死輪迴，得阿羅漢果，知世間是苦惱，而集成煩惱，萬境總不實，有生必有滅，能悟此大道真理，修煉本性圓明是實也。

四緣覺乘，乃自觀十二因緣，而生智慧，以斷煩惱，修煉精氣神飯元，以避輪迴，而證辟支佛果者，此十二因緣，是眾生生死輪迴之次等，乃由此而緣起也。

一無明，乃過去，現在，未來，有種種之煩惱也。

二行，乃依此煩惱中，而作善惡自當其果報也。

三識，即依過去世之業，而受現在世，投胎之一念也。

四名色，謂投胎之中，知心身漸發育，已成有形色相之喻也。

第五，六處，乃在胎中，六根，眼耳鼻舌身意俱足，要將出胎也。

六觸，到出胎二三歲之時，但不知事物之苦樂香臭，只欲觸物入口食也。

七受，至六七歲時候，已知事物之真假苦樂香臭，而感受愛欲也。

八愛，到十四五歲之青春年期，男人清陽足，女子月癸行，由此而生種種，強盛之愛欲，而染情感也。

九取，由成人之後，氣血漸定，雖不多欲以色欲，但爭權奪利之欲愈盛，即貪求所欲，而詐取欺騙也。

十有，即依貪求妄取，求不得苦，而生煩惱，將所作

之善惡，而定當來，即來世之果報也。

十一生，乃由現在世所造之業，而定來世貧富貴賤，智愚高壽，或夭折之受生也。

十二老死，謂來世所受之果報，能得高壽，而不艱苦，或壽不高而夭折，乃定苦樂，老死之位，此為十二因緣也。

五菩薩乘，謂廣修六度萬行，即佈施，持戒，忍辱，精進，禪定，智慧，而證最上乘佛果，雖然有此乘別，總要煉己修功，方能得此證位，若無功無果，九品蓮台，不容易坐也。

◎欲進築基者，須要從前，煉心性之法純熟，無妄動情境，坐到變化之景，無有駭怕者，則可以築基也。

築基之法，乃在靜中，用一點真意，裁決判定，看自己心性，煉到今日，已得到純然之地步否。須抱定沖天之志，死活不管，明白心性一理，思自己現在，已進入築基之階段，凡必定要死，性情方得純正，切不可行至中途，受著財利美色，心再妄動，或受著刺激魔考，而亦移去道心志念，如此之時，乃心性無主之故，就難免無雜想心，由此而惡疾魔病上身，亦不只染病受苦，亦連累大道之不成，反墜六道輪迴之苦矣。

所以初步煉心性之功夫，定要坐到觀景，而能忘形，如視而不見，聽而不聞，心意注意，在於玄關丹田中間，此功夫，亦要由煉靜煉坐而得，所以初步之煉靜坐，總不分任何場所，鬧處亦可，靜室宜妙，心若能靜，意無散亂，能在鬧動求靜者，最上之功夫也。

以上所說，乃初步之自由煉法，但已到築基之日，有不同之處，何為築基，乃自無中，要煉成有，故須選定適

當場所，以立基礎，可使煉丹，有著落穩當之地點也。

為何築基，要如此之重視乎。因大道之成功失敗，乃在此築基第一節，所以進入築基，須要嚴禁幾項，即眼不觀雜色，耳不聽雜言，身如枯木，不亂行動，心意要鎖閉，不生雜念，亦不隨便接近人，口言亦要減少，男女不混雜，另名謂閉關，食欲睡欲，須知制止，此築基者，與建築家屋，築地基相同，若地基之水泥未乾，或地面未實，則要緊急迭壁上樑，如此決定倒落，即建不成家屋，所以築此道基，若未煉到，溫暖之氣上升，全身如火爐之熱，不論寒天暑期，汗都流得滿衣服，又精血未閉者，即未得到築基，極點之功夫，此為築基之證明，乃成功失敗，進退之證據也。

◎靜坐之人，在蒲團上，心意抱定至誠，眼露一線之光，守玄關，統一六神，滅除雜念，不可埋頭仰面，埋頭即任脈不通，不可昏沉太重，仰面即督脈不貫，尾閭關不開，故要端身正坐，令上下相通，子午相對，方可調勻氣息，一呼一吸，緩而長，成一周，而玄關丹田，自然一氣，身中無半點雜念，此時，伸出兩腳，雙手搭膝，輕放在腿上，此時兩手按太極之法免用，應知腳伸直，則精道自閉，而腎中曰丹田，亦謂海底，所聚之至精，亦名千金，就不能逃遁，兩手搭膝，則身要正，自然餓鬼所出入之穴道，餓鬼乃指精血，即永遠閉塞，亦名閉地戶斷死門，然後用先天虛無之火，乃是一點真意而已，即用此火，當時同甘露玉津，降下丹田，心意齊守丹田，一心無亂，此時玄關免守，一絲不掛，雜念全消，守至虛極靜篤，無人我之時，正氣復發，丹田溫暖，久久修煉自然功成，精血自化矣。

◎因人身背脊中，大腎內，有根管帶，名為橐籥（音「陀月」），接腎脈之旁，男女交媾時，男子真精，由此橐籥而出，女子至寶，由此橐籥而飛，二物凝結，長為胞胎，所以世人，不知存歸真金，至久而久之，真精至寶，泄走完了，就做了枯體乾殼，死期至矣。

今修行之人，則用逆行之術，塞斷管竅，不使真精至寶飛走，即是築基也。

按男子十六歲滿，而陽精至，到此時期，若無修煉者，就開始走漏矣。

又女子十四歲滿，而天癸行，到此時期，若知修煉靜坐者，是名曰坐斷血河，若是築基功成，男子無夢遺漏精之患，女子無經水月行之理，由此而可延年，而得長生，為仙為佛，觀世人之中，只知飲食，可能維持生命，全不知，呼吸比飲食，更加重要，人若斷食，可到七天尚不死，但閉塞口鼻，斷了呼吸，恐怕不到半小時，就要死也。

所以普通無學玄功之人，只知飲食重要，全不知呼吸重要之原因，前面章章，已有說過，教示學坐功之人，呼吸之一呼一吸，定要深而長，用腹部調息而成，一勻，須知人之性命本源，下手功夫，由呼吸入門，呼吸初不可短而淺，若短淺者，身體就不能健康爽快，亦不能達到循環之優良，又不能延年益壽，故靜坐之呼吸，謂之調息，學者，應該注意，呼吸絲毫不可用力，使鼻息出入，極輕極細，漸漸深長，使肺中，及腹部之濁氣，儘量能外散，所以靜坐之功夫，到年深月久，呼吸深細，一出一入，自己不覺不知，可比無呼吸一樣，勤練到此處，可達到調息之極功，若是呼吸不調和，心就不能達成真靜，性命亦不得延長也。呼吸若能吸透天地根，即玄關透丹田，此即築基

功夫已成，基若築穩，則佛仙之道就不遠矣。

◎調息之法，決定用腹部凸凹，雖免用鼻吸呼，亦得自然，順腹部凸凹，而吸呼也。若不知用腹部調息之人，不但性命不長，亦難得健康，恐多患肺病艱苦，何也。

因五臟六腑，就是肺臟極軟弱，因肺臟極不易展大，若用肺臟呼吸，肺臟時時大起來，致肺尾同胸骨相爭，久之定發生肺癆病，若知用腹部調息，由新陳代謝，吸新鮮空氣，換出腹部穢氣，不只腹部肺部輕鬆，亦可幫助消化食物之極功也。

初築基之人，若口中玉津未生，感覺口渴，體中火盛之時，可以用後天水，乃清水滾水，多飲之，使身中雜邪之火能散，若至先天真水生出，玉津如蜜之甜，又吞不完之時，口就不渴，此時免再飲後天水，故菩薩，有甘露水，能救活群生，亦名大悲咒水，又曰先天真水，若能飲此水，而得長生，就是學道人之玉津甘露也。

（第一節：築基，古傳爲莊子講授）

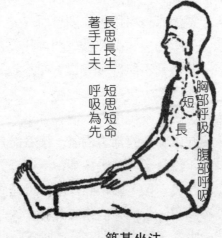

六萬年來靈變昧，清修一旦暗還明。

長思長生著手工夫　短思短命呼吸為先

胸部呼吸　短　長　腹部呼吸

先天至道男同女，八寶七珠血合精，

築基坐法

第二節　煉　己

夫煉己者，則孔門克己之功也。煉者，將凡心俗氣煉死，及身中脾氣魔病，一切煉退，看境色而不動心，此煉己之要訣也。

前第一節之築基，若只用空殼名字，雖曰築穩，其實未煉至極功，則心意，亦不穩定，恐怕心猿意馬，六賊眼耳鼻舌身意制未死，而依然能妄動，故必須用煉己之功，以制伏心性，加添補充，築基堅固，須知自古千聖萬真之修道，先須煉己，使神全氣盛也。

學者在未築基，未煉己之時者，每被萬事情欲之所勞，而為日用識神之當權，牽連眼耳鼻舌身意之同用，而染色聲香味觸法之塵境，所以若不先為勤練，使基礎堅固，遇境則心難安，神馳氣散，焉能奪造化之玄機哉。

所以未煉還丹，須先煉性，未修大藥，要緊修心，在煉己能遇境無形，則六賊不擾，而神自凝矣。

須明六賊者，即眼耳鼻舌身意，為人身之六賊也，色聲香味觸法為塵世之六賊也。愛惡欲貪瞋癡為心內之六賊也。人身之六賊，若不謹慎引入內，則內心之六賊蜂起，而塵世之六賊亦牽引染纏，既然人身之六賊不鎖閉，由此而作怪耗精，則眼見色，就愛起而賊精，耳聽聲音，則欲情起而搖精，鼻吸香味，則貪起而耗精，口嘗滋味，則瞋起而走精，身意遇觸法，則癡起而損精，此六者，日夜盜賊於身，道基之精液，能有幾多，精走去則神氣亦隨之，由此而喪身損命矣。

◎須知後天濁精，本是先天佛性，修行之人，以身為國，以精為民，精不動搖，謂之民安，神氣充足，謂之國富，所以煉己之功，若無煉至純熟，欲煉精者，不得其精住，欲煉氣者，不得其氣來，精氣不得連和，藥當生之時，即不辨其時候，須煉至終，不知其為終，基雖築成，猶如無築，或遇喜懼，而隨之喜懼，遇疑信，而隨之疑信，此皆煉己無純熟之故也。

且煉己，若不煉到虛無，萬緣入眼皆空，亦不為百事，而阻礙，若不能煉到如此，則仙佛不得，能到虛無，可以煉丹，即此義也。

然對此煉己，若能煉到還虛之功純然者，乃由氣化神，而神有朗明，即還虛之功得，而神意有主宰，所以煉己之法，即觀照本心，而心不為識神，物欲之牽纏，比如水桶，桶如身，水如心，身若不動時，桶自然安定，桶定水自定，由此而汙物沉底，若身定心不定，桶水搖動，如心妄想，即汙物塵垢浮上，須知光明本性，如清浮水印月，心動如水有汙物，汙物既浮，就難印月之光，所以煉心性功夫，須萬緣不掛，一塵不染，時時保得，七情未發之中，刻刻全得，六識未染之體，外棄諸緣，內絕諸妄，一念不起，使眼耳鼻舌身意，各返其位，在煉己之時，耳雖聞聲，而元神不受音聲之迷惑，故在煉己之時，不起思想心，身雖在塵，而在煉己之時，不受著塵之染，所謂煉己者，逢景無妄，見天地人我，而無天地人我之相也。

見山川草木，而無山川草木之景也。見一切諸物，而無一切諸物之體也。萬象俱空，虛無正照，一念全無，則漸入大定矣。故金丹之道，若不先煉己，而能成道者，謬矣。

老母云，聲色不止神不清，思慮不止心不寧，心不寧

兮神不靈，神不靈兮道不成，即此意也。

所以煉己，則不論時刻，勤而煉之，待至日久，修道則能成全功矣。若煉己放蕩，煉丹則有走失之患，養性之時，則有妄出之險，若不煉己而進道，道遙遠矣。

煉己即用漸法，以修煉之，漸法者，見美色愛欲，亦不起邪念，而心總不動，若見富貴榮華，提起正念，而心不惑，自然功深，靜中一切境界，現於目前，就不得起心生愛，先知修行之人，靜中境界，多般皆是，自己身中之三屍識神所化，有時化神佛來言禍福，到此境界，若無鎮定心意，謹慎提防，恐誤性命大事，若希望靈通，或望想做仙做佛，則大差之魔病也。

因識神靜而現，引誘君心，劫奪塵緣，若能用道心主專一，見境如不見，視如不視，聞如不聞，體與太虛空相合，自然識神消散，煉己煉到七情不動，六賊不亂，六根自然大定，一念不起，一塵不染，萬緣皆絕，此即本來性體，持心苦煉至今，方可行此一時半刻之功，而入恍恍惚惚，杳杳冥冥之內，求此先天真一之氣也。

◎古云，辛勤二三年，快活千萬劫，可見煉己之貴重，超生了死，乃在此處做出者，故煉己到純熟，築基基自固，最尊重者，即煉己之功，不可輕視也。

昔吾師正陽師試十魔於吾，吾心正念而不疑，任師百般磨難，不生疑心，獨立正念，後得到煉己，築基之安全處，能成正覺，體天渡世，方得今日之果位也。

首先應知煉己，魔障極多極強，亦要慎重注意，因恐怕心意受諸魔之考，若再妄動，則照第一節之坐法，兩足伸直，手免搭膝合掌拱手求老母，以及默念佛號，須愈至誠求念，如有眼落，身化之懼，即天譴雷誅之威，乃陰魔

已經降覆，到此則私心，識神自滅，道心本性自現，其心純一，心意既純，則元精元氣元神，皆聚於丹田，而恍惚杳冥，藥物已現，只待時而採也。

到築基煉己之節，最忌少年人，恐功行半途，再動春心，而再走精血，墮落者多矣。總要提防，拿定主意方可成功也。但是老年之人，雖無此弊病，但恨精氣已枯，修煉而採無藥，凡人六十歲已過，卦數已周，骨脈乾枯，所以老年修行，水火已寒，而在年少之時，不識修行路，耗散元陽，到老來反悔已經遲矣。

今將老年之人，比作一根枯木，葉敗枝枯，那還能開花結果乎。但若知修煉，棄末求本之法，可將陰中，苦求真陽，培補早日，所耗散去之至寶，就好如逢春風微拂，日暖氣溫和，能得時刻不怠續煉，不日間，吹得青枝綠葉，紛紛生出茂盛，即是枯樹逢春，死而復生，由此而返老還童，收歸所失去之真陽復位，須知為人，定可以勝天也。乃從此抽坎填離，煉命歸根，做返本還原工夫，雖壽有八十之老翁，亦不為晚也。

若能修成純陽，練就萬劫不壞金身，自得返老還童，須知人生在天地間，雖然受天地好生之德，上有天之所蓋，下有地之所載，亦要明天地二氣，亦能損害人身，天為陽，地為陰，所謂陰陽相混者人身，不可不知天地能化育人，亦能劫奪人，何謂劫奪人乎。

當知世人，自離母腹之後，男人至十六歲，女人到十四歲之青春年期，多是奪天地間之真陽，補充而長成者，故男子十六清陽足，女子十四濁陰降，則經水行，只有此幾年間，能奪得天地之真陽而已，若至此青春年過，人欲增盛，識神用事，由此而上天，要奪回人身之清陽，且大

地亦助人成陰，是使早日能陰氣相混，日月亦是推人死，至死期既到，四大假合，地水火風之肉體分散，即永失真道，所以修煉大道，實無他事，只要將自身，在先天所帶來之至寶，又被天地所奪去之真陽，再重新收歸本位，此乃奪天地之造化，乃煉清陽之童體，故謂壽八十之老翁，若知正法而修持，至真陽補滿，其髮雖白，但其顏如童，乃煉白髮童顏之活神仙也。

　　能得此法，而有相信者，定永超塵世，不受沉淪之苦，所以煉己之工夫，若煉到全身如火熱，精血閉斷者，則延年益壽而得到人仙，佛曰阿羅漢果之位矣。

　　◎煉己之功，最忌色欲瞋恚，雖然對色欲有斷除，但男女之間，若相見妄想色欲，致動心機者，亦是同真淫欲一樣，所以心機既動，真精化而為淫精，在不知不覺，或大小便之時，定走出精液，又瞋恚心，若無提防忍耐，遇事刺激，則發怒氣生邪火，而阻道前程，對此二點，宜要

靜中一物無留滯，洗却濁心水火凝。

默念佛號　人欲淨盡
不靜自靜　天理流行

外染消除絕俗情，提防妄念得神明，

煉己坐法

注意也。

（第二節：煉己，古傳爲呂洞賓祖師講授）

第三節　　採　藥

　　採藥第三節，學者要知，採藥不是上山採青草也。乃待真機發動，而採先天至精，使其皈原，亦是由無念慮之中，所生之精液，方為真藥也。

　　若有妄念而動者，即屬濁精，須知採藥，甚有困難之處，昔云，大藥修之易亦難，要知由己亦由天，若非種功修陰德，動有群魔作崇緣，所以採藥，雖然靠重自己，有至誠不怠，但亦要靠上天仙佛之暗護，方能順序而得，若無仙佛之護助，倘受魔之擾亂，心則動搖，如真金變成泥土，所以要陰德培補扶助，方能順手而可採也。

　　何為陰德，施與不求報，陰德也。積善無人知，暗中作方便，亦陰德也。須知修行人，若陰德未充，必定被內外魔所擾，若知回思內省，發大忍辱以精進，即魔障化為陰德，自然採藥，藥能自得，故採藥之功，在煉己純熟後，由身不動，萬塵不染，而元精自凝，由心不動，清濁自分，而元炁（氣）方聚，由意不動，三昧大定，而元神混合，此際三家相會，打成一片，結成一團，遇此景象，而大丹藥苗漸現，已成真種，自此真陽發動，另名為活子時，或一陽初動者也。

　　故藥苗既現，則候時採取，切莫錯過，今比如天邊之月，每逢初三日，出於西方之上，此乃如修煉大道之人，初築基煉己之功夫純熟，久無走漏，由此溫暖之氣，而生

出真種之藥苗，另曰金丹真鉛，所知初初之生，如初三日之月，形如刀圭，乃形容甚少之意，此亦謂之三陽開泰，即是身中三家，精氣神合一，由此而有真藥可採，總要求中和之氣，使三昧身心意大定，亦是三寶連和，然後由杳冥虛無之中，自有藥物可採，都是採取精液所化之物也。

◎學者，須知採藥無他，乃吸先天虛無之氣，而採精氣神三寶，所結之藥苗，既然三寶已現，必奪造化之權，運採取之功，降心火於丹田，化開丹田之陰氣，以真意為主，意者靜則為性，動則為意，妙用則為神，神屬火，火能生土，土能生金，金自玄關，落於坤，丹田就變為坎，由坎中陽爻，在人身為精，在五行為金，此精是人吃五穀，所生化之物，若知煉則為佛為仙，不知煉則為鬼矣。

此精明說真藥，乃屬在陰精，故此陰精，若無用風火煅煉，則此精必定在裡面作怪，思想淫欲，攪亂君心矣。煅煉之法，務要凝神，入丹田炁海，又加調息之功，而使橐籥鼓風，則風吹火，烹煉淫精，化而為炁，其炁混入一身之炁，再合先天之炁，再從竅內發出，而為藥苗，如世人之熔鐵，起初用風筒吹風，使爐火猛烈，然後則鐵可熔，若火不暖亦不及，火強則太過，總要取中和，而不失敗，此採藥之法，乃靜入虛無，而待元精生，以神火而化，以息風而吹，以靜而取，以動而應，以虛而養，以無而存，則調藥之法，得之矣。

所謂神則為火，息則為風，別名謂之風火煉精，精得火則化，學者，當知採藥之方法，其時心守丹田，只用真意，分而引出兩腿，一推出，一降下，此時兩腳照原伸直，兩手搭膝，佛號免念，玄關免守，抱心如大虛，忘身如枯木，自靜中求出甘露，意順甘露，而降下丹田，即時

用真意，推引出兩腿，引到腳尖拇趾上面，一寸三分之高，對臍下一寸三分之處，有一條直線之形，其時真意，引到腳尖拇趾上面，一寸三分高之處，要隨時，吸先天虛無之氣，到玄關，要吸當時，眼要一開，鼻息要一吸，初次吸後，舌尖再搭天橋，虔誠求出甘露，然後將此甘露，再降下丹田，專用真意引出兩腿，照初次之法，到腳尖上面，一寸三分高，二次再吸先天虛無之氣，到玄關，吸時照原，眼一開，息一吸，連用三回，勿錯勿亂，時令為冬月建子，在太陰為初三日，月出庚方，此為第一次採藥也。

第二採藥，時在十二月建丑，在太陰為初八日，月之上弦也。第三次採藥，時在正月建寅，在太陰為十五滿光瑩也。

上說乃借比喻而已，須知初次之採藥，如初三日之月，現刀圭之形，在第二次之採藥，則如初八日之月，已成半面，若至第三次之採藥，如三陽開泰，月到十五日，則圓明光輝，此亦不是指一天二天之比喻，乃將大道，修煉之採藥此節，而形容明示，使修煉之人，容易明通大意，若不用積集之法，亦難得一時間，補滿先天之破處，所以煉道修真，教人定要抱長久之志，累年累月之功，即如在砂中傾金同樣，乃積少成多，從近而遠，登高必自邇，如行路之初，由近處而出發，能久行不怠，方得到目的地，採藥之法，亦與此相同也。再如雞母生卵，一日一定生一粒，並無一日生二粒之理。

所以此段採藥之功夫，乃表示世人，在先天所帶，此點元陽，是元精，藏在後天濁精之內，至男十六，真陽走，女十四，月經行，日日耗散，終無人指醒，至死方休，今修行之人，修煉金丹，採舍利大藥者，即是採此一

點元陽真精也。須要謹慎注意，待一陽初動之時，正宜採取逆行，知者仔細，依照書中之口訣，而精進之，此玄妙之天機，古今不得言明者，今為應普度之期間，廣施妙法，亦不得不講，乃希望世人，增加進修之婆心，而指洩漏明，須要敬慎以學之，自無錯誤之差失也。

◎學者，須知採藥，就是採取精液所化之真氣，所謂金丹大藥，並無物可形容，千言萬語，亦是自身之濁精，由全身溫暖之氣，乃強烈之火候燒過，而成真種，由此方有真氣可採也。

此真氣，又曰元氣，修煉大道，總要保持，此點真種不散，如浩然之氣，時時上升，而得長生不老也。

例如精似水，爐屬火，水放在鼎內，就是精血聚在丹田，即爐中內，爐若不熱，無猛火燒起，此鼎之水，永遠不滾，既然水不滾，就無薰蒸之氣浮上，至終此水，則變

採得真一歸原處，八十老翁返幼年。

玄關

吸（採藥歸爐川流回）
呼（火逼金行）

甘露降下

一寸三分

丹田

腳尖

用真意推出

抽爻換象此中研，運轉坎離顛倒顛，

採藥坐法

成汗臭水，此乃比如精血，聚在丹田，若無受過溫暖之燒，此精血永不化，雖然有極法可閉，亦不是究竟功夫，久久亦都走泄，此論說，一樣如造酒，只收薰蒸之氣，而為酒精，若無收此燒氣之薰蒸，為酒者，不久定壞去，若真酒精，任存數十年，亦都不壞，所以大道之修法無他，亦是採取，溫暖之氣燒化，所薰蒸之真氣，使其周流全體，而通竅聚陽棄陰，即煉金剛不壞之舍利，若用有形，而為藥者，即差之矣。

（第三節：採藥，古傳為曹國舅講授）

第四節　得　藥

得藥者，得精化氣謂之大藥，前節用心火降下丹田，丹田本有水，水得火，水火則融和，性命則合一，而成真種矣。故自初次凝神，心返照丹田，渾然而定靜，以忘形而待動，以意氣而同用，以神火而化精，以息風而吹炎，以武火而煆煉，武火者，乃呼吸之急速，以文火而守，文火者，不存而守，不息而噓，時時刻刻，不昧惺惺，綿綿不絕，如有如無，息息歸爐，到此意氣兩不相離，如母子相隨，則和合凝矣。

吾仙苦歎世人，只知順行，生人生物之理，全不知逆行，成仙成佛之道，何也。因為人身，下丹田之處，藏命之所，其中有水，故名曰龍宮，其水是生人生物之濁精，水質沉沉重重，朝朝下流，而心即神，神屬火，火質輕輕浮浮刻刻上炎，兩離分散，則性不能見其命，而命不能見其性，此為人道之事，死後變鬼道，轉六道之苦，乃由順

行而沉墜，故逆行之法，知者微少，上升亦少矣。

　　◎若仙佛之道，即天道，乃煉龍宮之水，即生人之濁精，使其逆行，再用心中之火，降下丹田，火凝在水中，自此而身中，無名之火消滅，心則自空，而火不上炎，腎水得火煎，就變為元氣，以後此濁精，則不下流，六神通之中，漏盡一通已得，精血既不下流，化而為氣，由此真氣，自然上升，此名曰，煉汞補丹基，延年益壽，可為地仙也。又曰，最初一點真種子，入得丹田萬古春，乃此意也。

　　得藥者，無念之念，是為正念，若正念時時現於前，方可合先天一氣，到此藥苗，則能順序而得矣。

　　得藥之名，乃是奪天地造化之權，盡在此得藥之節，藥既然得入，名曰風霜都吃盡，獨佔普天春，此乃譬喻梅花，不怕霜雪，而風霜不染，修煉到此，萬塵不能染身，內外融和，已無陰氣，如春陽光輝，丹田一派，純陽之氣，其中境象，如沐如浴，周身融融和和，爽快不可勝言，此內外真是陽春之景，乃真種產時，大藥已得也。

　　學者，若坐到此真境時節，當興功收取，如若不收取，即是當面錯過機會，須要用仙佛靈活手段，如降龍伏虎以強奪之，切要勇猛，用真意牽之，用真息攝之，將大藥收歸在丹爐之中，後待周天之功，得藥之時，欲靜理純，忘照混沌，意息無緩無急，自然定靜，虛無合體，我不知有身，身不知有我，如是真忘，真照真息，此為真噓之文火，能用此文火，何懼真種大藥之不得哉？

　　此時呼吸之頓斷，呼吸再複起，總由得藥之自然口訣，以採藥之後，不吸氣者，何也。

　　蓋回光有火，吸氣有風，風火交加，必損藥苗，所以不回不吸，此時依照前節，兩腳伸直，兩手搭膝，心守丹

田，意順甘露而降下丹田，引出兩腿，腳尖上面，已免收回，盡追引，盡降下，約三寸香久，數分間，引出三十六回左右，追得風盡，心自靜，身自輕，恍惚杳冥。

入虛無之境，全體舒暢爽快，四相忘形，膀胱即尿道如火熱，兩腎如滾湯之蒸氣，相貌如癡癲，不知有我身，甘露如蜜之甜，久久忽醒，此為得藥妙景火候也。

到此之時，須要緊急進火，切莫貪其輕爽，恐怕藥性太過，則不能結丹矣。

吾仙教好色欲之人，須急速來學道，道中亦有色欲之可娛樂，猶勝有形之娛樂數萬倍，此樂不但不犯過失，亦不損精氣神，反而精神爽快，氣血壯旺，精氣不外泄走，得此娛樂者，反而得長生不老，亦可得仙佛之極樂，豈不大妙哉。

此乃飲食自家水，即長生藥，乃精所化永生真水，又名先天真水，既然能得飲吃此水，可得快樂長生，盼望世人，須要相信，至急來學道修煉，而受無為之樂，故謂好色者，快來學道，以上妙喻，讀者切記之，勿忘是幸。

◎上說得藥，由全身溫暖之熱氣，而將濁精汙血燒化，方有真炁可採取，即用逆行之功，用心意，另名精神力，而使真氣升降，轉運周天，所以精能化氣，由氣可養元神明朗，此元神另名，謂之本性，世人若知用元神做事，即不違背良心犯過失，因此元神好靜，人若知靜定，自得減少閒事是非，所謂識神者，即貪求愛欲之心，此元神同識神鬥戰，天理戰敗人欲，謂之邪不敵正，從此識神退藏，即元神人心用事，學道之人，若要見本性，須知煉己之功純一，將識神人欲，煉得乾淨，精血能化為真氣，而得元神本性明現，學者所知，本性本虛空無體，若有意見本性者，本性永遠不得見，心有著相，乃屬有為法，所謂棄

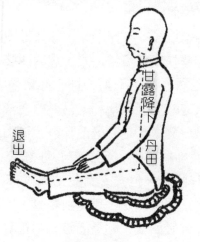

從天造化先天返，得就菩提證佛仙。

鉛汞相投性合命，乾坤反覆無極圓，

甘露降下　丹田

退出

得藥坐法

我者，即天堂現前，從我者，即天堂路遠，地獄現前矣。

　　若有意入虛空，即虛空不可得，比如世人，有意欲鼻聞吸香味，千思萬想，香味亦不來，但無意思吸香味，香味一陣一陣吹來，此乃示學道者，不可執我相人相，或一切有為法，而求本來佛性，故佛之淨土法門，由念佛號，以棄心中雜念，則說「有禪有淨土，猶如帶角虎，有禪無淨土，十人九差路」此乃欲得藥，見本性者，須念佛號靜心也。

　　（第五節：得藥，古傳爲鍾離權祖師講授）

第五節　進　火

　　進火者，乃是道之運周天，釋曰轉法輪、儒謂升降，三教之名雖異，其理相同，總由真鼙上升，方得法輪常轉，學者，要知轉運之理，並不是有何物可轉，乃是用真

意，使真氣運轉而已也。

所以自得藥以後，不知不覺，忽然丹田融融合合，全身如棉花之輕軟快樂，爽快之樂，透於四肢，其時身自然定靜，如大石居在高山不動，吾心亦自然入虛空無物之靜，猶如秋天之月，天氣清和，月影照在澄碧水，而現出光亮，約有數分鐘久，全身毫毛孔竅，丹田之處，癢生快樂爽快，肢體酥麻如綿，自然自心亦舒快，陽物勃然而舉，男人雖有此證，但女人到此功夫，亦是感覺爽快之境，現在內理，男女修煉，無差別絲毫，此時忽然一吼，呼吸頓息，即呼吸斷去，神氣如磁石之相翕，意息如蟄蟲之相含，不覺入於恍惚，天地人我，莫知所有，渾渾淪淪，入得無為恍惚之中，其時心自不肯捨其物，心腎合一，物者三譽所結之至寶，又名曰金丹大藥，元譽亦不肯離其神，相親相戀，紐結一團，而元關之頓變，如婦人之受胎，呼吸偶然斷，身心樂，容精神氣真渾合，自此萬竅千脈自開，其中景象，似舒似翕，而實未見之舒翕，似泄走真精，亦如漏走真藥，而實不能以漏泄此精氣，有此妙境，不可以言語形容也。

故大士云，一陽初動，有無窮之消息，亦是表示此得藥之樂境也。少焉恍恍惚惚，此爽快之境，在恍恍惚惚之時，約數分鐘間，心於是復靈，呼吸再復起，丹田之氣自下，往後而行，腎管之根，即外腎，龜頭毛際之間，癢生快樂，實不能禁止，女人雖無此證，但樂在其中，亦難形容，總不徹底說，恐成汙語也。

此境界謂金滿三車奪聖基，衝開九竅過漕溪，溪者丹田，迢迢運上崑崙頂，萬道霞光射紫微，此乃指示修學之人，到此境來，定不可貪爽快，若貪爽快，恐變後天，須

至急轉周天進火，但亦不可真機未動，而急於運轉進火，須待其爽快暫過，方可進火運周天，此進火之名，又曰移爐換鼎，亦名抽坎補離，即煉石補先天之妙名也。

　　◎所謂氣滿，前任脈、後督脈自開，而運行道路自通，乃自然之法，而上自有溶溶兮、如山雲之騰太空，霖霖兮、似膏雨之遍原野，淫淫兮、如春雨之滿漢澤，液液兮、似河水之將流釋，散則透於周身，為百川之總綱，聚則合於先天。真氣之虛無，此乃至清至真之正子時，實則至虛至靈之真景象，乃妙示得藥後，要進火之真妙景也。

　　此景象，若有妄想，或功夫未到，總不可得，功到自然而有，至此時膀胱如熱火，兩腎如滾湯，切不可貪其舒暢，恐藥苗被熱氣燒太過之危，有金丹不結之險，須急速轉大周天，運上玄關，不然此物，滿而有溢，物極必反，樂極生悲，則前功廢矣。

　　進火之法，兩腳收回，照前築基之姿勢坐法，統身端正，兩手安太極，眼露一線之光，此謂盤膝，則尾閭關自開，尾閭謂之第一關，尾閭一開，則夾脊謂之第二關亦開，玉枕關謂之第三關亦開，此謂之三關，三關既齊開，九竅亦定相通，所以泥丸宮，崑崙頂，等等關竅都盡開，此自古至今，先天大道，自然之經絡，若是真意，不對三關順序運上崑崙，而下玄關，若對玉枕運透玄關者，乃大差矣。

　　此運法之路，乃屬偏路，絕不是大道之通路，若如此做，不是一氣流行通達，而天地相通之理，所以若如此運用定然做不通，亦定煉不成，此謂左道旁門，若知用前面之正法運用，至此時候，三關已開，八方暢通，甘露如泉，吞不得了，其味香如蜜，此時緊急迴光返照而吸氣，運動真意，推動甘露降下，引對前通任脈，上通陰蹻，下

通陽蹻，中通衝脈，橫通帶脈，上前通陽維，而降下丹田，自丹田所得之藥物，即金丹舍利，運動真意，引對尾閭關，而通督脈，上後通陰維，而直運過夾脊關，到達玉枕關，再運過九峰山，崑崙頂上，一併載於金鼎，即玄關之中，此時心意齊守玄關，丹田已免再守，藥物到玄關之時，約量守二三分鐘，此謂第一次運功，第二次運功，心意再順甘露，而照初次運法，引通尾閭，提上玄關，再守二三分鐘，第三次之運法相同，連運三回以後，心意齊守玄關，以待烹煉，其時龍虎同宮，水火既濟，又曰貫滿天也。此謂煆煉之功夫耳，以上火候烹煉，參照下節自知也。

◎須知進火之法，即用真意，另名謂之精神力，亦謂心之思想力，運用丹田之熱氣，使其周流全體，既然有溫氣，可轉運關竅，由此而可得，新鮮血氣周流，百病不治

進火坐法

自癒，所謂熱氣，即陽氣，寒冷之氣，謂之陰氣，所以人身，有一分溫氣，即不死，仙佛若有一點陰氣，則不成，故道法無他，全部都是，用精神力運用，學者，若如將精神統一，時時用真意使其升降，氣血自循環，所謂達摩西來一字無，全憑心意用功夫，即此意也。

（第五節：進火，古傳爲李鐵拐祖師傳授）

第六節　烹　煉

何謂烹煉，烹煉者，譬如凡人飲食之煮飯也。煮飯起初，定必用猛火而煮，初初要煮之時，若無用猛火煮者，米定不能成飯矣。所以藥物已得，不運上玄關烹煉，定不能成金丹舍利也。

須知道者，路也。乃周天之通路也。即前任脈，後督脈也。烹煉必須不遲不速，以呼吸定其法，進火亦名運周天也。

故行周天之時，神氣必須與甘露而同行，亦謂心意，乃精神力之作用，其時心意同甘露，至丹田，則運過尾閭，夾脊，玉枕，透上泥丸宮，落在玄關，若泛然由偏道之外而行，渺渺茫茫，不由正路而行，此不得成舍利，凡行周天合乎自然，同順三關九竅之大道，若勤則太過，而風大，即呼吸粗，周天不能轉運，而息息所制，若怠則不及，而風少，乃呼吸過微，不能成長旺之功，而變散也。

須知進火者，乃運大藥，即真靈歸源，若不運轉，則漏盡，不能止，而舍利亦不成，此運用之法，要運三回後，心意齊守玄關，以待烹煉，此言雖重複，乃叮嚀之妙

喻，學者愈須注意為是，所謂達摩初祖，折蘆渡江，此亦是行周天過關之妙喻也。

世尊一箭射中九重鐵鼓，此亦行周天之意也。箭者真意也。射者神氣，同甘露而行之法也。九重者，人身背骨有三關，即尾閭夾脊玉枕，此三關，左右皆有竅，故曰，九重鐵鼓，當過關之妙法，所以運過關，亦要照前節說明，必由中竅而運行，若馳別路，則不能得道矣。

◎須知烹煉在玄關，儒曰，靈台，煆煉九曲明珠，釋曰，靈山，烹煉牟尼寶珠，道曰：靈關，修煉黍米玄珠，名雖分三，其實皆烹煉真意所運載之藥物，金丹舍利，使混合一團也。

學者當知，此藥物雖載於金鼎，若不用烹煉之功，而用武火煆煉，則不能凝丹成至寶，此時依照。前節坐法盤膝，六神統一，齊守玄關，即守藥物，同時立刻用起合同，大開神光，兩眼圓睜，返照玄關守竅，兩手舉起，左手迭右手，如帶枷之刑，須用大力，在胸前臍上八寸左右，用最大力量之武火，將那濁精識神，遊魂鬼魄，妄意一切煉退，此時呼吸之功，自然一吸到丹田，一呼到玄關，自此妙法輪而常轉，烹煉大藥，約量數分鐘久就可，若過時間，恐怕藥物燒化，而丹反不結也。此時五物自交，成為元精，元氣，元神，元性，元情也。

五物既返，則五元歸復，五德持權，則五賊降伏後，五氣自然朝元，三花聚頂，顯吾本性，如城巍巍不動，而丹自結，舍利自成矣。

所謂武火者，呼吸之息強烈，謂之武火，微細謂之文火，因此烹煉之功，全動武火用事，但年青之人，以及老年之人，在修煉之中，文武火候之分法，亦略有差別之不

同，因老年人氣弱，須多用文火溫養，若是青年之人氣旺，精血猛強，故要多用武火而制止，絕不可過微，反而精不化，即大丹不結，若過旺精走泄，而藥被燒，即丹分化，須謹慎抱中和進功，為一大要事也。

◎學者，既知前節進火，是用真意，引動元氣，周流全身，實際上是精神力之作用，須知此精神力偉大，身體若有失調之處，只用調息之功，而運動精神力，如兵將抗戰，專心誠意，統一精神，然後將此精神力。引對此痛處而出，能相信不怠運用，久久血氣循環，由此百病，免服藥調治，亦決定痊癒，若工作上無注意，或無故打傷，須要隨時運動精神力，打開凝結血氣，自然免積傷，此法，最秘之妙法，古今少有洩漏，今為使學修煉之人，早得見功，雖未得道成真，亦可得身體健康，享人間之安樂也。

（第六節：烹煉，古傳爲何仙姑傳授）

煆煉玄珠在元關，一陣武火圓神法，

全憑自己勇力任，猛烹度數過中流。

烹煉坐法

第七節　溫　養

溫養即是溫養聖胎，實喻保守此元氣之不散也。

前節既採得金丹大藥，逆運河車，運大周天，透過三關，載於玄關，用烹煉之功，煉化陰神，識性，妄念，自此神光寂照，須臾不離，合成虛境，溫養聖胎，乃專一，猶如雞抱卵之至誠，恰似龍含珠，時時靜守玄關竅，免得爐中水火寒，此時陽氣未純，有餘有陰氣未盡，須要防危險，所以至誠，保守胎元不虧損，要念茲在茲，念之天理，即抱正念，如明月之當空，念之人欲，即有妄想，如浮雲之蔽日，須能一念不生，靜極自生動機，有一點純陽之物，從丹田升上中宮，欲與道胎，合為一處，則自往下，轉回尾閭，而上於頂，降於玄關，此物是無為助胎至寶，如有現此妙境，當要謹慎轉之。

所以在克念可以作聖，不視不聞，存覺性，無思無念，養胎仙，須知元氣為結胎之本，呼吸為養胎之源，再者，元氣有生活之理，呼吸有資養之機，元氣生時，使之歸源，助我胎之圓滿，呼吸綿然，使之純調，助我胎之化育，則心依息平，而息亦隨心平，心息相依，神氣相合，息之往來，如有如無，不急不緩，聽其自然，任其自如，故調其息，定養其神，明道胎初凝，後天之息，本似於有，不著於有，聖胎既結，意在其中，寂然不動，心常覺悟，勿忘勿助而養，勿寂勿照而溫，自然氤氳二氣，升降循環不絕，法輪亦自轉，其元氣同流，激去五臟六腑之陰氣，即變成純陽之體，由此而三百六十骨節，八萬四千毛

窮，無不通達，打成一片明鏡，凡軀自忘，道胎永存，昏昏默默，渾渾淪淪，則神入其氣中，而此氣包住其神，外則我虛無寂滅之性，在於氤氳瑞氣之中，其時陽光發現，普照全體，內則一派天然之佛性，無形無象，又無內無外，就可以欣喜，則性朗朗兮、如秋月之明，而命融融兮、如薰蒸之醉，其骨肉如沐浴，而心性似太空，通達無為兮，安寂六根，靜照六識兮，空盡五蘊，身似浮雲兮、實合泰山之不動也。

◎若溫養聖胎者，照最初築基坐法，枷子放下，眼漏一線之光，守玄關，約量數分鐘，就可以沐浴，此時最忌妄念，武火不用，全用文火，溫養聖胎，一呼一吸，隨其自然，亦不著而存心意，又不放心意，則不使陰魔作祟，煉陰保陽，而金丹自固矣。

前節烹煉，譬喻煮飯，起初用猛火而煮，後米已成飯，但有水分未乾，所以餘燼熱度，自然飯不太過，乃是自定之文武火候，火候若不平和，即金丹被損，恐焚化之危險，烹煉金丹多用武火，須合身中三昧真火，此火者，身心意大定後，可謂三不昧，而成也。

此為煉魂制魄，而成金剛真性，到此溫養聖胎，定要用文火，須能知進知止，若不知進或止，當用文火之時，而再用武火者，所成之藥物金丹，定被武火逼散，學者，到此功程，當知危險，至要謹慎，此為小溫養，須知小溫養之功，不但靜坐練功時，要保守元氣之不散而已，在行住坐臥，都要小心注意，現在所說之溫養，乃每日每時之溫養保守，故謂小溫養，至元氣結聚，溫養道胎，即謂大溫養，雖分有大小溫養，但其原理原同，只要防止心意不動，使元神元精能合一，關於溫養道胎，須要經過九年面

武武文文調合際，永固長生不老根。

武火烹兮文火溫，呼吸有無自然存，

溫養坐法

壁功夫，方得本性圓明，而出聖胎，故謂之大溫養也。

學修煉之人，今聽此重複之言論，定有疑問，總要抱信心，尊師重道，在受苦遇難考中，亦要精進，若能煉到此功夫，雖免說明，已無不知之處，切莫溫一時，而放棄寒雨時，如此修法，任有精勤用功，亦決定不能成功，得道果也。

（第七節：溫養，古傳爲藍采和祖師傳授）

第八節　沐　浴

沐浴乃是聖胎結就，即元氣已經聚會，須防其危險，是防其心念不定，畏此陽氣未純也。慮者，慮其意念不靜，怕此陰氣未盡也。學者，當知洗心滌慮，正是寂而常

照，此為沐浴之首務，沐浴者，乃洗滌其心，能知此意，則能轉識成智，日後則能證胎之圓性，比如玉工琢玉，如琢如磨，則玉如光亮，而成寶貴矣。

古仙云，三萬刻中無間斷，行行坐坐轉分明，此為周天常運，息息歸根，只知內而不知外，免妄想念慮，則無分散之不幸，所以元氣既聚，如嬰兒出現，十月之養胎，只在綿密寂照之功夫，此綿密寂照之功者，乃沐浴所用之義也。能得心意不動，正是照而常寂，此為沐浴之正功也。

須知後天氣，乃濁精被熱氣薰蒸，化在全身，結在元關，所以寂照返觀，正是綿而又密，此為沐浴之大義，其時默識氤氳和暢，正是密而又綿，此為沐浴之仙機，所謂道胎立，則千智生，金丹舍利歸中宮，自然明通真理，可以聞一知二，至大成之後，萬物之事理，即無所不通，若至六通俱備，智慧廣大，過去未來，亦無所不知，內則心無虛妄，性無生滅，佛性融融，猶如陽日之慧光，耀耀心明，猶如陰月之光亮，正是真空無為之景，此乃一性圓明，不為物欲所累也。沐浴者，聖胎已結，舍利金丹出現，本性圓明，實是元氣聚而不散之說也。

此種種之名字，乃借比喻而已，總不離自身三寶，精氣神也。所以要沐浴其身，須絕點塵埃也。

但此嬰兒非後天順生之肉子，實自身至寶，三花五氣結成，若十月胎足，脫離胞胎，必須沐浴其心身能潔，如污水之蓮花，不受污穢之染，此即儒之無聲無臭，釋為不生不滅，道曰不凋不殘，總之，不外內守，洗心滌慮，不受情欲之牽，在行住坐臥不使心意妄馳，至此時候，若無謹慎，妄念一起，譬喻凡間婦人之流胎，金丹舍利分散，則前功盡廢矣。須當緊制妄念，能久久不移志念，至胎

圓，脫胎神化，總由此而成也。

此沐浴坐法，盤坐就可，兩手搭膝，在腿上，此時玄關免守，全心放空，兩腳放開亦可用，兩眼自然，上不守玄關，下不守丹田，舌免搭天橋，停幾分鐘可以退符，所謂十月養胎，乃借比喻而已，學者當知大道之真理，須要加倍猛志，窮究心性理，才免煉至中途，而生疑惑退志，致費前功也。亦不是學十月道胎自能足，而能脫胎神化也。

定要保守，日日溫養而知新，刻刻不離常轉運，至本性圓明，兩用真意，使其出胎，方可穩當，若本性未明，後天陰氣未盡，其時出胎者，恐出陰胎，另名謂之陰神出現，如此則不妙，學者，當知此意，而靜守待時，雖守三年五載，亦須忍耐精進，若全身之溫熱，能得日日增加，則有進步之證據，若熱度火候日退，乃元氣分散之內證，總要調和凡體，至大功成就，方可和光混俗，而度己度人，乃有

棄黑歸白塵穢無，得見本性明朗活。

防其心欲洗靈台，滌清妄念真仙訣。

人心唯危

道心唯微

沐浴坐法

獨善其身周全，即可兼善天下，萬眾無不欽服也。

希望大成仙佛之果，若無經十四五年之火候燒過，由此熱氣，而激出身中陰氣，由陰氣煉盡，本性圓明，方能大成仙佛也。若無修煉大道之人，身中之熱氣，屬在感邪之氣，此邪氣既發，至發汗後，全身變成虛弱失力，若有練功者，所發之熱氣，謂之浩然正氣，此氣既生，全體爽快，元氣百倍，口永不渴，須知修煉大道，定無速成之法可學，若用速成之法，以望早出胎神者，定走出陰神，此法乃屬旁門外道，非真仙佛之道也。

所以仙佛，有一分陰氣未盡，則不成，人若有一分陽氣，乃體中有絲毫溫氣，則不死，宜要棄陰保陽也。

（第八節：沐浴，古傳爲韓湘子祖師傳授）

第九節　退　符

何謂退符，乃是退陰符也。未出胎神之前，體中有陰氣，必須用退符之功，兩腳伸直，兩手搭膝，求生甘露，此時心意順甘露，而降下丹田，再推出兩腿足彎，連推三回，已免吸回收入，為何要退陰符於兩足彎，因留下火種，以待下次煉丹之用也。若退符在腳尖者，已無火種矣。所以退在足彎，乃留下次之火種也。

退符三回以後，起身留意，切莫胡思亂想，以使心意無妄馳，行住坐臥，須臾不離，念茲在茲，時時在道，外則三寶，眼耳口閉塞，自然功夫日進，胎神日足，待氣足神明，能脫胎神化，則不為閻王，以及天地五行，金木水火土之拘束，做世外之客，無極永久長存也。

　　吾仙囑咐學道之眾生，先明此九節玄功之秘訣，自築基，至退符，為做全盤大道之總訣，此九節玄功，要分為二階段以行之，不可亂分為三四段，若分為三四段者，差矣。

　　第一段者，築基第一節，煉己第二節，此二節者，謂之第一段，未進道之人，或者進道之眾生，定要先修此二節，以為健康長生之根本，方可做大道之基礎，所以煉己之功不可急，須知煉己難，而還丹容易，煉己，須要煉數年，總之年數不能一定，心性能得早靜者，身體早得健康，方有辦法可煉道，若身體未健康，或心性未純，須煉三年二載，或五七月八九月之久，亦要忍耐精進。

　　若覺有精進，就可以繼續進入，第二階段修煉諸子，大道不可想難，須知道要真，人亦要真，理有真，亦須天命有真，總要由自己根緣，至誠即能感天，然後方有大道真理可得，所以築基，煉己之功，若無大德行以感天，受上天神佛之暗助，亦決定做不來，須能忍耐，苦心修煉，經數年之艱苦，方能練功，煉心性之功夫，若做得完全，雖受刺激不動心，可順序進入第三節，由採藥至退符，合共七節，謂之第二段，雖然分為九節二段，亦要同時做得始終，二段亦如一段，此初步每日定要做，須勤採，而繼續運周天之功夫不斷，若能做到心腎合一，則陰陽會合後，此九節免做，只用文火保守，守至本性明朗，自能脫胎飛升，此時逍遙快樂，在千萬劫亦不損，豈不大妙哉。

　　◎諸子對此九節玄功，時時刻刻要詳細靜觀，自有妙理出現，須知築基，若築有堅固，自然男不走精，女無月信，此乃築基之證據，但此煉己，乃一生之功程，雖然築基成功，自有大藥金丹可得，乃由精化，而元氣方聚，謂

之結道胎，至本性圓明，未出胎之前，因為身中存有陰氣，故煉己之功夫，切不可少也。

煉己之功，謂之煉心性，此功夫定要至死方休，在未成道之前，切莫放鬆煉己功程，恐有無明火，燒化功德林，則前功盡廢矣。學者，對此九節玄功之做法，每日定要做二次至三次，一次之功夫，約量一點鐘左右，同時定要做得透徹後，方可以休息起身，待至道胎圓滿，至出胎後，吾身順先天一氣而行事，乾坤雖大，難包其身，吾身無掛無礙，無拘無束，養太和之氣，所謂大德潤身，至德自有至道，此九節玄功，謂道之全盤口訣，自進道，以至了道，無不備此中矣。

此盤玄機，乃是吾八大金仙同南極仙翁，奉無極至尊懿命，應三期收圓，不得已漏在本道鐘書中，賜予劫中之眾生，以及劫後之原人，能得早日，返本還原，若有大幸，得受本書，能依照書中之畋戒，以及口訣而修持，男子三綱五常不廢，女人三從四德無虧，始終無怠，久久自有效果，然必要栽培功德，或印一切善書醒世，或者，代老母印本道鐘救劫，警明大千世界，渡盡原人，放生解孽，或者誦經消冤，或者，捨身渡眾，有財出財助道，修廟設堂結緣，行種種善事，廣積陰德，以為做大道之基礎，久行無怠，方保此先天至道，能得成就，不然，雖得本書，日聞大道，片善不積，寸功無行，欲望仙佛之快樂，即愚夫之想也。而道定無所成矣。

得此道鐘既有機緣，聞此至道，須恭敬於諸佛諸仙諸聖面前，叩首百拜，以謝洩漏玄機之恩，盡孝於無極老母，愛兒女之心，一心一德，尊敬精進，待後日功圓果滿，自有丹書下詔，脫殼跨鶴飛升，永不再投東下世，此

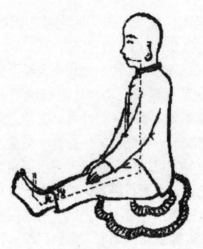

退符坐法

乳哺三年面九載，凡軀脫卻返瑤天。

全盤功課修完結，十月靈孩座滿圓，

為大丈夫之能事畢矣，是謂得其出生了死，先天大道也。其樂為何如乎，奈因何而不謹慎哉。

（第九節：退符，古傳爲張果老祖師傳授）

第十節　九轉還丹功補充明細之解說

九節玄功者，古稱九轉還丹功。築基、煉己、採藥、得藥、進火、烹煉、溫養、沐浴、退符也。築基者，建築基礎也。學道，必須先行人道，配合天道，行外功，做善事，守規戒，煉靜坐，閉精血，定飲食，制睡眠，適勞動，棄妄想，以為修大道基礎也。

為何學道，要先行於此幾項乎，因為無先守此幾項，決定離不開地獄門路，所以佛說地獄五條根，謂之貪財，

好色，愛名，貪食，貪睡，此五項之欲，乃世人所欲，所以學道之人，若不知制止，激去此欲，絕無成道之可望，再者，靜坐之法，依照書內所定三種，一雙盤，二單盤，三普通自然盤此三種坐法，由人隨便選坐，此三法者，乃築基初步坐法也。

初步坐法，坐到心靜，雜念消除，則伸出兩腳，雙手搭膝，此兩腳伸直之法者，築基心靜之時，所用之法也。煉己者，煉心制性也。使心欲無妄生，靜中對境無心，一切假境，現於目前，一毫不著，即俗氣全消矣。

煉己坐法，兩腳照原伸直，恐心意不定，合掌暗念佛號，求佛幫助，此二節者，成佛成仙之總根源也。外功由此而滿，內果由此而圓，大藥由此而生，絕不可急欲速成也。此二節，每日勤調，時時注意，勤練勤習，學習既久，功自成矣。人欲煉盡，天理流行，道氣凝結，藥苗自現，此自然之正理，雖無意採藥，而自有藥物可採也。

然後順序做第三節，採藥功夫，採藥者，築基煉己功成，外功滿，而人欲消，得到大自然之景象，靜極之中，已有藥物漸現，適時用採取之功奪之也。

採藥坐法，佛號免念，玄關免守，兩腳照原伸直，兩手搭膝，靜中求出甘露，真意順甘露，而降下丹田，即時用真意，推出兩腿，在腳尖拇趾上面。一寸三分高，隨時吸先天虛無之氣到玄關，在吸之同時，眼要開一次，而鼻息，亦要吸一回，開吸後，隨時再降下甘露，同樣推出兩腿，二次照原，一吸一開，連續用三次。

到得藥之節者，照前節之坐法，兩腳伸直，兩手搭膝，心守丹田，再求甘露，真意再順甘露，而降下丹田，即時推出兩腿，腳尖拇趾上面，以免吸回，口訣以採藥之

後，不吸氣者何也。因回光有火，吸氣有風，風火交加，必損藥苗也。

所以不回不吸，約量引出三寸香久，連推連降，有三十六回左右，推得陰盡，心自靜，身自輕，全體舒暢爽快，四相忘形，膀胱如火，兩腎即丹田如湯，相貌如癡，甘露如蜜，此時緊急進火，運周天之功也。若貪其輕爽，則損藥苗，而大丹不能結矣。進火者，運周天，行法輪之名也。

進火坐法，兩腳收回，照初步築基之坐法，大藥元氣，已凝結在丹田，緊急用真意，順甘露，而降下丹田，茲將丹田之藥物，名曰金丹舍利元氣，原本用真意，引過尾閭關，而上夾脊關，直透玉枕關，運上崑崙頂，自將所運之藥物，乃溫暖之氣，一併載於玄關之中，此時約量守數分鐘，再繼續第二回，再降下甘露，運過三關，到玄關，再守數分鐘，連運三次，以待烹煉之功。

烹煉者，用武火而煅煉真意所引之藥物，謂之元氣，在玄關烹煉之也。若不烹煉，定不能成金丹舍利，就是此溫暖之氣，不能聚在身中，分散之危險也。

烹煉坐法，照前節築基之姿勢，六神統一於玄關，守藥物，立刻用起枴子，大開神光，兩眼圓神觀竅，用最大力量，兩手速力，將那濁精，識神，遊魂，鬼魄，妄意，一切煉退，烹煉大藥，約量數分鐘就可以，並看年齡，由自己分定，更要時刻注意，恐藥物燒化也。

溫養者，溫養聖胎，實是濁精所化，已成元氣，聚在丹田，如萬星斗數，拱照北斗星也。前節所載藥物，用烹煉之功，已成金丹舍利矣。所以聖胎已結，溫養聖胎，不用武火，而用文火，以溫養之，坐法照最初築基之法，合

同枷子放下，眼漏一線之光，守在玄關，呼吸要自然，不可急，約量溫養數分鐘，就可以沐浴矣。

沐浴者，因金丹舍利元氣已結，沐浴其心身，絕點塵埃也。沐浴坐法，照初步築基姿勢，兩手放開，兩眼自然，此時玄關免守，全身放空，暫停幾分，可以退符矣。

退符者，乃全盤功夫做完，退了陰符，留下火種，待下次之用也。坐法兩腳再伸直，兩手搭膝，再求甘露，即時真意順甘露，降下丹田，用真意引出兩足彎，已免吸回，退符於兩足彎，以待下次煉丹之用也。連推三回以後，起身留意，切莫胡思亂想，使心意無妄馳也。此段功夫，若希望早日入手者，一日定要連作三四次，不可中途而停止也。

以上九節妙訣者，是最上乘之法也。而且自築基，到煉己，此二節為一段，自採藥起，得藥，進火，烹煉，溫養，沐浴，退符，此七節為一段，此二段，若合為一段而學，亦可用也。絕不可功夫未就，築基未固，煉己未純，時時都有走漏，則心意妄想採藥，或妄想得藥，乃愚人也。

因築基煉己之功夫，未煉得堅固，直做採藥者，定無藥可採，反而變成筋骨酸痛也。藥者須外功滿，而人欲無，得大自然之正理，至精血閉斷，自有藥物可採也。

所以築基，煉己未純，欲想採藥，或欲望得藥，亦不研究實學，致功夫亂做，如此者，差之毫釐，錯有千里，定錯失機緣，且永沉苦海，無有出期矣。

此九節實際，係同時並用，不分亦可以，為使學道之人，詳細起見，不得已分段，而繪圖記述，為較勿明瞭，便利應用關係也。此九節絕不可分割三四段，而煉之，學者，應該精進，統一精神，十二分貫徹，善於體會，能記

吾言而不忘者，決定成功也。

◎學者，當知真道為體，方法為用，故在修煉當中，須要抱意誠志堅，借假體以修真性，由外功內果俱備，方可證位大羅，所以先後天兼用之法，不可不知也。

須知借後天命，而修先天性，再有先天息，後天息之分別，先天息之呼吸，對玄關吸，但要借後天鼻出入，修煉若無借後天息，決定無道可學，所以法為筏，即船也。

欲渡江須用筏，若到彼岸，法就不用，故此九節玄功行法，亦是暫時借用而已，行法至陰陽會合，水火既濟以後，已有產真種，另名謂之結道胎，乃浩然正氣上身，煉到此功夫，四禪通用，只用文火保守真氣不散，已免再用九節玄功亦可，此保守之法，必須要詳細，雖然陰陽會合，已得真種，宜要保守謹慎，以免真種分化之憂，若只歡喜，水火既濟，此未得究竟之道，此乃初開花，未結道果，花既然開，須能使其結果了道，對於結果之說，即指在善能保守道胎本性圓明，由此而可出陽神，脫胎神化，謂之結果也。

若不能脫胎出陽神，就是守屍鬼，任學百年亦難成道，死後定走不出六道輪迴，觀古及今能開花不結果者，不計其數，多是有始無終，煉至中途放棄不學，為此原因，致成道證果者少矣。今既然知開花結果之法，不分男女須要向上精進，緊急修持正法，行功積德，待至功果全備，應赴三會龍華，得涅槃之極果，須知今次龍華會，是最後一會，切勿輕視本道鐘而不學，致錯過此會良期也。

附錄1：四禪解說

◎行　禪

　　為何要緩步，眼視前五尺。關於學禪定之人，腳步若緊快，心決定不靜，且意亦亂動，所以定要緩步，輕輕而行，眼看直，勿亂視雜色，須知眼神收攝，不遠視，方能守竅，助心神不亂，亦不可經過後，而回頭亂看女色，恐動心阻道不進，又不符合學道規格，故須防人議論也。

◎住　禪

　　指坐在椅上，切不可亂思想，須要統一心神，所說不離此個，不離那個，乃暗示學禪功之人，對此玄關及丹田兩竅，定要兼守，可以說每時，都不可忘去呼吸之出入，若知注意呼吸之出入，正是性命存在，若忘棄呼吸之出入，猶如失去性命相同，故兩竅兼守，為中和長生之道也。

◎坐　禪

　　即坐蒲團上，心放空意收攝，將雜念一切除清，方得真靜，呼吸之出入，須要微細，初步若未得到溫暖之氣上升，漸借精神力作用，用真意引精神循環全身，頭頂腳心手底，都要引透，此為卻病延年妙法也。

◎臥　禪

　　此法為之吉祥睡，年老之人，可以多用，但睡中須覺

世界著名壽星吳雲青談中國傳統養生之道

妄念棄盡是真禪

坐　禪

緩步眼視前五尺

行　禪

睡中須覺練功時

臥　禪

不離這個那個竅

住　禪

勿開口，為何睡眠要覺，須知覺者醒也。因夜間貪睡，陰氣盛，即難鎮靜，所以大睡大死，少睡就不死，乃全重守靜功夫，而待一陽動之時，採取舍利也。

附錄2：《高上玉皇心印妙經》注解

一、《高上玉皇心印妙經》原文

上藥三品，神與氣精，恍恍惚惚，杳杳冥冥。存無守有，頃刻而成，回風混合，百日功靈。默朝上帝，一紀飛升，智者易悟，昧者難行。履踐天光，呼吸育清，出玄入牝，若亡若存。綿綿不絕，固蒂深根，人各有精，精合其神。神合其氣，氣合其真，不得其真，皆是強名。神能入石，神能飛形，入水不溺，入火不焚。神依形生，精依氣盈，不凋不殘，松柏青青。三品一理，妙不可聽，其聚則有，其散則零。七竅相通，竅竅光明，聖日聖月，照耀金庭。一得永得，自然身輕，太和充溢，骨散寒瓊。得丹則靈，不得則傾，丹在身中，非白非青，誦持萬遍，妙理自明。

二、《高上玉皇心印妙經》注解

——華山道人　閔智亭

《高上玉皇心印妙經》，也稱《無上玉皇心印妙經》，簡稱《玉皇心印經》或《心印經》。

《玉皇心印經》是我們每日功課必誦經典，是修道之徑路，是「命功」修煉功法。按照經中所講悉心做去，小則有益身心，大則證道登真。誦持不退，不但能開通妙

理，漸悟真詮，且能感格高真上聖，資助道力。

「心印」者，即以心印道，以道印心，印無所印，心無所心。心印於事，則體必紛；心印於物，則體必淫。於無印，於無心，心從無宅，印從無精，一靈不昧，善果臻身。人本有心而自失之，人能印而自失之失非其失，則可有心；棄其所棄，則可能印。即知其心，既知其印。既知其印，即知非心有心。既知非心，即知有印非印。印不印印，心無心心，真神真氣，合我真精，一元三品，是印是心。斂情斂意，忘見忘聞。三年乳哺，一紀飛升，如此真道，名得真心，真心一得，七竅皆靈。上藥三品，神與氣精。

上藥，是上品大藥，非是尋常之藥物。此經所講的上藥「神」、「氣」、「精」，也不是思慮神、呼吸氣、交感精，而是元神、元氣、元精。元神君思慮神，元氣母呼吸氣，元精長交感精。其應在天，則神象日，氣象斗，精象月。在地則神法火，氣法土，精法水。在人則神載性，氣載精，精載命。神浮而精沉，氣居浮沉之間。精不外妄泄則元氣混融，元氣混融則元神安逸。三者既固，則鼎器漸完，鼎器既完，方可言修煉。

就一個人的形體性命來說，離開神氣精，人就不能生存。所以說人的健康和智慧，都離不開這三者的維持。神氣精三者，精是基礎，《黃庭經》說「積精累氣以成真」，精是身中液體物質，包括身中各臟腑中的液體。氣有呼吸的空氣和液體為火薰蒸熔化而成之氣，如水蒸氣。神是身中氣化的微妙不可識見者，然而又是實有者，所謂「精氣足則神旺」。此三者運行於身，人便不死。三者旺盛，人便健壯；三者損弱，人便衰病。所以說此三者為之

上藥。或謂：藥須服用，才能取得藥的功效，這種生命物質，譬之為藥，將如何服用？《心印經》講的就是如何服用，而服此上藥將達到的超凡入聖方法。

恍恍惚惚，杳杳冥冥。

《道德經》第二十一章說：「道之為物，唯恍唯惚，惚兮恍兮，其中有象；恍兮惚兮，其中有物；杳兮冥兮，其中有精；其精甚真，其中有信。」

恍惚者神氣之樞旋；杳冥者真精之胎蘊，此合三為一，乃太極之根，先天之宰，所謂從道妙一，孕玄分元，日月之所由判，天地之所由生也。

恍惚者指似來非來，若有若無，杳冥者深昧莫測也，這些月關兆景象只有在《老子道德經》中所講的「至虛極」、「守靜篤」中體驗之，稍縱即逝。虛極靜篤，必須經過恍惚杳冥之時。

恍惚杳冥之時，即是神氣交紛而入於混沌之狀態。在混沌狀態中，則昏昏默默，不識不知。識神之思慮念想，人欲之喜怒哀樂，一概捐除，而造化之大礜，一往一來，一呼一吸，一收一放，一開一闔，盡於此際可以體驗出來。當時景象，真有上下與天地同流之概。故恍恍惚惚、杳杳冥冥實為超凡入聖修道學仙的必由之路。

恍惚中之象，杳冥中之精，亦即丹經所說的先天一礜，叫做藥物。因此種藥物，完全是由神氣精三者混合一處；從恍惚杳冥中產生出來的，恍恍惚惚，杳杳冥冥，是由調呼吸之氣，漸為胎息，攝取為先天之礜，這就是服煉長生大藥。

存無守有，頃刻而成。

《道德經》云：無，名天地之始；有，名萬物之母。始即道，神之所由，君也。母即德，氣之所由，根也。無者易空，有者易物。存則空生，守則物化，顛倒之則竅妙同玄，有無相入。頃刻者，候中之候，此化三歸一，煉精而作地仙之道也。存無，就是致虛，致虛要一念不生。守有，就是心息相依，達於恍惚杳冥境界。恍惚杳冥中的精、象，就是真空中之妙有。

所謂守有，即守此恍惚杳冥中之精、象，真空中發現之一靈妙有。但守不是有意識的用意，如用意，即不是自然無為了，而是要不守而守。蓋所以存其無即所以守其有也。如不能存無，就決不能守有，無、有二者，實是一也。頃刻而成，是說妙有一到，周身泰和，融和舒暢，不可名狀。這一景象得之於頃刻。所謂成，即成此景象也。此景象之成，來自存無，故存無越久，妙有越旺，身中景象越奇。存無，即《悟真篇》所說「恍惚之中尋有象」。守有，即《悟真篇》所說「杳冥之內覓真精」。

回風混合，百日功靈。

風者，始於無，形於有，乘於水火土木。返之曰回。風遇火則疾，可以鼓火，可以滅火，鼓火之風順，滅火之風逆；風遇土則寂，可以燥土，可以潤土；風遇木則匹，可以散木，可以拔木；風遇水則激，可以漲水，可以竭水。回風則火木土水俱回而生金。混合者一也。百日者氣完基固也。此煉氣而結胎仙之道也。

人之呼吸，如橐籥之鼓風，故呼吸之氣即是風。呼吸既調，則氣來合神。神即火，回風混合，即回呼吸之風，

與心神之火混合。風火混合，即神氣混合。神氣混合則神因氣靈，氣因神旺。若能在百日之中，天天回風混合，則其功必靈。所謂功靈，即謂命功之築基完成也。

默朝上帝，一紀飛升。

上帝居高上洞元，即《參同契》所謂「上有神明居」也。朝者，以下奉上、復初返元之意。默者，回光襲明。一紀者，十二年，極月數也。飛升，則移居上苑。此煉神而化，飛仙之道也。行之三乘以漸，道則一也。

上帝，根據陳櫻寧的解釋，一是有形有相之上帝；一是無形無相之上帝。有形有相之上帝，為上帝之體相。即人心目中認為如人間帝王一樣，不過道德、神通、智慧三者異於人間之帝王。這個上帝，等於佛家所說的報身。

道教很多稱作上帝的神，如：昊天上帝、玉皇上帝、玉虛上帝、五老上帝、玄天上帝等等。雖然名稱很多，實則可以說是由一個上帝分身變化出來的。這等於佛家所說的化身。

儒家的經書中也有上帝，如：「惟皇上帝，降衷於下民」、「上帝臨汝，毋貳爾心」等，此則雖似指宇宙之主宰者，然儒家出於道家，儒家之上帝與道家之上帝有同意義。

至於無形之上帝，乃是言道之全體，神之妙用，是先天的主宰。《道德經》說「吾不知誰之子，象帝之先」，蓋有「有物混成，先天地生」者，即佛家所謂法身也。

吾身之中，亦有個上帝，這個上帝即指人之本性靈光，就是不思善不思惡之先天元神。默朝上帝，就是默朝這個先天元神。若能「惟精惟一，允執厥中」，三家相

見，五氣朝元，日日如此，經過一紀之期，則可白日沖舉。或云默朝上帝，是指陽氣上升於泥丸。此說也是講得通的。

知者易悟，昧者難行。

道本無難，易知。行亦無二致。而人之智愚分焉。知者返求諸己，而徵於天地時物，故易悟。昧者馳心於外，而蔽於愛欲，故難行。

知者易悟，昧者難行，也就是說，對超凡入聖的道理，若有智慧夙根，必定容易明白。若是愚昧沒有夙根，就必定不懂這種道理，難以用功行持。

履踐天光，呼吸育清。

履者，循其跡。踐者，步其紀。天不自光，以日月星為光。循其跡，則日有昏時，月有弦望，星有建次，所以觀天也。步其紀，則迎日推月合辰，所以執天也。履踐有順有逆。順者人即地以法天。逆者人契道以先天並行一致者也。呼吸者，息也。呼則辟，吸則合。呼吸之間一生焉。清者天之一，即光之根也。動物之生恃乎息。息者人得天之一。以人一養天一，光風相搏，而道居焉。

履踐，就是腳踏實地，真履實踐的做工夫。天光是指天道是光明的。此句是說，要履踐天道的光明，必須善調其呼吸，以育清陽。調呼吸何以能育清陽？蓋一呼一吸之中，有真機在焉。

夫呼為陽，吸為陰。能將呼吸調和，則真機發動。於是一闢一闔，玄關顯現，真空之虛無竅中，有一靈之妙有發生。此一靈之妙有，即是真陽，故曰「呼吸育清」。

出玄入牝，若亡若存。

以其分而言之，玄天牝地。出也以為入，入也以為出。以其合而言之，玄牝一而已，出入有無，同門合化，存亡一其候若者其象其物之真。

《道德經》曰：「谷神不死是謂玄牝，玄牝之門是謂天地根」。谷神是虛谷中之靈氣，即天谷元神。玄牝即一陰一陽。心中神為玄，腎中氣為牝，神氣合一產生之虛無一罄，便是谷神。若以呼吸論，也可以說呼是玄，吸是牝，呼吸所育之清，便是谷神。玄牝是出入的門戶，門戶之中便有谷神在內。出玄入牝，就是出此入彼，出彼入此，陰陽溝通之象。《黃庭經》說：「出清入玄二氣煥」，「出日入月呼吸存」。若亡若存，即若有若無，是說呼吸之細而深，由口鼻之呼吸至於胎息。

綿綿不絕，固蒂深根。

獨往獨來，無有斷際，柔若水，剛若金，道之自然，其妙如此。花有蒂，蒂在上；樹有根，根在下。固蒂深根，精神水火歸一之地也。

綿綿不絕，是呼吸出玄入牝若亡若存之景象。綿者細也，細則若亡。不絕者，不間斷也，不間斷則若存。人之兩腎中間謂命門，丹經名之曰元海。常使元氣充滿其中，綿綿不絕如胎息，則可深根固蒂，長生久視之道也。此即「虛其心，實其腹」也。仙詩有云：「心在靈台身有主，氣歸元海壽無窮」。蓋心虛，元氣方能下降直貫於腹，腹實則深根固蒂下元鎮定。久而久之，其氣漸貫於四肢百脈，乃能周身通暢愉快融和也。

也有說「固蒂」謂固我命根。命根即人之兩小腰子。

腰子去掉，人尚不死，小腰子去掉，人即立死，因為小腰子內有腎臟腺，所以它是命根子。這個命根子處，稱之為人之命點，人體發育即從此處向上、向下發育。比之樹木，向上長枝葉，向下長根系。元氣充盈於此，則自然命根性蒂得以深固，故《老子道德經》曰：「是謂深根固蒂，長生久視之道。」

人各有精，精合其神。

人秉乾坤之真一以生，精雖藏而不見，乃為妙有生本。人以妄想感之，順而成人。不知先天真壬即含於癸。所謂上善若水，清而無瑕者是也。知其時，因其動而制之，使沉者就浮，以合於神，則壬丙相交，鉛投汞也。

人各有精之精，非指濁精，而指的是元精。元精是在恍惚杳冥中忽然間似有一覺一動，而非為外界的感觸所致之謂。精合其神的神。非指思慮之識神，而指的是元神，即人的靈明知覺。以元精投元神即坎離相交，水火既濟也。

神合其氣，氣合體眞。

神無而氣有，神靈而氣動。有無相合，靈動相交，而神化致一。神回則明，氣定則變，明者有象，變者有物。人體者，人之形質也，乃宅氣之府。息之以踵，則大氣符妙氣，妙氣生真氣，故體亦真。元精合元神，精神合一，精化為神。然神之為物極其靈活，很不安守本分，必須牢牢擒住不使其飛走。擒之以何：《陰符經》云：「擒之制在氣。」神能合乎氣，神則不飛矣。說明白點，就是心息相依，神入氣中。神氣既已合一，則大藥將現，大藥即

「真」。丹經稱之謂黍米玄珠，或金丹成像。

不得其真，皆是強名。

名所以表真，法於自然者也，失真則名不立。

修仙學道，得不到此玄珠真種，皆是外象形式，毫沒實際。就是《悟真篇》所說：「鼎內若無真種子，猶將水火煮空鐺」。此真乃是真真，是天地之至精，元始之祖靈。修道者不得此真焉能證果成仙，故不可不採擷以得此真也。

神能入石，神能飛形。

石金類，形屬土；石至頑，而含金玉；形塊然而化光明，皆神為之。自外渝內曰入，自伏之舉曰飛。易曰：「神也者，妙萬物而為言者也。」

神是虛靈的，石是冥頑的，神能入石者，因神之虛而靈也。譬之於電，電無形而有性。無形，故金屬不能礙；有性，故能傳電於金屬。或生光熱，或成動力，皆因具虛靈耳。此譬，僅就金屬而言，非是電同於神，電也還有不導電者。神本虛靈而輕清，故能飛。

但僅能飛而無形不足以自見。今神在形中，以神煉形，則神力愈旺，形隨神化，故神能飛，形亦能飛。形之能飛，賴神之力，故修仙者，但能出神屍解，則其次也。若能肉體飛升者，則是上乘也。

入水不溺，入火不焚。

水火一神而已，水能溺其非水者，而不能溺水。火能焚其非火者，而不能焚火。入則渾然而一，一則道。

這是說神的功能。水至陰，火至陽，故水溺，火能

焚。唯水入水而不溺，火入火而不焚。神者玄妙至靈，入水同於水，入火同於火，雖同於水火，而其至靈又不泯於水火，故神之為物，往而無礙。

神依形生，精依氣盈。

形為器，形者神之舍。氣為母，精者氣之子。

以燭、火喻之。神比之火，形比之燭。火無燭，則不可見，燭無火則不發光。神若無形，神隱於造化而無所憑依，故火依燭而發光，神依形而顯靈。燭之油量越充足，火光也越明亮。燭之油濁則神濁；形旺則神旺，形衰則神衰；形壞則神離也。故修性命之學者，重性（神）重命（形）之雙修也。

精之與氣，二者相須為用。精因氣而盈，氣因精而旺。精能生氣，氣亦能生精。比之雲水，水氣盛則密雲多，雲氣盛則雨水大。

不凋不殘，松柏青青。

木德之厚者松柏也，青帝之所始化也。人能返樸則受氣足，如松柏青青而長春。

既知神依形生，精依氣盈，則可知以形攝神，以神煉形；以氣生精，以精化氣。自然精氣充盈，形神俱妙，則如松柏之長青，永不衰老矣。

三品一理，妙不可聽。

神氣精，自道言之本一，自藥言之有三。三一其理可稽。以神為主者，則煉精氣以還元神。以氣為主者，則煉神精以還元氣。以精為主者，則煉神氣以還元精。曰三元

三性三家三丹之說悉本於此。分而為六候，陳而為九鼎，序而為八十一之火符，其實一而已。一即神也，即精也，即氣也，即元也，即丹也，即道也。此元始以一音流轉者也。道不能無言，有言皆明三，三數無盡。言三則萬生，得三忘三則知一。知一妙一，言無可言，複無聲，何可聽。

後天之神氣精分而為三，到了先天則元神元氣元精混合為一，故曰三品一理。以其玄妙精微，無聲無臭，故曰妙不可聽。

其聚則有，其散則零。

得一聚三則有，失三散一則零。聖人逆而聚之，常人順而散之。聖人以無為聚，故有。眾人以執而散，故零。此者，已修煉成真，聚則成形，散則成氣也。

七竅相通，竅竅光明。

七竅皆居首，為載陽之器。火數七，眼耳口鼻四而七竅。火體金用而水注之者也。水即精也，金即氣也，火即神也。生之來謂之精水，為元即玄也，竅即牝也。而火金之用行焉。火金者，日月之體，光明之主也。火光而金明，玄牝之門在焉。相通則天門開，七竅為一而清玄育，故道立蔫。

七竅，有外七竅與內七竅。外七竅：耳目口鼻。內七竅屬心臟，聖人七竅皆開，愚人一竅不通。普通人或開一二竅，或開二三竅。人欲內竅通，必須外竅閉。外閉則內通，內通則視聽食息不用耳目口鼻，天耳慧眼，皆從性光中發出，不但無所不聞，無所不見，無所不知，且渾身光明洞徹，萬竅齊開，即「元神來往處，萬竅發光明」（孫

不二詩）。《悟真篇》云：「近來透體金光現，不與凡人話此規」也。

聖日聖月，照耀金庭。

日月者乾坤之至精。聖日聖月者坎離之真光，道主之，天地不得而私有之者也。金庭即黃庭，天之黃道也，日月行中而合符化金耀於其庭焉。

日月，有以左目為日。右目為月者；有以耳為月，目為日者，因耳為腎竅，腎屬坎，坎為水、為月；目為肝竅，而肝木生心火，實即心竅，心屬離，離為火、為目。總之是耳目要收視返聽，精神內守，則光明照耀乎金庭。金庭，指黃庭，即丹生之爐。

一得永得，自然身輕。

呂祖曰：天地三才，人得一。既得一，永無失。蓋以三致一，一得則永得矣。以一煉百骸，百骸無不一。煉一化一，斯化形仙矣。

一得，指得大藥而言。大藥得而不失，謂之永得。先天大藥秉純陽之性，其氣溫和而輕清，至柔中有至剛之德，至剛中含至柔之性，故能變化幻軀重濁之質，所以云自然身輕。此即質隨氣化，神能飛形之理也。

太和充溢，骨散寒瓊。

太和元氣自中達外，無不充溢。所謂黃中通理，潤澤達肌膚也。

此言太和元氣充盈周身，筋骨變換之景象。骨散者，骨節融化若酥軟而解散也。寒瓊者，骨節涼爽鬆透，周身

若有瓊瑤之氣。總之是言周身舒暢，融融和和，妙不可名之象。

得丹則靈，不得則傾。

丹者金火之妙用，火性能煉金，能消金，善用火者，金火相伏，食而還靈。不善用火者，火焚金而命失。慎哉。

金丹大藥既得，則能通靈變化，神秘莫測。不得則生老病死，終究傾喪其身。

丹在身中，非白非青。

白為金色，青為木色。丹由金木並一，則金木兩忘，無色可指。丹之形象不可形容。非白非青難可模擬。

誦持萬遍，妙理自名。

《大丹賦》曰：千周燦彬彬，萬遍將可睹，道妙心明轉，經自得可也。

但能至誠誦持，則心能束氣，氣能束心。神會於理，理合於神。於是恍恍惚惚，杳杳冥冥，出玄入牝，若亡若存，綿綿不絕，固蒂深根等情形景象，於誦經之時，即能證其一斑。所謂妙理，不特經文之妙理，而身中之妙理亦能得經力之不可思議而通明。

《參同契》所謂：「千周燦彬彬兮，萬遍將可睹。神明忽告人兮，心靈乍自悟。」持誦經文之心力念力，一貫於身中，久之自可與大道相通，造化合一，精誠感格，天即人，人即天矣。誦是念誦，久誦而至誠可至開悟，明心見性。這只是做的性功。持是行持，即以了悟之性靈做修煉大藥的工夫，即做陰陽合一，由無生有的命功。才能得

到神能飛形的體道合真，肉體飛升。

心印經，是闡敷至道之玄機，剖露性命之根蒂。實登真之路徑，為度世之梯航。學者苟能造其理，達其辭，窮神以知化，參玄以入妙，知心為一身之宗，操養不失；勿塞勿閉，四闥光明，天宇泰定，虛室生白，即心是印，即印是心，心印相融，上下洞徹，如月現於江，如星涵於海，真空寂照，一性超然，不知孰為心，孰為印，至於心印俱忘，神與道俱返其天真，則心印之妙，自我而得之矣。

附錄3：二懶開關心話

序

二懶開關心話

斯二子不知何許人，亦不詳其姓氏。閱其心話，殆養生家而將從事於南宮者。余見而錄之，喜其言淺而深、粗而精，其間命意，似有所向，殆又非頑隱一流，趣味與余不二。爰去其不經，而存其常說，名之曰《二懶心話》。蓋以一號懶翁，一號大懶。按其懶字，從心不從女，是有取夫賴心而學之義焉，是殆蘇懶翁之流亞也。蓋能從事夫天心道心者。嘉慶戊寅之十一月望日小艮肅錄並識。

萍　逢

問曰：某所聞，惟識玄關一竅、心腎交媾而已。

答曰：玄關一竅開否，識之不難。開之有道，使此關尚未開也，我不知君如何交媾焉。

善　問

問曰：古云玄機在目，我願究其微妙。

答曰：善哉問。人身遍體屬陰。賴以化陰還陽者，兩目也。此即入道第一口訣，君既知之，從此用以內照，則頭頭是道，玄關可望開矣。

問曰：內照從何下手？

答曰：冥爾目，調息片時。覺息調矣，始以意凝神於腦，以目光微向巔頂一看，覺得微明如黑夜月色然；隨即用意引此光映泥丸，待得腦中光滿而頭若水晶然（此即洗髓法也。），久之，乃引此明由重樓達絳宮，存之半晌，覺我絳宮純白（此即洗心法也）；隨以意引到中黃，亦如上法存之，覺中黃純白（此淨土法也）；其光明自覺隨氣下降，又覺下田漸漸寬闊而更幽深焉（此即靖海法也）。內照至此，愈之愈明而愈寬廣，久之又久，覺有氣動於中（此即龍從海底現也）。我則一念清虛，微以意引目光從海底兜照後去，未幾，覺此光明已透尾閭（此即虎從水底翻也）；漸漸有光自下升上（此即黃河水逆流也），竟透大巔（此即還精補腦法也）。我於斯時，用首尾照顧法。其法惟何？我之兩目光存在半天空，如日如月下照巔頂，直透三關，照至極深海底（此即聖日聖月照耀金庭之訣），幾若現有一輪月影，沉於海底，與上半天空月輪上下相映（此即水在長江月在天之訣）。我於斯際，萬籟皆空，惟用一意、上沖下透並行不悖之訣，行之久久，覺此清光上透九霄，下破九淵。斯時我身已不覺有焉。內照之入手如此，籲！說時容易，行時難也。

善　疑

　　問曰：余此去從事內照，繼事無相，未幾而心地清朗，漸覺下部忽然若失，覺無邊際，深亦莫測。是從內拓加功許久，念寂至篤，乃現此景。惟覺遍體沖和，已而並此景象亦置之度外，惟覺呼吸之氣無，而下部騰騰氣熱；忽於極熱之際得有幾縷涼氣，或自胸腹下降，或自腑後脊前流下，溯洄於男根左右，若有走泄之機，恐非妙境（此正妙境），中道而止（若止不加火而煉則有弊）。出而肅叩焉。

　　答曰：善哉疑也。此下部陰精，遇炁而化（此陰精即上所說幾縷涼氣四邊流下者是也），真炁力微，化而失煉（不能大熱者真炁微，故真炁即真火），則與凡氣合（凡氣即凡火，此際凡火，相火也），將成交感之精，不進陽火（閉息存思即名進陽火也），此物必將奪關而出。法惟有凝神集炁於海底，以兩目光推而蕩之，如轉磨然。我於此際此心愈加寧靜，則呼吸氣停而真炁得注留下部（此真是進陽火之大秘訣），下部斯得熱如鼎沸（沸煮火水開貌），而陰精化氣，隨炁後攻，穿尾閭，升至泥丸，化為真液（此之謂還精補腦之實據），下降重樓，潤絳宮（此名後天甘露，乃是化血之物），從心後脊前分達兩腎（此時甘露已變紅色化成血矣）。我則以兩目光降送至腎，左右分旋，急旋急轉，便熱如火（所以煉血化精也），由兩腎熱至臍輪（所以煉凡返真、煉氣返炁之訣也）。此一熱也，須比前倍熱數倍，斯此物由真精化而為炁矣。從此不住手（斷不可稍住也），其熱復降至海底，而仍行其存注之功（此為要囑），則如前云之陰精（此所必有且必多者，要煉到周身純陽之後方無矣），又得化氣而後升矣。

煉陰還陽之訣不外乎此，其效驗可時見（間斷則難見，故戒間斷也），而要妙在能恒久焉（切囑切囑）。故能循環無間、日行時作（必要如此如此方是），何悉不如前賢所許計月而成者哉（是可必可必無疑者也）！

問曰：然某聞之，法從心後分降兩腎云云者，女子之修訣如是也。蓋女子以血為本，故其玄關一竅開自絳闕，以其修訣加摩於兩乳中間，名曰乳谿，揉摩至百至千，則胸間火熱，惟覺氣悶，且有板木之景之象，其血生始旺，法惟以意退人心後脊前、分注兩腎。若如男子，一直從心降腹，則有血崩之虞。今君所述，乃氣也，氣升於腦，返化為液，斯已奇矣。既已化液，則直下下田何礙？而必欲如女子降至絳闕，退而後達，由兩腎轉上臍輪，方始化炁——斯理未明。況炁與氣一物也，性皆屬火，不過有先天後天之名耳！今聞君論，疑竇四開，莫自塞焉，願為開示。

答曰：善哉斯問，君真可稱善疑者矣。我所言半聞諸師、半得諸書者，今為略述其概也可。

男子之陽在腹，女子之陽在背，此乃天地自然不易之理。我之所言陰精者，其形似精而非精，乃飲食所化之液，未經化血，流滯於百絡之間乃成痰類，停滯中焦則成飲證，流注膀胱則成滑液。我之一身三百骨節之縫、八萬四千毫竅之內，不乏此品盤踞期間，外邪乘隙入與此品朋比為奸，為害非細。今因我真炁周烘，斯物融活，隨氣護炁流注下田，其性陰寒，故其流注也機趣惟涼。

然使積而不之化，則又必化火而出，世人認為流火症亦此品也。故凡我於坐際，每逢真炁流行，則覺有颼颼涼氣自內而出，亦此品化而出之功效也。故我於此品流注下

田之候，須必大加真火以煆之（此皆至要訣也），則此品成如雲氣然，隨夫真炁由後上升達至巔頂；一聚一凝便成真液，如雨如露由舌下孔處滴下兩腎（此凡甘露也），潤至絳宮（到此須存多存一存）；又得心火一烘，便化成血。故須從心後脊前分降兩腎，一經煆煉，隨炁注臍，又經大煉，斯可成炁，此是一定之氣化，不分男女者也。

夫人孰不飲食，則飲食所化之液無日不有，苟昧由心一煉之訣，鮮不因而致病，是以十人九多痰。修持者每患遺泄，世人不悟，委之有念、或委之心腎不交、或委之克化不濟，皆非也。是皆不知從心一存其氣，則其津液橫流、積化成痰、流注下出；故有強而澀之，變成外症，發為疽毒，是又化火而出也。其流弊也，握髮難數，我故詳為申說之。

若夫所謂真精者，渾而體之則有，握而取之則無。至如交感之精，尚是氣化之物，故有形色焉；而其來自內，故能生育焉。若此飲食之液，其來自外，不經心煉，血尚未化，不過形似精耳，焉能生育？原非至寶，偶爾遺泄，亦何足恨，因而憂鬱焉，煩躁焉，不亦惑乎！與其服藥以澀之，不如如我言而煉之，此之謂釜底抽薪。我於此節津津言之者，以此一品雖是凡物，如法一煉便成陰氣，到腦降心便可化血，已是寶物。再降至腎，升煉於臍，得土一和，逐與真黑無二無別，居然至寶云爾。

先天為陽，後天為陰，我輩修持，無非煉陰還陽之道。其訣不外乎忘形以養氣，忘氣以養神，忘神以養虛。其所以必造夫忘字境者，以所聚之精之氣之神，皆得咸屬先天，始為無弊。況所重在身常受煉，其用惟火，火足則昌、火衰則敗，不忘則不聚，能忘火乃足，是乃修真之至

要訣也。

問曰：某聞之，心有三，何謂也？

答曰：然。曰天心、曰地心、曰人心，其實惟一。經不云乎「心為神明之府，變化之道由焉。」蓋人一身咸秉心氣而行而止者，猶魚之處夫水也。古人云：「一身之實處，地也；一身之虛處，天也；屈之伸之、語言視聽，人也。」又曰：「天之心居腦，地之心居腹，人之心居絳宮。絳宮之心塊然，而虛靈不昧，是一物而含三有焉。」蓋其居腦居腹之心無形無質，乃即塊然居中形如垂蓮者之靈、之炁、之上透下注而誠存者也，我故曰其實惟一。

意者，心之所發也。心無聲臭者，念動而發，是名曰意。念也者，今心之謂，猶曰即心是也。意也者，心之音也，謂其念頭已發動也。呂祖有言曰：「大道教人先止念，念頭不止亦徒然。」又曰：「不怕念起，只怕覺遲。」輕雲子曰：「念頭未離腔子裡，除之大易；放而出之，除便稍難矣。」故古有曰：「念起即除，神仙許汝。」

問曰：修仙之秘止於斯乎？某聞之有曰「修命不修性，修行第一病」，又曰「修性不修命，萬劫陰靈難入聖」，何謂也？

答曰：噫！命無性不靈，性無命不呈，謂必性命雙修也。據我見，修得一分性，保得一分命，蓋以性命兩字不可分也，實以有時偏乎性而命在其中、偏乎命而性在其中，有如形影然得可分乎？第凡修道，先一我志，性功之始基也；惜身如玉，命功之始基也。從而進之，止念除妄，性功也；調息住息，運行升降，命功也。體而參之，念不止、息不調、妄不除，功不進也。凡夫調往運行升降及夫混合交結等功，總得於無思無慮之際而暢於萬籟皆空一塵不

染之候也。我故曰：「修得一分性，保得一分命。」

問曰：惟丹道謂身有四海：心曰血海，胃曰穀海，腎曰氣海，腦曰髓海。其微妙未之悉，願為開示。

答曰：善哉問。入主一身，皆藉自然生炁，以生以成，惟胃一海，仰藉後天外來飲食，以消以化，補夫周身生炁之或缺。人人知之，毋庸贅述。夫養生家立論，每先自冥心一層始，其故何也？誠以心為血海，心涼則生血，心冥則心涼。夫冥心之訣，微以意引心氣，落存於夾脊之前，覺吾一身之溫氣氤氳然歸護於絳宮前後左右上下中間。如是，則凡溫溫然之生氣，一近絳宮便有油然白化為血，又自氤氳然達於肌絡之間。其至精者退後而降至兩腎，則赤灑灑者化而為純精天一之氣焉。夫養生家於未冥心前如曰閉目乎？噫！其義玄、其旨精也。心之靈發竅於目，一也；兩目又藏有肝魂肺魄脾靈腎臟之精醕，二也；一冥心而目預之閉，則臟腑四肢內外生氣自來朝會於絳闕，三也；且凡其來朝，生氣自得，不期相化而自化為純血，其妙用亦在兩目，四也；更能使夫純血各隨其氣分佈流潤於脈絡肌腠之間者，總因我兩目懸如日月、周照乎內內外外高高下下遠遠近近，一若有意，一若無意，似為引導而不引導之故，五也。君昔日其機在目，即此可信古人之言不我欺也。

夫腎，水臟也。謂曰氣海，君疑，善疑也。雖然，要知水臟之為水臟，非謂膀胱之炁有濁水而云然也，乃吾身呼吸之氣之所歸，純是後天而又有陰陽之別——陽則名氣，陰則名液。此兩種也，不得我身太陽之火為之烹煉，則此二物滯而不化，為害非細。其變而為病也不勝數其名目焉。煉之之訣惟何？總不外乎用我兩目，導彼真陽，存

於海底。我則一念不雜，氣機通暢，無內無外，不知五臟焉、六腑焉、四肢焉、地天焉。惟時自省於海底沉一紅日（此至要之訣也）。忘失即須覺存，存即事乎忘（妙哉如是行也），失即覺為存，循環事之（此為要囑），則此一海泰定而無弊焉矣。修道如牛毛，成道如兔角，何哉？廢棄於此海一關，天下比比然也。君果有志焉，從而堅持之。持之不堅、堅之不恒，亦無益也（切戒切戒）。君其勉乎哉（千萬千萬切囑切囑）！

君其識之，上所言雖示煉夫氣海一關，其間景象多多也，不勝述也。千言萬語，三教經書、諸子百家汗牛充棟，無非治心一法。——好不足喜，歹不足憂，一切好好歹歹景象似真而咸幻，有者心不可為之動、念不可為之搖、行不可為之阻。其所現之象總不外乎驚喜兩種。然其中變變幻幻每有出人意表者，總以不動為宗，須明皆是魔幻，或是上真遣來嘗試者。惟能不為魔動，方是大丈夫本來面目。故凡遇夫魔擾。則宜益加堅定、益加勇猛為是。我之所以大聲疾呼者，邪正不兩立，而魔道每並存。何以故？無魔不顯道，魔而不退道乃成。君其勉之。

腦號髓海，其理顯明，毋庸煩說。然此一海，世說作用夥矣！類皆是仙鬼傳之訣，非至道也，不可從也。君所向我所事天仙一宗，所煉以純返先天為了當者，故不可不慎所煉焉。要明夫天仙之究竟與夫先天一炁之淳妙，其質至清至柔而至剛至銳，金鐵不能格也。所過者化，所存者神，大周天界，細入微塵，放之可包三千大千恒河沙世界，化之可結億億萬萬人物山水殿城宮觀（此等境界不愁不得，惟愁神著，何以故？一經念動，則此等境界變現不休，且必愈出愈奇，一經著相，便入魔道，小則成魔，大

則立死。此間修道人著此而死者比比也。非惟本人不知，即其眷屬道侶亦且認為某果得道而去也，其誤人也不小矣。是故天仙家概不以此為效驗，且咸以此為魔擾。若坐而現此之境，又不可用意辟之，一用意辟，則又化成斗境，有變現不測之相擾相降，必成狂疾而死。或竟為魔攝去而死。或竟入魔殼中，幾然戰勝，從此神通法力不煉而大，本人迷昧以為道得之明驗焉，孰知正為魔誘入殼，命終而去，適成修羅眷屬而已。又或因斗不勝、全神離殼而去，其殼反為魔踞。外人不得而知也，以為斯人道成，試其神通法力與古仙無二。其魔踞試行其魔道，從者如雲。究其談論，以淫以瞋以貪以詐為無妨於真道，從之者咸入魔境、成魔眷屬。

如今昔白蓮邪教之教首，類因修道迷誤，魔踞其殼而成斯等邪教也。此不可不知也。故凡修道者，總以見而不見，聞而不聞為降魔大秘訣，所謂憑他風浪起，我自不開船、此示以不之動念之大要訣也，凡煉髓海者切鑒之也可。），聚則成形，散則成炁，混三清而不二，合三教而為一者（此指一守我清空無住之念，一任他有有無無、青黃赤白焉而已。學者慎無著在聚散混合形色上）。此天仙之究竟，是亦先天一炁之妙用。我儕有志，自能造及，此非妄也，志則如是。

古仙有言：「學仙須得學天仙，惟有金丹最的端。」故志不可不自立也。煉此髓海，其訣惟何？上與天通而下澈地局，四維四正無際無邊，氣象湛如寂如，不有山川城郭，惟存有赤灑灑黃金世界、明晃晃皓月當空，此為入手之秘。凡現有種種瑤台瓊室、十洲三島亦不視之（此即上德無為、有而不有之秘訣也），鐵圍無間、刀山劍樹、焰

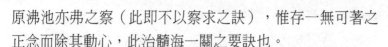

原沸池亦弗之察（此即不以察求之訣），惟存一無可著之正念而除其動心，此治髓海一關之要訣也。

若夫谷海之關。其煉法：惟有以手摩腹，助我陽氣，以消以化。故古之人，每於食後先以一手自中脘摩至腹，徐行約百步；又以手在腹際如磨鏡然，自內而外循環而行，約行三百步；其間左手如乏，易以右手，繼則靜審其氣機得以通泰乃止。嗣如得閒而坐，則接行冥心閉目存神絳宮一法，則中宮穀氣便可化血而達腎。兼行此功者，萬無津液化痰之弊，亦無液化陰精之虞。雖似有為之功而實無為之一助（此即下德有為、其用不休之一法也），慎毋以其小作而忽諸，此正我師預治陰精之秘道也。行亦簡易甚者。

問曰：某聞之，玄關不開，聖胎不結，乳哺失宜，聖嬰內疾，脫遷不道，真人夭卒。某以此懼，願垂訓示，若某也，玄關可幸開乎？聖胎可幸結乎？

答曰：君誤矣，抑君之自道乎？君之玄關已於前夜洞開矣。——「下部云云」，時正君開關已後之明驗焉。至夫胎結與否，須自問者：君可遍體通暢否？亦有氤氳氣象否？得夫物我兩忘否。（此皆至要之功夫，勤乃得）

——曰：均已遇時有矣。（得常有為妙）

——曰：得夫萬籟皆空、一靈獨露境界否？

——曰：此均試有焉，而未之得久為恨。（如得之久，其去結胎也近矣。）

——曰：君之坤腹，有何證驗？

——曰：每於坐時，覺有真炁縷縷自心而下；未幾，覺似自內豁然洞開，其大無外、其小無內，覺有種種真炁氤氳內注，且覺此中無底，惟覺此中溫然；又若有火、又

若無火，而自有一種暖炁，悠悠揚揚，自下部騰騰然四周而升：第覺向後直上，濃然達背、達巔頂；又覺烘然下面下喉際，適至絳闕，忽覺化為涼液滴下；既過心坎，又忽化如熱湯奔下，滿腹火熱，頗覺周身通暢焉。

——曰：洵如是，其去結胎也不遠矣。

又曰：君須悟夫天仙結胎不同世所傳聞。君須熟揣《修仙辯惑論》，如何煉，如何結，如何採取，如何火候，如何堤防，如何溫養，如何沐浴，如何運用，如何降伏，如何移神換鼎脫胎了當——一論之中均備述焉。其最要訣，在念中無念，如雞抱卵，與夫端坐習定為採取，斷續不專為堤防，行止坐臥為火候。

又曰：勤而不遇，必遇至人，遇而不勤，終為下鬼。此四句君當時時自省為要。

問曰：《修仙辯惑論》外，當看何書？

答曰：《鶴林問道篇》、《玄關顯秘論》、《性命說》、外則《金華宗旨》、《仙佛合宗》、《天仙正理》、《燃犀篇》，推而上之《參同契》、《悟真篇》，大而化之《白注道德經》、《金剛》、《楞嚴》、《圓覺》等經，噫！白祖有言曰：「一言半句便通玄，何用丹書千萬篇。人若不為形所累。眼前即是大羅天。」

第三章

吳雲青弟子們人寫吳老

第一節　世界著名內丹高師
　　　　　吳雲青養生秘錄

　　本文原載 1992 年 5 月 10 日《科學晚報》、中國《老年報》、《益壽文摘》等報刊相繼轉載。

　　　世界著名老壽星吳雲青養生之道實錄
　　　當代老壽星吳雲青入室弟子
　　　中國作家協會河南分會會員：蘇華仁

一、老壽星吳雲青概況及本文緣起

　　當代世界著名老壽星吳雲青，原籍中國河南人氏，少年曾學儒，而後在河南王屋山、中嶽嵩山、北京長生觀、陝西華山等地學道修道，而後隨緣佛道雙修，為陝北青化寺長老多年；晚年回到河南，因勢歸隱《周易》發源地古都安陽，潛居抱道。其心地慈悲、生活簡樸，志趣脫俗，

崇道重佛。

其貌：身高五尺，鶴骨鬆身，紫柏色的面龐方而略圓，碧藍色的雙目炯炯有神光，一頭閃亮的銀髮似瀑布直瀉於背部縈繞至腰間……他行動剛健敏捷，舉止超凡脫俗，風神迥異，恰似返樸歸真的孩提；談吐間氣出自丹田，聲氣回蕩，悠然之通乎天籟，語中中國傳統文化底蘊甚厚實，非儒即道則佛，熔三教於一爐，頗具軒昂仙道氣概，令常人一見而有老仙翁飄然至凡間之感。修煉之士一望便知：吳老乃中華數千年間萬卷古籍丹書中所記載描述的那些習煉丹道已成、而至天人合一之真人高士。

1980年夏、秋之際：《人民日報》9月10日4版、《新體育》雜誌7月號、《長壽》雜誌第一輯等海內外多家報刊先後報導了吳雲青老人概況並轉發了新華社訊：「吳雲青生於清道光戊戌18年（即西元1838年）臘月，原為青化寺長老、現為人民公社社員，他雖然經歷了142個春秋，但仍精神矍鑠、步履穩健。」

筆者生於《周易》發源地古都安陽，自幼酷愛中國歷史和中國傳統養生文化，仰慕中華古聖哲和高道高僧功德圓滿而超凡入聖之舉。16歲時有幸拜安陽三教寺法師李嵐峰（其道號上書、法名性昆）為師習武藝兼學文史，其間李嵐峰師父看我勞累過度身患嚴重心臟病和嚴重腦神經衰弱，身心日見衰危，遂大發慈悲，按古道規秘授我中國道家養生長壽內丹道功上乘功法還精補腦，使我身心短時間回春。屆時得知我中華丹道養生功效真實神奇。

此後，我於1980年8月間得閱《新體育》雜誌7月號所載張純本、劉仙洲二記者風塵僕僕在陝北採訪撰寫之《訪142歲老人吳雲青》一文時，觀文旁所附吳雲青老人

年逾百歲鶴髮童顏照片，頓悟吳老乃當代之內丹道功高師，結緣吳老乃百載難逢之機。遂排除種種困難，毅然隻身離家數千里，於1980年10月18日叩首吳老門下，雙手敬呈吳老一對聯曰：「習習道風暖玉宇，燦燦慧劍奪造化」。

其時，蒙吳老厚愛收我為入室弟子，賜內丹道功字派號蘇德仙，並決計逐步將千古帝王都望洋興嘆之中國道家九轉還陽先天金丹大道秘功（古稱：黃帝、老子內丹道功，今通稱中國道家養生長壽內丹功）口傳於我。吳老其時先傳我一步「百日築基」功法，並特允我與其「五同（同桌吃飯、同炕住宿、同田勞動、同場練功、同行遊歷）」，生活多日。其間，我們師徒二人還特意去延安合影留念於延安寶塔山下。別時吳老則特約我「百日築基」功練成之後再晤之。

1981年春節，我習練「百日築基」功自身確感切實功效後，遂又離別家鄉，拜謁於吳雲青老人門下，吳老親驗我「百日築基」功練成之後，遂大發慈悲，將中國道家養生長壽內丹道功全法全訣口傳於我，又允許我與其「五同」生活多日後方依依惜別。別時吳老一者贈我金玉良言為「積德行功、不問前程」，二者贈我一張他老人家的照片並親筆在其照片背後題曰：「何人知世有真經，超生了死見無生。」與吳老別後的漫漫日子裡，我與吳老見面雖不易，然卻時傳鴻雁向吳雲青老人請教內丹道功。

1987年春節前夕，我習練內丹道功即將進入九載，遂再度離家數千里，拜謁吳雲青老人門下，學習和深造與印證內丹道功九品之功效；吳老再度允我與其「五同」生活多日，方依依惜別，別後不僅仍舊時傳鴻雁，其間吳老還

親筆題寫「丹」「道」「壽」三個筆法古樸蒼勁，內含飄逸丹風之墨寶贈我。

1992年夏初之際，我應邀去中國南方講學歸家，遂去信問候吳老健康，數日後即捧讀吳老回信，告之我其身心甚健，我捧讀信後欣慰異常，非言詞可表。隨即又奔赴吳老門下，一邊細細向吳雲青老人求教丹道，一邊報答師恩。

當今世界：世界著名的西方現代大科學家愛因斯坦，萊布尼茲、玻爾·李約瑟、牛滿江等人用現代高科技技術研究發現，東方古代科學有令他們不可思議的重大科學價值，故爾，世界科技進入西方實驗科學加東方古代科學進行綜合研究時代，有人稱東方古代科學為東方神秘主義（其內容主要指中國古代科學中的周易、《老子道德經》、內丹道功、中醫和中國道家文化、佛家文化與印度瑜伽等等），這是人類科技發展的新潮流，為讓海內外士人和人體生命科學研究者瞭解到中國道家養生長壽內丹功真機，以便全方位地科學研究、造福世人；我看到一九八零年至今：《人民日報》、《中國本育報》、《中國人體科學報》、《長壽》、《延安文學》等報刊所刊載。

關於吳老之文，大多為吳老生活概貌，而於吳老平生所傳承秘練多年的中國道家養生長壽內丹道功及其生活方式實況，尚缺乏瞭解與披露，所以我不顧德薄才淺，將我與吳老相識相處多年親眼所見所聞、親身感受吳老練功與生活方式之實況錄出，這也是為了讓世人知道：我中華民族神聖祖先：黃帝、老子等古之大聖哲「依乎天理」、「道法自然」規律和人體生理所開創的生命科學精華：中國傳統道家先天養生長壽內丹道功，當今尚有傳人，而且

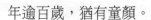
年逾百歲，猶有童顏。

同時也讓世人從吳老因習練內丹道功功成而致年逾百歲猶童顏之實例中，得知中國傳統道家養生長壽內丹術養生長壽功效真實而神奇，同時，還可使海內外善士從吳老所習煉中國傳統養生長壽內丹道功中吸取精華和經驗，以便使天下善良人均心身健康，長壽延年。

四者使海內外傾心習練內丹道功者有實實在在的依據，以免龍蛇混雜、魚目混珠，被貌似中國傳統養生長壽之道，實乃是偽劣功法所欺騙。

二、老壽星吳雲青年齡之謎

古來中國道家及內丹道功修煉之士的處世準則是「依乎天理」、「道法自然」、「功成自退」、「修真為本」；加之其古道規為：「道不言壽」。故古來大凡內丹道功修煉者的壽齡均是個難解之謎。因此，就連治史嚴謹、飲譽古今的司馬遷在黃帝、老子壽齡問題上，也只好採其眾說，秉筆在《史記‧五帝本紀》詳述黃帝平生豐功偉績，後代史學家皇甫謐據司馬遷所述，考證黃帝壽齡為「110歲」，而司馬遷在《史記‧封禪篇》又述黃帝壽齡為「380歲」。司馬遷在《史記‧老莊申韓列傳》中採用老子壽齡有三種之說，他秉筆而書：蓋老子百有六十餘歲，或言二百餘歲……而不知所終……

作為黃帝、老子內丹道功傳人吳雲青老人壽齡，自然而然地便也是個難解之謎。我與吳老朝夕相處在一起，深感他心地確淡泊名利與俗事，除去必要的生活、休息之外，他日日夜夜、整個身心都撲在習練內丹道功上，他除（子、午、卯、酉）四大時辰精心習練內丹道功外，其他

時間也擠出來點滴時間來習練內丹道功：在田間幹農活休息時，別人坐下來談天說地休息，他則依鋤俯首默默練功，即便是從井中挑水排隊之際他也用立式在那裡練內丹道功，即便是與人談吐一問一答間，他均潛心將體內精氣神合一，呼吸於玄關與丹田之間，確確實實做到了行、立、坐、臥與功化而為一之境界。當地功外人不瞭解此中奧妙，逢到外鄉人問起吳老來，他們每每津津樂道地講：「吳老是個好老漢，只是有個愛瞌睡的毛病。」

吳老一心練內丹道功，並且嚴格遵守內丹道功之種種古訓，其中對於千百年來「道不言壽」之古訓恪守尤嚴。我與他在一起，從來未見他談到自己的壽齡，更不炫耀自己是百歲壽星，平時，別人問他年齡，他均含笑不語，如逢人追問之，他則隨口答道：「我老了，記不清了。」遇逢那些緊追不捨者，吳老則幽默地講：「您看我有多少歲就有多少歲。」他有時詼諧地說：「40多歲了。」如此而已，不一而足。當地眾多父老少壯時，便見吳老鶴髮童顏，道貌岸然。時間長了，大夥便於閒暇之際，偶或湊在一起，估算起吳老的壽齡來，大多數人估計吳老壽齡自然該是100多歲了。至於100多多少歲，則各自估算不一，或曰120～130歲或曰150～160歲。

1980年初，《新體育》雜誌記者張純本、劉仙洲經過實地訪問多位老者，採吳老壽齡為142歲之說。寫就《訪142歲老人吳雲青》一文，先後發表於《人民日報》、《新體育》雜誌。中國《體育報》，此後《長壽》雜誌及後來之《科學晚報》、《中國人體科學報》、《老人天地》、《大河報》等報刊介紹吳老時均採此說。

其間，也有人對吳老壽高142歲表示疑問，認為人活

140多歲不可能，他們認為吳老當時年齡只有八十多歲。為此，筆者本著實事求是態度，於1981年春、夏之交，在陝北走訪了不少與吳老關係甚密的老者。他們告訴我，少壯時，他們便看到吳老就幾乎是現在「鶴髮童顏、貌似仙翁」這個樣子。隨後，我又親赴吳老河南故鄉（位於河南省中部的滎陽）深入實地訪問當地老者多人，惜由於年代久遠，當地鄉親們也眾說紛紜。因此，關於吳老的壽齡也只好留待後日有機遇再進一步考察了。好在滄桑潛移，歲月日增，轉眼已是十多個春秋，時至今日吳老尚健在。願吳老這位捨掉平生「天倫之樂」，獻身於中國傳統養生長壽內丹道功事業的真人高士，壽比南山，福如東海。

三、老壽星吳雲青成功之路

我與吳老自1980年相識至今已有十幾個春秋過去，其間在學功之閑，時斷時續地聽吳老講其經歷片斷，今連綴整理如下：吳老於清朝道光年間生於河南中部滎陽高山鄉餘頂村吳家溝的一貧苦農民家庭，祖父是當地一位德高望重的教書先生。父母親均是老實的農民，全家生活雖困頓，但卻崇道信佛敬儒。

吳老生來天性脫俗，自幼隨祖父識字讀儒家孔子的《四書五經》，年長些他一則喜讀道典、佛經、儒書、一則隨父親幹各種農活，由於家中生活艱難，少年吳雲青便常常隨父親離鄉背井到外地給別人做長工，曾先後到過河南洛陽、鄭州和山西長治一帶，爾後他自己則單獨出外謀生，曾先後到過許昌、開封等地打工。

出外打工，使少年吳雲青較早瞭解到世態炎涼，世事滄桑無常，故也較早參透世事，少年吳雲青遂立志效法中

華聖祖黃帝、老子和佛祖如來、觀音，修成大道，得大自由，爾後度人度己，造福人天。

於是少年吳雲青至18歲便出家雲遊天下，拜當世真正得道明師學道，而後在太行山、王屋山、中嶽嵩山、西嶽華山中拜得高師學得大道。吳老講：他當時修煉的功法是源於伏羲與黃帝、老子的中國道家內丹道功。同時隨師父習煉道家武術：太極拳、太極劍和少林武術與學習易經八卦，同時學習佛門參禪真諦與中國文哲史。

人類數千年大量歷史表明：中國傳統道家養生長壽內丹道功其功效確實能卻病強身，養生長壽，天人合一；故古來世人上至帝王將相，下至士農工商，莫不仰慕內丹道功，古語道：「朗朗乾坤，獨尊內丹」。吳老常常深有感觸地給人們講：「為人在世最難得的是學到古來不立文字，惟靠代代名師言傳口授的內丹道功的全法全訣。」「他少年入道，歷經二十餘年至四十多歲時方學得內丹道功全法全訣。」習煉九載，遂感大成，整個身心確有脫胎換骨，返樸舊嬰、天人合一實效。吳老至四十多歲時，為進一步提高自己的功理功法，決定再雲遊天下，再訪名師。此後漫長歲月裡，吳老遊學了萬里神州，不少名山大川。結識了不少逸人高士，高僧高道，學到了不少高層次秘功，同時，他選中了神州五嶽之一，世稱「天下第一險山」的道家仙山——華山作為自己終生修道之地，於是吳老便身入華山道士之列，潛心修煉起內丹道功來。

據吳老回憶：他當時本來決定隱居在華山終生不動，可是當他在華山修煉內丹道功許久以後，忽於一日夜半子時，起身打坐練功之際，在功態中眼前忽閃出一條明晃晃直通西北的大道來，吳老是習煉內丹道功和學習易經八卦

有素者，自然頓悟自己修煉內丹道功的功成之地應當在乾位，因按《周易》後天八卦方位，九州之中，陝北位在西北方向屬乾位，吳老遂於次日清晨，辭別華山眾道友直奔西北而去。

其間曉行夜宿，歷經風風雨雨至陝北，他便在陝北一帶山間古洞和庵觀寺廟之中潛心修煉內丹道功多年；忽一日，吳老雲遊至陝北青化砭青化寺，但見這裡山不高而古幽，水不深而清澈，青化寺是全國少見的佛道雙修古剎：寺內大殿供奉佛祖如來，同時供奉道祖老子、寺內偏殿供奉老子的母親九天聖母。加之青化寺之「青」字與他名字吳雲青之「青」字暗合，而青化寺歷史悠久，據吳老講：該寺興起於唐代、唐太宗李世民曾為該寺題過匾。

更主要的是吳老在這裡練功功力進展甚快，於是吳老當日便身入眾僧之列，於青化寺內精心一邊煉內丹道功一邊參禪。光陰似箭一晃又是幾多春秋過去。其間，由於吳老功高德昭，被寺中眾人公推為長老。

時至本世紀五、六十年代，石油勘探工作者於青化寺旁發現油礦，於是廢寺建礦，又加局勢驟變，吳老便因勢歸隱，於青化寺後山上挖窯洞住下，一邊率眾弟子農耕自食其力，一邊潛居抱道。後來至二十世紀七、八十年代，時逢改革開放春風，當地眾鄉親便自己籌資復建了千年古剎青化寺，大夥又恭請吳老回青化寺任長老，此後的日子裡，吳老曾先後被請到延安太和山、山西北武當山、陝北佳縣白雲山、陝西扶風法門寺、山西大學，西安202研究所，或小住或講學。吳雲青老人晚年，回到故鄉河南，隱居在《周易》發源地古都安陽，與筆者蘇華仁和幾位貼身弟子生活在一起。

四、世界著名老壽星吳雲青的生活習慣

吳老平素遵循的生活原則是「日出而作，日落而息」；生活行為因循的是易理：「至人無己，終日乾乾，天人合一」的生活規律。

他平素早睡早起，早上起於東方日出之前的5點，晚上，睡覺於月上東山的9點，勤於勞作，克勤克儉，練功不輟，即便今日德高望重，年已百歲多，也依然是「依乎天理，順天而行」，其衣食住行詳況如下：

平生素食，嚴禁菸酒——吳老所吃飯菜與常人差不多，但他持素特嚴，不論是豬、羊、牛、馬肉還是雞、鴨、魚、肉蛋他一點不沾邊，確是全真。

他平素在家吃素，外出辦事時，為了嚴避葷腥，他常自帶乾糧和水壺，以免食用曾經做過葷食的炊具做出的食物和燒開的水。近年來，隨著科學的發展，海內外不少高層次大科學家，醫學家，大文學家、大政治家、大宗教家經過實踐和研究發現素食可以減少許多疾病，有益於健康長壽，故今日環球素食者日益增多。

這裡，特別需要敬告各位的是：現代物理學之父，現代統一場理論的確立者，偉大的科學家愛因斯坦，他經過多年實踐和研究，而大力宣導全人類吃素，他精闢地指出：「我認為素食者的人生態度乃是出自極單純的生理上的平衡狀態，因此，對於人類的影響應是有所裨益的。」中國近代偉人國父孫中山先生極力提倡素食，他在《建國方略》中寫道：「夫素食為延年益壽之妙術，已為今日科學家、衛生家、生理學家、醫學家所共認矣，而中國人之素食尤為適宜，惟豆腐一物，當與肉類同視。」

衣著樸素，不尚浮華——吳老穿戴與常人無異，只是簡樸得很，衣服甚少，不過有幾身替換身的衣服而已。穿的衣服顏色非藍、黑即白色，只不過夏是單衣，春秋夾衣，冬天棉裝罷了，吳老也有幾件新一點兒的衣服，平素捨不得穿。只在敬拜黃帝、老子、佛祖如來、觀音菩薩時穿。

住處潔淨，陳設簡樸——吳老住處乾淨整潔，簡樸，室內除了生活必需品和學習，工作用必需品外，別無長物，就連起碼的傢俱桌，椅，床、櫃也沒有一件，吳老常說：「為人應注視體內的三寶「精、氣、神」，而不應為身外之物「金銀財寶」和「酒色財氣」「功名利祿」所累。

吳老常住在陝北一孔普通的依山而挖的土窟洞裡，窯洞坐北朝南，坐落在半山腰間。洞內長，寬，高各5－6公尺左右，內裡用松木板隔了兩層，下層高3公尺，放一應傢俱家什：上層高約3公尺，為吳老臥室兼練功室，在東牆地板上南北方向打一地鋪，上放吳老簡樸的被褥，南邊牆上供奉一觀音菩薩像，下放一小香爐，像左右懸一副內含內丹道功功理功法，發人深省之對聯，上聯曰：「問大士緣何倒坐」，下聯曰：「恨凡夫不肯回頭」，北牆下供奉老子，如來，孔子等儒釋道三教之主像，像下放一小香爐，像左右也懸一副發人省醒之對聯，上聯曰：「何人知世有真經」，下聯曰：「超生了死見無生」，由於吳老時常在這裡練功，焚香誦經，故屋裡道氣森森，檀香嫋嫋，沁人心脾。

當地老百姓傳說吳老整夜不睡惟獨坐，這種說法只對一半，我與吳老同炕而睡多日，他平素夜裡也睡覺，只是將先天之真氣呼吸於體內丹田與玄關之間，至夜半子時和清晨卯時，吳老則起身端坐潛心習煉內丹道功。如此忠行

百年而致身心康壽超凡，天人合一。

五、百年嚴格修行，鑄就超凡壽星

　　我與吳老在一起，目睹他形神脫俗體魄強健，心中敬佩，欲知其詳情，請先看一下1980年延安市人民醫院對他的體檢結果：身高1.59公尺，體重53公斤，脈搏72次／分，血壓140/80毫米水銀柱，視力1.2，辨色能力正常，聽力5公尺，發育情況良好，皮膚彈性好，皮下脂肪少，肌肉豐滿，神經精神狀態與知覺運動良好，對答問題，表情自如，呼吸循環及腹腔無異常現象。

　　我與吳老在一起時，時時感受到他身體強健動作剛勁有力，即使幹刈草，擔水上山等重體力活也可與青年後生比肩；我每每凝視著吳老飄然若仙的風神氣度，鶴髮童顏的體魄，心內深感我中華民族神聖祖先黃帝、老子為我們留傳下來的內丹道功養生長壽功效真實不虛，同時也深為吳老平生追求大道，矢志不渝的精神所感動。

　　吳老不僅身體健康，而且耐熱耐寒的能力特強，三伏之天，我從未見吳老大汗淋漓。陝北的數九寒天，天氣奇冷，吳老從沒戴帽子，更令人驚奇處，他常赤足往返戶內外，踏雪行走於漫天皆白之地，我曾細心地觀察過他的頭部耳梢，足部腳掌，竟無一絲凍跡。

　　1990年我往北京白雲觀探訪觀內同道師友，偶與中國道家龍門派內丹二十二代傳人，北武當山的車至先道長相識，閒談之際，他忽然談起，數年前的數九寒天，一日大雪紛飛，忽見一鶴髮童顏的老修行者，赤腳踏雪到他常住的北武當山雲遊，他目睹此境，頓感神奇，隨上前輯手探問：「老修行，您為何腳不穿鞋，難道您不冷嗎？」

那位老修行者幽默地回答他道：「你的臉為何不穿衣服？」

我聞他如此一說，因我與吳老常在一起，對於他赤足踏雪而行和幽默地語言特色，甚熟悉，故當即心想此位老修者乃吳老無疑，隨脫口而問道：「這位老修行者莫非是我師父吳雲青乎？」車至先道長聞言大驚：「不錯，他是吳雲青老人，您是他的弟子？」

我當下將我與吳老關係的來龍去脈告之車至先道長，他聽後，對我倍加親切；隨後，我們兩人同時對吳老傳承習煉之中國傳統道家養生長壽內丹道功真實而神奇功效讚歎不已。

六、吳雲青養生長壽之道核心是習煉道家內丹

中國傳統道家養生長壽內丹道功其功理主要見於《伏羲先天八卦》、《黃帝陰符經》、《老子道德經》、《周易參同契》，而其具體下手練功秘訣，緣於古來明師，只口傳於善人賢士，不傳庸夫奸者，故自中華民族神聖祖先軒轅黃帝赴崆峒山拜師於廣成子為師始而至今，五千年來均由歷代丹道高師用口傳方式秘傳而不立文字，故稱口訣。

古來素有「假傳萬卷書，真傳一句話」，「性功靠自悟，命功靠師傳」「道不傳六耳」之謂。由於歷史久遠，世道滄桑，至今難免龍蛇混雜，高低相參，何為龍？何為蛇？何為高？何為低？鑒別之法極易，凡真正習煉內丹道功成為名師，均真正德高功真，年逾百歲猶童顏，試看中華諸史籍所載：伏羲，黃帝，老子均功德圓滿，駐世百年有餘，老子二百餘歲而不知所終，張道陵闡道行世至123歲始辭世，漢鐘離，呂洞賓年逾百歲而身輕遠遊，藥王孫

思邈 142 耳聰目明，唐太宗見之歎為觀止；華山陳搏老祖享年 118 歲。陳搏老祖的徒孫，中國太極拳創始人張三豐，現代有關專家考證其壽高二百餘歲。觀吳老時至今日飲譽四方，年逾百歲猶童顏，足見其德高功真，其為當代內丹道功正宗傳人自當無疑，其養生長壽之道科學價值自然而然萬分珍貴。

吳老傳承中國道家養生長壽內丹功真機綱要如下：

一品練己，性如灰，心掃雜念

二品築基，至善地，固往本源

三品按爐，採大藥，文烹武練

四品結丹，在枑樹，兩大中懸

五品還丹，過崑崙，降落會晏

六品溫養，玉靈胚，也得三千

七品脫胎，鬚眉頂，嬰兒出現

八品懸珠，並六道，妙哉難言

九品還虛，九載功，丹成九轉

第二節　吳雲青養生歌訣

一

一代壽星吳雲青，百歲童顏世人敬，

坐化古都安陽城，不朽真身留蒼穹。

二

吳老養生世人贊，根在中華數千年，

傳統科學重經驗，寫成歌訣敘真傳。

三

生活習慣法自然，早睡早起壽而健，
行善吃素袪百病，現代科學也驗證。

四

勤勞樸素平常心，安貧樂道逍遙遊，
一顆童心樂萬物，兩袖清風度春秋。

五

志效黃帝和老子，煉成道家內丹功，
煉精化氣氣化神，還精補腦體歸嬰。

六

佛道雙修兼百家，學習易經和八卦，
少林太極築基礎，丹成禪定壽無涯。

七

雲遊天下求眞理，師乎造化勤學習，
拜得名師為弟子，志誠通天得天機。

八

待人謙虛時和藹，從不與人爭長短，
心常清靜修大道，功成自然合人天。

　　吳雲青入室弟子蘇華仁寫於2001年春節，時在中國安
陽市機場南路蘭天社區中二排二號。

第三節　憶我敬愛的師父吳雲青

——入室弟子丁平正

引詩
仙人道士非有神
積精累氣以成眞

　　自古神仙道士為世人所仰慕，我每看武俠小說，常為仙風道骨的仙人俠客而感歎。茫茫人海，數十寒暑，浮游一生，如何才能安身立命？如何才能解脫身心？世間究竟有沒有長生不老之術？古語云：若要長生術，需問不死人。

　　我在青年時期常常為生命之學而探究，如何才能身心健康，體魄強健成就一生？當時我正在上中專，每當傍晚時分，我常在校園的後山上漫步，但見夕陽西下，層巒疊嶂，晚風習習，遊人如雲。世間的蒼涼與雄渾，美好與衰落，青翠的生機與沉淪的落日讓我遐想萬端。我很想瞭解一個人究竟如何去度過自己的一生。

　　當時正值電影《少林寺》流播全國，武術、氣功熱極一時。許多刊物書籍，我都喜愛拜讀。無論是《武林》、《武當》、《武魂》、《氣功》等我都特別喜愛。初涉武術，繼而知武術為大道之基，武術最高之境為大道之境。遂煉武術而兼研究道學。讀老子《道德經》，為老子高深正確的大道之學和長生久視之道而神往。讀南華真人莊周

所著《莊子》，為其縱橫捭闔之洋洋文言和其美妙深邃的
哲理故事而折腰；讀魏伯陽的《周易參同契》，即為其將
中國道家哲學，中國道家內丹養生之道和中國《周易》之
學三者參同為一而仰慕，同時又為其古奧隱晦難懂而大傷
腦筋。最後，我發現唯有實實在在的修大道方是高端的。
唯有修道，性命才能平衡地發展，健康才能有保證。

　　於是，我又探索到一個道理，學道必須尋找明師。雖
然當時社會上有許多師傅傳功授法，但是，我都以為不一
定是明師。因為我當時認為明師難尋，明師一定要有道，
不一定很有名氣，愈有名氣不一定是難尋的明師。因此，
我除了一邊研讀道教理論外，一邊不斷尋訪和修習武術。

　　1989年元月的一天，我正在參加工作的一家餐館上
班，報上有篇文章引起了我的注意。那是一張《文萃》週
報，上面有一篇《壽仙高僧話氣功》。文章說青化寺高壽
高僧吳雲青生於1838年，深居山野之中，本不為世人所
知。1982年全國第三次人口普查，才把時年144歲的這位
全國壽星之冠發現出來。吳雲青少年出家，青菜淡飯清苦
過日子，百餘年未沾過葷，一生不沾菸酒。高僧腰背不
彎，濃髮垂腰，銀鬚飄拂。童顏鶴髮，目光炯然。尤其是
文章中述說吳雲青養生之道的秘方時的一段話，給我留下
了深刻的印象，至今我都能背誦其中要言。

　　吳雲青言，天有三寶日月星，地有三寶水火風，人有
三寶精氣神，善用三寶可長生。人體三寶，生命之泉。精
滿、氣壯、神全，則其壽必長。故養生之法雖多，而能使
人壽達百歲，以至數百歲者，當非道功不可。道功之道，
務必依法勤修，行住坐臥，心似泰山，不動不搖。行則措
足於坦途，住則凝神於太虛，坐則調丹之息，臥則守臍下

之珠,六根不出,七情不入,自然寒暑不侵,病魔遠離,生生不已,浩然長存!當今練氣之人每日僅練一二小時,且狗馬聲色之事亂其神,富貴榮辱之念繫其心,心無片刻寧,神無片刻安,加之色搖其精,菸酒毒其身,故欲修道者多如牛毛,而得道者卻如鳳毛麟角。

讀罷此文,沉思良久,初而歡欣,繼而苦惱。歡欣時,令我茅塞頓開,驚異世上果有高人,世壽達144歲,真個了不得。此人確實是一個隱者仙者道者。我慶倖自己終於尋覓到了一個明師。但苦惱的是,文章中並未載明青化寺是在何地。於是我連忙寫信給報社詢問。但報社之信,石沉大海,杳無音訊。但我並未灰心,仍細心查訪。終於有一天,我從浙江中醫學院主辦的《氣功》月刊雜誌上,讀到一篇文章也是報導吳雲青高僧如何如何神奇。我連忙又寫信詢問吳老地址。蒼天不負有心人,最後該文作者不但回信告訴了我吳老的準確地址,而且還給我寄來了鍾離權、呂洞賓所著的《靈寶畢法》一書。我喜出望外,連忙給吳老寫信。

當時,我尋思吳老年已144歲,恐其眼視力不好,故將字寫得如鬥大,誠懇地祝吳老健康長壽,並詢問如何修道,什麼是二六時中,不動不搖等道法。信發出之後,我又擔心吳老不一定回信。因作者回信給我時,曾告訴我,吳老已潛居修道,不收任何徒弟,也不再過問世事。然而,世上許多事是難以想像的。

作者未得到吳老指授,而我一個素與吳老未謀面的年輕人,竟然得到吳老的厚愛,兩個星期後,吳老親筆回信給我,並寄我一首歌。令人驚訝的是,吳老非但眼力甚好,並且字跡遒勁,力透紙背,浩氣畢現。我記得信中說

道「先天大道發千層，不如三期道發明。金母木公撐法船，普度緣人登彼岸」等語。雖不甚解，但可供我研究。繼而，我又回信給吳老，向其問法請安。其間多有書信往來，雖未謀面，但我心與他老人家已自然相通。通過吳老信中指授，我學道之心日益堅固，學道之情，油然奮進。

3年後，1992年10月1日，我終於抽出機會，去延安青化砭拜師求道。記得當時，秋高氣爽，高原地貌迥異內地。我坐火車，從衡陽出發，經長沙、武漢、鄭州轉而西安。到西安後，又坐12個小時的汽車，至天黑時分才抵達延安青化砭。延安故土，鄉風淳樸，生活環境惡劣，水土貧瘠。

下車後，我拿著吳老給我的信，一路詢問。最後，問到一座山下的一家菸酒店的老闆。他非常熱情地回答我的詢問，並熱心地告訴我，吳老住在山上的窯洞裡。我一聽大喜，疲憊頓消。於是，趁著天色尚未完全黑下來，連忙上山。其實山並不是很高，轉眼爬過兩個小坡後，我看見兩個延安村民通用的窯洞。

到了窯洞前，我站在門口，靜了靜心，懷著忐忑不安而又急想見面的心情，問道：「請問，吳老是否住在這裡？」語音剛落，門就開了。從裡屋走出一個50左右的大姐來。大姐給我的印象是非常的淳樸、厚道、熱情，儘管不修邊幅，衣著隨便。大姐衝著我喊道：「快進屋，快進屋！」然而她並沒有帶我進她開門的屋裡，而是邊說邊領我到了隔壁間的另一個窯洞。她推開門朝屋裡喊道：「吳老！您快快看看，今日誰來了？平正來了。」

我正納悶，我都還沒有介紹自己，她怎麼知道我的名字了呢？就在我一邊納悶時候，大姐推開門請我進去。走

進裡屋，我瞧見屋裡陳設極其簡單，沒有桌椅，靠牆是一個土壇，地上是一些雜物，唯一的是靠窗邊有一個炕，炕上折疊著一床被子和幾件衣服。幾個背包之類的掛在牆上。房間雖然簡單，但很乾淨，除此之外，我感到特別的安心，充滿喜悅與靜諧，炕上背對門口坐著一位老者。布衣。白髮。我剛想開口，老者聞訊後，回轉身來。

我當時就被吳老的氣度驚呆了，吳老果然仙風道骨，好個如南極仙翁下凡。銀鬚飄胸，目光如電，面色紅潤，聲若洪鐘。吳老兩目炯炯然地看著我。我連忙作揖，說：「吳長老您好！吳長老，您好！」吳老雖不甚魁偉，但氣度若王，舉止沉穩安詳，神情自若。吳老淡淡地說了一句：「炕上坐。路上辛苦了。你來了，我們都很高興。」大姐非常高興地對我噓寒問暖，並說弄飯給我吃。大姐說：「她叫宋金蓮，妹妹叫宋銀蓮。名字都是30多年前吳老給起的。」

金蓮大姐特別提到，我來之前，吳老曾說起過。並且其他的人今天都在家，以前都雲遊在外，這樣齊聚集在一起非常難得，很不容易。你真是有緣分。

吳老基本上沒有多說話，又轉身過去打坐了。我吃過飯後，坐在吳老炕上，感到特別親切。吳老說，修道難啊，修道是上天宮的事。非大丈夫所能為！是開天闢地的大事。

晚上，吳老要我與他睡在一個炕上。吳老挺細心地給我蓋好被子。並把腳頭被子用一根小麻繩捆好。讓我睡的舒服。第二天一早，吳老就起床了。我吃早飯時，吳老坐在炕上。炕上放著一張桌子。桌上放著幾付碗筷。菜很簡單，一碗番茄湯，一碗白蘿蔔和一小碟芹菜，芹菜切得很

碎，拌有細鹽。吃飯時，有吳老和金蓮姐、銀蓮姐、杜世德等人。吳老吃飯前將手捧碗舉在頭頂上，默敬仙佛，然後再吃飯。吳老飯量很大，用大大碗公盛飯。吃飯時，基本不說話。我頭一次吃這樣的素飯，也很舒服。

吃完飯時，吳老關心地問：「飽了嗎？」我說：「吃飽了。」吳老遂不再言語。其實我由於身體不太好，飯量很少，吃完一碗飯就覺得吃飽了。吃完飯後。吳老就領著我往山上走。山上也沒什風景，可是吳老特別喜愛。山上只有幾棵不大的樹，一些灌木林。吳老上山時，我尊敬地要扶他。他卻笑著說：「不用。沒事。上山吧。」而且上山的步子有力，不緊不慢。吳老領著我爬過一道小山坡後，站在一棵樹下，環視起伏的群山和山下的村莊。

吳老指著山下說：這裡可都是寶貝呢！這地底下都是寶啊！我不清楚他是指地下的石油呢，還是別的什麼。我見吳老興致很高，於是，我禮貌地問：「吳老，您老人家收我作徒弟吧！」吳老笑了笑，並沒有答話。我又問了問。吳老說要忌口，忌口才行。所謂忌口，就是常年吃素。不論是豬、羊、牛、雞、鴨、魚等動物之類的肉蛋，一點也不能沾邊。

然後，他又說了一通話，因為他的河南話我聽不太明白，只知道他在說什麼什麼道啊，佛啊之類。最後，他回頭望著我說，這是道話，哎呀，我恍然大悟，這是吳老在傳道了，我還在傻裡傻氣的，一點都不敏感。我趕緊把我以前書上看到的一些神通問題提出了，問吳老。我問：「許多書上都記載練功能出神通，能穿牆過壁，有五眼六通，究竟有沒有呢？「吳老又笑了笑，」對我說：「先天大道最重要，一切東西最後都要歸在這先天大道裡頭。穿

牆過壁五眼六通那可是了不得的事。但也是先天大道之末。」

下山後，我又問吳老有多大年紀了，真有144歲了嗎？吳老沒有直接回答我，只是說年齡不記得了。並說道不言壽，佛不言姓。年年四十九。後來，我與金蓮姐交談中得知吳老在她很小時，她就知道吳老很老了，但樣子仍是如此。吳老早些年還喜歡睡冰冷的大石頭上。現在雖不睡石頭上，但我還是看到他睡的枕頭是塊大石頭。晚飯後，吳老和金蓮姐一起談佛論道。一板一言的唱道歌。因為沒有書但我還是聽懂了一些。後來金蓮姐拿來兩張白紙寫著幾段話。原來他們唱的是《真武祖師歎骷髏歌》歌詞大意是：

> 骷髏死，骷髏哭，淚流滿面，
> 眾骷髏，不住地，叫苦連天。
> 忙抬了，四塊板，骷髏殯殮。
> 請骷髏，念佛經，超度升天。
> 骷髏兒，宰豬羊，靈前祭奠，
> 造下罪，還是要，骷髏承擔。
> 勸世人，常吃齋，修德積福，
> 尋明師，得指點，大道修煉。
> 丹成了，天外天，不使銀錢，
> 赴蟠桃，成仙佛，快樂無邊。

奇怪的是，吳老並沒有收我為徒，也沒有傳什麼功夫給我。但我卻很高興。第三天，我因要上班，故不得不走了。吳老這時卻執意送我下山，別人勸他莫下山了，他不肯，也不願別人送我。吳老在前頭走我跟著他下山，到了山下的一個馬路邊等來往的班車。吳老這時拿著一瓶罐

頭,對我說,等上到火車上口渴了就把罐頭開了吃了。我說好好。吳老言罷,就坐在路邊的一塊青石板上了。眯著眼,合著手,便打坐。過了一會兒,汽車來了。吳老叮囑我多吃飯。

此次上車後,車走了好遠,我還看見吳老站在路邊的身影,心裡一陣的感動。至今回想,歷歷在目。回家在火車上,我閑著沒事,把橘子罐頭吃了。回家後,我發現自己的飯量不知怎麼的增大了許多,平時吃一小碗飯就飽了,而現在卻每餐要吃一大大碗公,吃完後還覺得餓。我母親當時非常高興,說,兒啊!你師父是仙家,是神仙呢。你這麼趕飯,太好了。從此,我的身體一天天強壯起來。

一九九三年,我利用春節假期再赴延安。吳老很高興。這次我請吳老收我為徒。吳老仍沒有答應。但吳老卻親自領我到了山上另一孔窯洞。這是一個小窯洞,乍看像個雜房,偏房。其時裡面是一個佛堂。桌上供奉著一尊佛像。牆上有佛道祖師畫像,點著兩盞油燈。牆上還有幾張彩條紙,紙上寫著許多警句,如克己復禮在修身,三歸五戒性圓明等。

由於吳老時常在佛堂焚香誦經,屋裡檀香飄逸,令人心曠神怡。吳老和金蓮姐帶我到洞裡點了點香,禮拜了佛、菩薩和老子等像後就唱了一首燒香經。經中唱道:每日燒香在仙佛前,三代父母早升天。千千諸佛生歡喜,萬萬神仙受香菸。香要燒,燈要點,點燈得道過金橋。過了金橋七百里,西方路上好修行,天羅神,地羅神,救苦救難觀世音。般若摩訶般若波羅蜜。吳老囑我燒香要念燒香經。

第三次,1994年4月,我再次寫信給吳老,請吳老收我為徒。吳老5月回信給我。信中言明:弟子成佛改邪歸

正，師父很是歡心，師父願將長生不老之道傳給弟子。信末還加蓋了吳老私印。此信我至今仍保管完好。見到此信後，我特別高興。遂於1995年春節再次去延安。這次吳老不但收我為徒，而且而給我取了一個道號：丁（定）成仙。

當時我記得是大年正月初一子時，吳老、金蓮師、銀蓮，三人異常高興又嚴肅，領我再次走進佛堂。面對仙佛像，吳老點燃香燭，口中念念有詞，禮拜諸仙佛，菩薩和道門先祖，每念一位祖師爺，吳老就領導跪拜一下，我記得跪拜得腳發酸，難受，但吳老卻照跪不停，我非常內疚，吳老這麼大年齡了，尚且能跪拜，而我年紀輕輕就不行了，真是無地自容。好不容易叩拜禮畢後，吳老最後在我的玄關竅上輕點了一下。然後對我說：不即不離，悟道在此，成道在此，了道在此。悟開這一竅，定能赴蟠桃。

我指著玄關竅問，玄關就是這裡嗎？吳老立即制止我說，不可隨意指點，不可洩露。然後，再講了一些請神念經，送經後，報三師。

自此，我進入道門，感慨萬分。

緊接著，吳老又傳了我手印和功法，因功法繁多，我一下記不住，想用筆記錄下來，吳老不允許。吳老說，世間難得的就是無字真經。唐僧取得就是無字真經。要強記在心。啊！多好的功夫！自古以來，口口相傳，今天我多麼有幸，能得此功。我非常感激吳老和金蓮、銀蓮、杜世德。若非前世的緣分，今日何能得道！

自得大道至今已有10多年了。吳老也已坐化，至今肉身存在中國河南省安陽市靈泉寺。許多遊客參觀瞻仰後，驚歎不已。而我自己非常的慚愧，業力太多，法緣太少，我曾在一篇短文中略述己過。紅塵事多，道業事少，成就

就更少。今日幸賴華仁兄獨撐吳老法脈，將大道傳播海內外，令無數有緣眾生得聞大法，造益四方，我慚愧不已！一切有為法，如夢亦如幻，如露亦如電，應作如是觀。正如師父曾對我說過，無極動靜有極現，有極動靜太極圓。我想，業障來時，欣然接受，不懼不怕，不拒不棄，循自然而自然，心不留痕，尚可以為道了。

師父曾說過，修道之事難啊，我以前尚不明白，現在我才知道一點。初修道時，道在心中；再修道時，道在眼前；真修道時，道在天邊。何時能真道在心啊！先天炁，後天氣，呼吸轉運三關，開九竅，通日月啊！願吳老加持於我，願金蓮師、銀蓮師加持於我，願華仁兄早證菩提，早證道果！

師曾說過，傳功非有形。現在看來，師以前有意無意中說的話都得到了一些驗證。如師說過，天地有壞我不壞。當時我不理解，現今他坐化了，肉身不也是永不壞了嗎？我後悔沒多向吳老請教。

記得吳老在河南安陽坐化前的晚上，我睡在廟上做了一個夢，夢中火光沖天，大廟被火吞滅。至今不知何意。幾天後，吳老坐化，脫殼飛升。

頂禮！創立宇宙天地人大道的中華聖祖黃帝、老子，頂禮！我敬愛的師父吳雲青老人！頂禮！尊敬的華仁道兄！

如實道來，未曾潤飾文句，亦未曾加擴內容章段，懇請華仁兄見諒！亦可參見我上次寫給您的短文作修改。

丁平正

2007 年 9 月 3 草於南岳山下

第四節　憶吳雲青師父二三事

——入室弟子丁成仙

　　吳雲青師父坐化成真於舉世聞名的《周易》發源地：中國古都安陽已有五年時間了，然師之音容笑貌時時在我腦海裡閃現……，懷念師父，愈感慚愧，學道多年，仍未登堂入室，至今還在門外徘徊，加之久染紅塵，酒色財氣，無時不有，積習難除，與道漸遠，離欲愈近，心地污濁，每思至此，冷汗浹背。故以今日之身而言昨日之事，談道論佛，恐損道門，實難啟齒。然蘇德仙師兄盛情相邀，卻之不恭；靜坐之時，恍惚夢師，因而不揣冒昧，提筆成此文，從實道來，略述一二，聊表寸心，不當之處，望德仙兄和海內外諸同道師友指正之。

　　1989 年 5 月，我偶遇機緣，得聞師之仙蹤。貿然通信，不期師重憫有加，厚愛高看，僅七天即回信與我。信中所言，聞所未聞，見師之字，筆力蒼勁，力透紙背，拳拳之心，無時不現。師言：大道發千層，三期道法明。普度緣人登彼岸，金母木公掌法船。

　　得見師信，得聞仙音妙語，我心喜難耐，遂於十月赴陝，親見吾師。其時，師正在洞中面壁定坐。聽見人聲，即從定起。待師轉臉看我時，哇！我驚異地發現，師父真個是仙風道骨！鶴髮銀鬚，飄拂胸前，頭戴道圈，紅光滿面，神采奕奕，精光四射，仿佛南極仙翁下凡，令我敬佩不已，至今難忘。師雙手合十，一句「無量天尊，阿彌陀

佛」聲繞玉宇。我忙不迭地，合掌頂禮，稱頌師安。

　　師道：機緣難得。此次你來，恰遇我等雲遊歸來，所有人等均在一起，莫非真是有緣。言畢，即不再言，重歸寂定。我見此狀，唯唯而退。繼而金蓮師、銀蓮師、杜世德師，與我寒暄。吃飯之時，師不言。

　　飯畢，師親領我上山，師上山之快，體力之健，令我嘆服。至山頂，師指群山河谷，言此地脈風水極佳，地下全是寶貝呢！初次見面後，師給我的印象極深，但又極平凡。待我回家時，師執意要親自送我下山。山下有一汽車停靠點。候車時，師坐在路邊青石上，沉默不語，待車來時，師忽言，你上車後將包裡的橘子罐頭吃完，一定要吃完。言畢，即舉手相別。車漸行漸遠，我仍見師之身影久久不去。回想至今，仍唏噓不已。坐車至西安，從西安坐火車返家，在火車上，我忽覺口渴，想起師言，即開罐吃橘。吃完橘子後，我也未再深究師言之意。然回家之後，我卻感到身體漸漸發生變化。先是飯量異常之大，每餐必大碗公，連我母親都覺奇異。繼而冬至單衣不冷，而以前棉衣過冬還覺得冷。究竟是什麼緣故，我至今也未能明白。但我非常清楚，這是我拜見師傅之後才發生的事情。

　　其後幾年，我均在師父洞中過年，師見我心誠，遂於正月初一子時，鄭重稟告天宮，列位仙真，收我為徒。師傳道授訣，指點玄關。言：「玄關之竅，有動有靜，悟開這一竅，定能赴蟠桃。」師指點玄竅後，不再加任何開示，僅要求我不即不離，自然徹悟。言：「知而不守是功夫，功夫來了，自然而然。有極動靜無極現，無極動靜太極圓。」

　　與師相處的日子裡，我覺得師性情天真淳樸。師常至

外撿些破食品袋，廢牙刷，甚至石頭之類。

有一次，師指著他撿來的一堆破爛，笑著對我說：「徒兒，你看，這些東西都有用啊，丟了可惜。」說罷，他又拿出一個柄上有個小駱駝的牙刷把，說：「你看，這個駱駝多好看！」言語之中，率真喜悅。

師經年不穿鞋子，赤足而行，即或寒冬，亦是如此。有一年冬，大雪紛飛，萬里寒風，雪漫千山，河水滔滔，師與我在山外行走，我關切地說：「師父，你赤足而行，莫不冷嗎？」師淡然一笑，「不冷，沒事。」稍停，師又朝我說道：「這就是功夫。」我知道，師從不炫耀功夫，更忌談神通。

記得有一次，我問師傅，世上果有五眼六通，穿牆過壁之神通否？師不置有否，僅言：「穿牆？那可是了不得的事囉。」即沉默不語。

師常勸人為善，戒葷食齋。師衣食儉樸，食則全素，衣則粗褐。住則窯洞，行則跣足蓬頭。常年以冰冷的鵝卵石做枕頭，師言如此睡覺舒服。師並不要求我多看道書佛經，唯言，要弄通口傳心授的「無字真經」。並言，唐僧取來的是有字真經，師所傳得是「無字真經」，萬兩黃金不賣道，十字街頭送緣人。

世上最難得的是無字真經。經中全講得先天內丹大道下手功夫。進而要我多看《黃帝陰符經》、《老子道德經》、《太上老君內丹經》、《周易參同契》、《張三豐全集》和《禮記》、《大學》。師熟讀道書佛經，言語之中非道則佛即儒，並能大段背誦中國儒釋道三教經典。

晚年，師還學習英語，朗讀單詞，令我驚訝欽佩不已。師每至高興之時，常背誦《老子常清靜經》或吟唱道

歌《八仙慶壽歌》、《西王母蟠桃樹歌》或《呂祖百字碑》。師食量甚大，食時，先舉碗過頭，頂禮敬祖，然後才進食，食不言。師大多時在定中，除去吃飯與散步，師將所有的時間幾乎都用在打坐上。師坐時，一下子即能入定。稍後，但見其身微微前傾，頭微低垂，紅光滿面，光透銀髮。

師言，學道修道是開天闢地的大事，是大丈夫的事。非有志者不能成。師曾舉其右手半截無名指，言其心志。師平生淡薄錢財名利，默然修道，默然而化，今留不朽肉身於中國《周易》發源地——古都安陽靈泉寺而傳世，正是其平生修成正果，功德圓滿的結果。

同時昭示我輩：吳雲青師父此生所修《黃帝陰符經》、《老子道德經》、《周易參同契》，蘊含中華聖祖黃帝、老子秘傳中國道家內丹養生修真之道乃宇宙間至寶，同時激勵我輩：「積德行功，不問前程。」一輩子以實修實煉黃帝、老子秘傳丹道為綱，同時兼修中國佛家與儒家養生之道，自然而然會修成天人合一正果……

因吳雲青師父傳承古之《八仙慶壽歌》，內寓《黃帝陰符經》《老子道德經》《周易參同契》蘊含中華聖祖黃帝、老子秘傳中國道家內丹養生之道天機，故今特載本文之後，以益海內外諸丹道同道：

一

好一座青山，好一座青山，
古樹林裡有一座茅庵，
上座上福祿壽呀，仙童兩邊站，
上座上福祿壽呀，仙童兩邊站。

二

春鳥視下旋，春鳥視下旋，
仙童梅鹿站立橋邊，
小白猿原來獻果呀，手捧仙桃鮮，
小白猿原來獻果呀，手捧仙桃鮮。

三

玉笛不住吹，玉笛不住吹，
曹國舅品簫聲微微，
後隨上柳仙童呀，仙酒懷中抱，
後隨上柳仙童呀，仙酒懷中抱。

四

玉鼓響丁當，玉鼓響丁當，
張果老騎驢忙下山崗，
後隨上鐵拐李呀，跑得汗流長，
後隨上鐵拐李呀，跑得汗流長。

五

往也往終南，往也往終南，
鍾離權、呂洞賓來下九霄，
後隨上藍采和呀，手把雲陽拍，
後隨上藍采和呀，手把雲陽拍。

六

韓湘子離終南，韓湘子離終南，
仙桃仙花降在花籃，

後隨上何仙姑呀，手捧仙花鮮，

後隨上何仙姑呀，手捧仙花鮮。

——弟子成仙敬寫於西元2003年9月24日時在衡山之陽

第五節　訪160歲長壽老人吳雲青

——訪延安市政協委員吳雲青老人

原載於《中國保健營養》雜誌1995年第6期
作者：易悟、易慧

一、安國寺奇遇

1994年6月，筆者與師古陽子遊山西離石安國寺，主持聖明和尚問道：「施主所修何法。」

古陽子：「佛、道、儒三家之法。」

聖明：「學佛為了了生死，修道、為儒只得人天福報，怎麼超脫生死，了卻生命？」

古陽子：「本是一根生，同為了證生死。初祖達摩曾留偈：三家法一般，莫做兩樣看，性命要雙修，乾坤不朽爛。怎知學佛是了生死，而道、儒不是了生死呢？」

聖明和尚大為驚訝，當下無言以對。於是話題一轉說：「十幾年前，我出家時，住北武當，曾遇一道人現今160餘歲。我拜為師修道一年多。後經五臺山和尚點化，

棄道從佛，以為唯佛了生死。住五臺山寺院十多年。聽師這麼一說，當年北武當人遇道所莫非真人住世？」

「何以見得呢？」古陽子道。

「聽我同拜於他門下的師兄講，有一夏日黃昏，師兄院外散步歸來，見師尊外出，上前向師父問候，師傅應了一聲自顧向前走去。他即入院內到師傅房間，見師父端坐屋內靜靜地打坐。才知師父是身外有身。」聖明和尚仔細地回憶師兄的故事。

「噢！」古陽子很驚奇地問：「老人家現在何處？」

「現住在延安市青化砭，我這有他老人家的照片。」聖明說罷，從他的居室箱中拿出珍藏的照片。嘿！只見一老人精神飽滿，銀須飄然，從裡到外透著一種仙風道骨的氣質。照片背面批註：尊師吳雲青。

「真乃當世之隱世奇人，」古陽子感歎道：「像吳雲青老人這樣的隱世高人，當今中國乃至世界也屬罕見。且不論他是否有『身外有身』的神通，單憑他老人家健康長壽住世一百六十餘年，就值得我們去拜訪學習。更何況他的現象對目前的保健長壽學具有十分遠大的意義。」當下，感謝聖明主持指點。

身外身，是修道之人高層次功能的一種表現形式。道家修煉的幾個步驟：煉精化氣、煉氣化神、煉神還虛、煉虛合道。身外身已達到煉神還虛的境界。如果此傳聞屬真，那麼道家修煉所證所論也即不假，這種現象對人體生命科學研究的意義十分重大。

佛教傳至中國，由初祖達摩傳至六祖慧能，六祖之後再無形神俱妙之人，道家自張三豐、黃元吉之後，也稀見成道行世之人，孔門儒學，因其心法已達最高境界，世人

只學皮毛而未悟真境者俱多，其法脈也未見傳世。

當今社會，養生熱洶湧而至起，大潮來至，未免泥沙俱下，大師、高師層出不窮，而真正達到離卻煩惱，成清淨之人者寥寥，且不論成佛之大智大慧果。往往稱其有「五眼」、「六神通」者，虛名俱多。陽神開竅，出些「透視」、「遙視」等功能竟敢稱「天眼通」，豈不知「漏盡不通，哪能有其他五通」。

像吳雲青老人這樣，若確已達到 160 歲高壽，且其長壽之法確是修行所得，對我們目前的保健營養學，人體生命科學以及養生學的指導意義是不言而喻的。因為這些學問首先要解決命的問題，無命何以言性命雙修？倘若再能從中驗證古之聖賢學佛修道的真經，則是人類之幸矣！

二、道不言壽，佛不言姓

1995 年 3 月 20 日，筆者隨師古陽子終於踏上去延安之路，自去年遊安國寺之後。老師古陽子入山修行半年有餘，今天坐上去延安的汽車，心情自不必說。一路談笑風生，過離石，經黃河軍渡。至綏德，於第二天一早轉車至延安青化砭。

當年。那場由彭德懷指揮的著名戰役就發生在這裡——青化砭。如今，已是一個繁華的小鎮，物豐人厚，體現了典型的陝北風光。街面店鋪林立，雖不如都市整齊，但也頗具現代化的氣息。鎮兩邊是不顯眼的黃土山丘，山坡上散落著幾十戶農家院路，顯得平淡無奇，難道這麼一位當代隱世老人就住在這裡？與我們想像中的山清水秀相去甚遠。

下了公共汽車，已是中午。從綏德到這兒四、五個小

時沒吃東西，我們三人就近到鎮上的「紅都飯店」去吃飯。店老闆是個二十多歲的小夥子，很熱情，招呼炒兩樣素菜。我們坐下便吃起來·他看見我們幾人吃素，感到好奇，便坐下與我們拉呱起來：

「敢問師傅們為什麼吃素？」

「習慣吧！」我們一邊吃一邊回答。

「我們這兒吳老也吃素食，他們村子還有幾個人跟他學，究竟是學佛還是學道，搞不清楚。」

一提起吳老，古陽子老師興奮的問道：

「是吳雲青老先生嗎？」

「是，我們這兒都稱他為吳老，說起來，這兒沒有不認識他的。」店老闆很自豪的樣子。

「請問老闆，吳老現在多大歲數？」筆者趕緊問道。

「說起吳老的歲數，誰也不清楚。聽我爺爺在世的時候說，他十幾歲的時候，吳老就是現在這個樣子。我爺爺八十多啦，去年不在了。他說吳老的牙齒換過兩茬，頭髮白了又黑，黑了又白，真是個奇人。」店老闆津津樂道、如數家珍般講起吳老的故事，「他每天同村民一道下地幹活。有一次幾個青年人與吳老一起去外村辦事，回來時翻山越嶺，吳老動作俐落，青年人竟趕不上他……」

我們急於見到吳老，就讓店老闆指了去他家的路，向後面土山坡上走去。

沿著崎嶇的羊腸小徑，步行半個多小時才爬到吳老的家門前。這是一個建在半山坡上的小村落，全村人大都居住在土窯洞裡。吳雲青老人的院內有三孔窯洞。院牆是用土坯砌起來的。院的四周栽有許多槐樹。門前用木棍子搭了一個棚子，下面用石板支著一個石床。旁邊有兩三個水

泥板支的方桌，只有門前這地方顯得與一般農家院子不同。

我們輕輕地推開院門，裡面走出一個大約60歲左右的農村婦女，雖是一個典型的陝北農婦，但看上去氣色很好。她聽說我們找吳老，便指了中間的窯洞說：「吳老在這兒，你們自己進去吧。」

古陽子老師輕輕掀起門口掛的布簾子，只見一個滿頭銀髮，鬍鬚很長的老人端坐在窯洞內高高支起的床上，一腿伸，一腿屈，那床支得已快接近窯頂，窯的前半部支了半個床高的木板架子，算是上高床的臺階。

古陽子老師輕聲問道：「是吳老吧，我們來看您啦。」

「太原的，進來吧，後邊還有嗎？都進來。」吳老招呼道。當時，我們很驚奇，他怎麼知道我們是從太原來的。當下，我們未敢多問，只是聽從他老人家的吩咐，爬到他高高的床上坐下。

吳老自然地散坐在床上兩眼不算大，但很有神，面上略帶笑容，微微隱含著一種慈祥、莊嚴、神秘和寬廣的氣度。兩頰棱角分明，額頭重重的皺紋，似乎在告訴人們歲月的久遠。銀白色的鬍鬚很光亮。上身穿一件很久沒有洗過的舊毛衣，下身穿一件青色的中式大寬檔褲子，光著一雙大腳，很自由自在的伸展在床上，老繭很厚，不知有多長時間沒有洗過。高床兩側牆壁，簡直亂了套，掛滿歷年市政府和村裡送的春節慰問年畫，床邊靠牆支著一張小桌，上面掛滿了各種玩意，有佛像、石頭、各種罐頭盒以及其他生活日常用品的小包裝。床跟前掛著菸盒、商標等小玩意。表現出一副零亂的童心裝飾。坐在這樣的奇持高床上。不由使我想起唐代的著名禪師——鳥巢禪師。只不

過後者住在樹上而吳老住在窰洞裡罷了。

簡略地寒喧之後。古陽子老師問道：

「請問吳老今年高壽？」

「四十五啦。」吳老說。

四十五！我們一愣，不相信自己的耳朵，又問了一次，他仍大聲回答說：「四十五啦。」我們還是不解。

這時，剛才接待我們的農婦從外面進來，她說：

「吳老說的四十五，就是大四十五，過了一百歲之後，老人不稱一百多少歲了。人家說四十五，已經十多年啦。」

「這是我的徒弟」吳老給我們介紹。

「你們大老遠來看吳老，吳老是養精養氣養神，顧性命，與咱們普通人不同。」農婦講話滔滔不絕，顯然經常接待一些來訪的人。

正說話間，窰洞門口又進來一個留著山羊鬍子，約七十左右的老人：

「道不言壽，佛不言姓。這是常識！道家不講自己多大歲數，佛家不談自己的姓，都姓釋。天有三寶日、月、星；人有三寶精、氣、神。保住你的寶，自然會長壽。」

看上去與一普通農村老漢無異的老人，竟講出這麼高深的語言，令我們非常吃驚。原來，這兩人是一對夫婦，都是吳老的徒弟，也一直供養吳老幾十年，日常生活在一起，難怪與常人不同，氣度果然不凡。

透過以上瞭解，我們推斷。吳老的實際年齡至少應在160歲以上。

後來，我們從《佛門神奇示現錄》一書中發現這樣一段記載吳雲青老先生的文字，現錄如下：

……最令人吃驚的是當今仍健在的延安市政協委員，

青化寺長老吳雲青法師，現年157歲，他一生吃素，粗茶淡飯，現在尚能挑80斤重的水桶爬坡，而且能背動一百多斤的石板，他的長壽秘訣是：清心寡慾和幾十年如一日地堅持練道家內丹功與佛家禪。

我們後面幾天的訪問，證實了《示現錄》的記載絕非虛言。

三、大隱於世，大智若愚

吳老與我們坐下說了幾句話，突然說：「我到街上去看看。」說完，很俐索地下了他的高架床，穿上一雙解放膠鞋，就往外走。

我們恐這麼大年齡的老人上下山不便，便跟著他老人家一塊去。下山的土路很窄，也很陡，我們急忙去攙扶他。他笑著說：「天天走這路，不用。」自己晃蕩看看，步子似乎是深一腳淺一腳，卻根基牢固，有點像打醉拳的意境，卻少了那分逼人的架勢和造作，非常自如。

這不由讓我想起道家經典《入藥境》中：「先天氣，後天氣，得之者，常似醉」的高功夫境界。意即，在你練功到「後天呼吸止，先天呼吸起」這種境界的時候，就會進入整日薰薰如醉、迷迷糊糊的狀態。這是一種自由的、無牽無掛的美妙狀態。

吳老一邊走，有很多人跟他打招呼，他似乎毫無表情，但又絕非麻木不仁地應付著。筆者問道：

「吳老，這麼多人問您，您認識他們嗎？」

「他們認識我，我不認識他們。」

「咱們去哪兒？」筆者又問。

「去哪兒，算哪兒，」吳老似乎很天真地笑笑，「我

就是這樣，整日虎虎馬馬的。」

　　一會兒轉到郵局，吳老問：「有我的信嗎？」回答：「沒有」。他二話不說，轉身就走。

　　過一條小河。筆者疑是延河，便問吳老，他回答：「不曉得」。然後又很認真地拉著旁邊一個賣菜的農民問：「這叫什麼河？」那農民竟然也不知道。他「嗯」了一聲，便又向前走了。

　　行到山腳，一青年自行車帶一袋肥料，在我們前面不遠處突然摔倒在地。吳老：「嗨！」地大喊一聲，聲若洪鐘，鏗鏘有力！底氣十足，由於筆者練功夫多年。他這一喊有一種從下丹田到全身的經脈都被震撼的感覺，可見吳老功力之深厚。由於吳老牙齒脫落只剩下幾顆，加上他的方言與古語，咬字不真，使我們初時以為是老人精力不濟，沒想到這一嗓子這麼洪亮，是我們普通的老年人甚至年輕人也難以達到的。

　　返回院中，吳老的徒弟已將晚飯做好。看上去很簡單：兩盤陝北農家的醃鹹菜、一小袋榨菜，主食是饅頭、紅薯絲撥爛子，還有一大碗蒸米飯。我們師徒三人與吳老師徒三人一起吃起了晚飯。

　　沒想到吳老的飯量也大的驚人：吃一大碗蒸米飯、一碗撥爛子和半個饅頭。吃飯時從容不迫，不緊不慢，既不招呼別人，也不管什麼俗禮，專心為自己吃飯。

　　看到吳老這種進餐方式，我不免與目前社會上的進餐方式進行比較，普通人每日上班，緊緊張張，吃飯三口併做兩口，飯在一種緊張狀態下吃進去，怎能消化良好？再加應酬酒席，吆三喝四，大魚大肉比試酒量，應酬別人，似乎在為別人吃飯，怎麼能達到輕鬆自如？

在這種不輕鬆的狀態下進食，吃下的食物難免不是你的負擔，久而久之，焉能不病？病後服藥，藥物刺激五臟，形成惡性循環。物質文明的極大發展，使人們忘記了自然，忘卻了輕鬆。因此，老子著《道德經》教導人們：「復歸於樸，復歸於嬰兒。」回歸到自然狀態中，你會感到是多麼的自由自在。

吳老的生活方式是自由的。

吳老的精神是沒有束縛的。

第二天上午，我們又來到吳老家裡。他剛洗完頭，準備用梳子梳頭，筆者趕忙說：「吳老，讓我給你梳吧。」

吳老嘿嘿一笑：「連頭都梳不了啦，還活個什麼勁。」笑容帶著神秘、寬厚和自由，使人感到一個老人的幽默與親切。他接著又說起了國策——計劃生育。他說：「學了我這道，國家就不用費那麼大勁，我這就全都給計畫了。」說完自己「哈哈哈」無拘無束地笑起來。

這時，他的弟子給我們介紹了吳老的簡略歷史：吳老祖籍河南鄭州西鄰的古城滎陽，十八歲時出家，先後遊歷了中國許多地方。八十多年前，到了陝西的榆林，又投一師學佛參道。現今供養他的男弟子今年72歲了，16歲時在榆林拜吳老為師，後吳老帶著他來到延安青化砭，在此，住了六十餘年了。「文革」期間有人批鬥吳老，揪鬍子，割長髮，吳老還是樂呵呵、慢悠悠，從未生過什麼氣，怨過什麼人，發過什麼牢騷。他一生獨身、素食、佛道雙修：修煉內丹道功為主，兼修禪打坐，忙裡偷閒顧性命，輕輕鬆鬆過一生。

聽到這，使我想起孔夫子的一句名言：不怨天，不尤人，知我者其天乎，意即我不怨天，不操別人的閒心，知

我的境界的恐怕只有老天了。這說起來容易，要做到卻非常難，難得尤如上青天。世上之人，稍不如意牢騷滿腹，生很大氣，發無名火，居功自傲，有幾人能達到這種達觀而「樂天知命」的高境界呢？這其實是一種大超脫，人開悟、大智大慧的時佛境。如今有許多人講練氣功、講修心，若真要修練到不怨天、不尤人，埋頭只省自己過，遇事先當自己錯，就是真的了不起啊。

四、道可道、非常道

中午，吃了一頓素餃子。吃飯是在吳老弟子那孔窯洞中的大土炕上，大家都圍一圈坐好。吳老突然一改迷糊的狀態，二目炯炯、泰然自若，氣度博大，使人精神為之一振，大有一種開壇講經的氣概，他說：「千里尋師傅，萬里訪口訣，現在像你們這樣真求道的人不多見了。」

他頓一下，又說：「什麼是佛？佛，不是泥塑的佛，不是紙上的佛，不是人們說的佛，不是你肉眼看到的佛……什麼是法？不是經書上的法，不是有做有作為的法……什麼是僧？不是住廟的僧，不是遊方的僧，不是掛單僧，不是吃齋僧，不是念佛僧……。」

吳老講這一段話幾乎是滔滔不絕，一氣講下來，聽起來很有韻味，簡直是一種享受。可惜我未能記全。

聽了吳老對佛法僧的解釋，使人豁然開朗。他巧妙地否定了一切偏見邪說。那麼什麼是道呢？老子曰：道可道，非常道。意即道這個東西，如果你能把它說清楚的話，那它就不是真正的道了。

《金剛經》云：一切有為法，如露亦如電。又說：若色身見佛，不得見如來。佛曰：不可說。一說就破！一句

妙語說出口。會心一笑悟千秋。千古修真皆一道，萬聖證果共一心。

吳老似乎找到一種共鳴，使他進入更美妙的狀態，他口若懸河，話語流暢，似乎在說，又似乎在唱：

> 其間寒暑苦煎熬，不覺童顏暗中失；
> 縱有兒孫滿堂前，卻成恩愛受牽連；
> 幾乎精竭身枯朽，誰能教君暫駐顏。
> 暫駐顏，將無計，不免將身歸逝水，
> 但看古今名利人，幾個能留身在世，
> 身在世，也有方，只爲世人沒度量。
> 天地共一竅，凡聖不同遊，
> 悟開這一竅，星轉斗柄移。

我們也經常「開竅」，其實開竅是指道家和佛家修煉時，開悟之後，明瞭這一竅，玄關一現，從此開了大智慧的意思。吳老繼續講到：要修我所繼承黃帝、老子、觀音等古仙佛開創的大道，必須先忌口。蔥、韭、蒜等葷腥都要戒。先從戒開始。道在悟，佛、道、儒三教聖人都有言，不可輕易只等閒。

吳老講到這，反覆念叨幾次：悟開這一竅，就是不得了。其實我們也明白。「不得了」是對普通而言的，而真正悟開這一竅」的吳老不但沒有「不得了」，反而平平淡淡了。以至於當地人都稱他為「憨老漢」。

憨老漢，非憨也。

五、奇異現象

吳老的奇異現象，幾乎是你不認真思考就難以發現的。

我們初到吳老家中，吳老的第一句話：太原的！他是怎

麼知道的？知道的這麼準確。筆者後來問及吳老：「您老有預測功能吧，您怎麼知道我們是太原來的呢？」他竟極其認真又很乾脆地說：「不知道，我不曉得。」奇異之一。

去青化砭的當天晚上，我們三個在招待所議論吳老，疑心他未得真訣，層次不高，無身外之身等等。第二天一早，去吳老窯洞裡，吳老第一句話平平淡淡地說：「訪師問道，要有誠意，沒有誠意，誰肯告知呢？丹經不是有：『誰若心與我心同，方敢傾懷向君說』嗎？我年紀大了，記不清是不是這樣說的！」

當時我們並未品出這活裡的分量，只以為是老人的一種絮叨，回過頭一想，心中咯噔一下，方知老人的話裡是有所指的！那麼，他是否具備了「他心通」，也即感知別人的思維呢？奇異之二。

第二天中午，我們幾個在外面給吳老照相，他老人家興致很高。當時易慧脖子掛一串念珠，吳老看見之後，開玩笑地說：「你這是老虎脖子掛念珠，假裝啥慈悲。」說完老人自己也高興地樂了。但妙就妙在易慧本人恰好就是屬虎的。過後再問他：「吳老，您知道他是屬虎的？」他又說：「不知道。」奇異之三。

我們向吳老提了許多問題，他大都給予了回答。但作為吳老這樣精通佛、道、儒各家經典的修煉家，應該對一般的名詞非常熟悉。可是當我們問及什麼是「身外身」、「陽火、陰符」、「金丹」等，他老人家卻搖頭，可答不知道，甚至說沒聽過。但他講的道歌的內容卻遠遠超出這些境界。是故作不知，隱而不發呢？還是認為時機未到，尚不說？或者根本就不知道？奇異之四。

去吳老家的當天傍晚，我們從吳老家回來，突然狂風

大作，黃土彌漫，可是走了十幾分鐘下到山底，風突然停了。停的連一絲風似乎都沒有了。當時，吳老也一直把我們送下來。第二天上午，我們準備走時，陪吳老去鎮子辦事。剛要返回又是一陣大風迎面而來。吳老講：「風這麼大，你們不走了吧。」可是回到吳老家門，風又戛然而止。真是奇之又奇。難道是吳老作法起的風，或者純屬一種偶然？奇異之五。

更奇的是，我們走時，吳老幾次告訴我們：「今天不好走，明天走吧。」我們執意要走，結果晚上從綏德坐車向太原出發，汽車剛過黃河軍渡，就下起鵝毛大雪，行至半夜，終於阻在呂梁山中。到第二天中午，只好步行三小時，翻山越嶺，通過堵塞了一夜的車隊長龍，才搭便車於傍晚回到太原。這難道又是一次偶然嗎？

訪問吳雲青老人只有短短的兩三天時間，但給我們的感觸是一生難忘的。

一個十九世紀四十年代出生，經歷了整個中國近現代史而仍然活著的人，難道不是我們的國寶嗎？他的存在本身就是中華民族文化寶庫的一部分。

我們應該在不影響他老人家修行的前提下，好好地研究他，總結他。應當會給我們的文化界、史學界、生命科學、保健學、養生等學術領域以及人類的健康長壽提出新的啟示和產生新的突破。

吳老的存在是一種偶然現象（包括他的種種奇異現象），「正因為他是偶然的，所以他是必然的」（恩格斯語），人類正是因為能從以往偶然的現象中找出必然，才推動了人類歷史發展的進程。今天，我們仍然要從這些偶然的現象中，找到人類生存的必然性。

第六節　吳雲青老人乃道家和佛門的肉身菩薩

　　諸位善男子、善女人；

　　頂禮！歷劫以來仙道師尊！

　　頂禮！萬劫以來諸佛菩薩！

　　頂禮！一切發願成佛成道之有情眾生！

　　善男子、善女人，汝今能睹見吳雲青老人家不朽真身，實為汝等歷劫以來與仙有緣、與佛有因，慧根所報！汝今三生有幸、三世有幸！吳老者，世所稱之也，而吳老之實意者，無老也。誠如吳老在世所言：「超生了死見無生也。」君不見：古往今來修道者多如牛毛，而得道成道者卻如鳳毛麟角；得道而留真身駐世者則更為罕見。君今不辭萬里，不畏艱辛，慕道而來，豈非與佛有因與道有緣與吳老有歷劫以來之因緣乎？

　　吳老肉身，實為不朽真身舍利。為吳老歷劫以來修煉佛道所得之佛果。佛經云：「……舍利者，乃戒定慧所薰修者也……」道經云：「開天闢地育仙才，同天同地同三才，天地有壞他不壞，無生無滅不轉來。」

　　證諸仙書佛經，舍利甚為難得，得全身舍利則更為難得。如古之六祖惠能肉身至今不壞。……君今得見吳老肉身，利益無數。發心供養者，傳道者，功德如恒河沙數，不可限量也。能得仙佛祖庇佑，身體康健，容貌端莊，家庭幸福，兒女別有智慧；若能依戒而修，深入藏經，依修而得定慧，則與佛道不遠矣，今生成佛道亦未可限量。道

經有言，性靠自悟，命要師傳。世所難得的是真正的明師。平生沒拜得真正明師不入道門，不經師傳，縱汝等聰明百倍，讀破萬卷，丹經佛典，終難得窺佛道之真諦也。汝等今果能誠心頂禮吳老，發願修真，則道門為汝而開；佛祖為汝而加持。上道脈通佛脈，成仙成佛，天人合一，善哉！

雲青入室弟子：丁成仙

寫於 2001 年 8 月

第七節　拜吳雲青爲師父實錄

1995 年是我訪道歸宗的一年。

回想起多年的訪道，經過漂泊流浪種種寒酸，令人不堪回首往事，讓他統統化為雲煙飄散……

當我 20 多歲時，我入佛教當了和尚，按照年齡，那時我還年輕，很想學點有用的東西，對於當時寺內每天只念經沒有多大興趣，因為沒有尋到理想的師父而煩惱，後來想重拜師，要考慮師父是不是能達到我的心願，超升了死。就這樣，一直沒了心願，轉眼好幾年過去了。

後來我進入中國南嶽衡山南岳大廟當了道士，在我多方面的努力下，廟裡上下人都對我大有好感。

有一天，當我向南嶽大廟各位道長提起我修大道的志願時，廟內有一位德高望重的譚姓老道長，為我指出了兩條訪道之路。一條是去陝西終南山八卦井訪一位邵姓道人，一條是去陝北延安青化寺訪大道於吳雲青老人。

當時，我心急如火，立即向各位道友道別，行前我還

特意在南岳大廟內老子神像前搖了一籤，籤文為：「餓虎得食。」我心中甚喜，便急急上路。我按譚道長所指，第一條去終南山八卦井訪邵姓道人，在我歷盡七天的爬山路後，最終找到他所住的茅庵。在智慧、道德、緣分等十天的考驗中，我感到與其緣分不投。

　　次日，我便下山踏上訪道第二條路—直奔陝北延安訪道吳老。在陝北延安北邊一個叫青化砭山村的青化寺，我找到了吳雲青所在的窯洞，當看見吳老時，我便向他老人家叩頭問安，當時，我不知道怎得，雙淚俱下，泣不成聲。吳雲青老人家見狀，一把拉起我說：「坐吧，知道你辛苦了。」由於緣分與誠心的相會，吳老收我為弟子，成為我眾多師父中的唯一恩師，我心中的地球才真正轉動，大地開始發芽。

　　而今，回憶起當時，我在吳老面前，並排而坐，我把他老人家所傳修煉大道真訣，牢牢記住。決定立定大志，去修成吳雲青師父所傳道家內丹大道，去實現自己超凡脫俗的大志，回報恩師吳雲青的意願。

舒成仙

2002年1月11日於廣東羅浮山

第八節　訪158歲丹道高師吳雲青

作者：咪咪（澳洲）

　　我從我學習中國道家內丹養生長壽之道的師父蘇華仁口中，得知師公：一位158歲的內丹功大師使咪咪為之傾

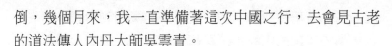

倒，幾個月來，我一直準備著這次中國之行，去會見古老的道法傳人內丹大師吳雲青。

我勤奮地練習著內丹動功，參加了一系列的漢語班。

我把大師吳雲青的相片放在我的辦公桌上和錢包裡，隨時準備讓任何有空的人看。當然引來許多讚歎。

見過他照片的人談到大師眼裡的精光以及他的相貌若仙時看法更好。

難忘的一天終於到了，踏上了經北京到陝西西安的旅程。這是一次平穩的飛行，飛機安全著陸，而我卻心潮難平。我的第一次中國之行，令人難以置信，我已置身於北京國際機場，我怎麼會講漢語，從未想過踏上我祖先的國家這塊土地。

帶我如此遙遠的正是這位158歲的道家內丹功大師，一種更高境界的養生之道。千萬張面孔，過去的和現在的閃過我的腦海，我心潮澎湃，異國的一切都讓我感到新鮮、刺激，並立即感受到了這一巨國的脈搏。

片刻我雙眼朦朧，這就是我祖父母的家，我的道家祖師的家，我的曾祖父母的家，我的思緒消失在機場嘈雜聲中。模糊的淚眼弄濕了我的隱形眼鏡，我沉默良久，我把心袒露給我周圍的人。

語言已不能準確地描繪我在中國的每一瞬間以及我同158歲的老大師吳雲青的會面。

我去時帶著一個空筆記本，回來時筆記本空空如也，我想記下一切，我卻什麼都沒有寫，一切都好像在夢中，不知是醒還是睡？除了漱洗室外，一種奇特的並非不舒服感覺就是深呼吸運動。

我回到新加坡，仍舊什麼也沒有寫，我一直暈暈沉

沉，老想著旅途中的一切。發現自己又回到中國，消失在我爬過的無數的山峰中，又爬上的華山，來到了樓觀台─老子講道的地方。爬上了老君洞，在這裡他修煉內丹，並在夢中又一次同吳雲青大師相見。

一切都亂作一團，這篇文章是我首次披露。

我去中國原打算為我的碩士學習寫一篇報告以及學習更高層次的內丹功技巧。

人說眼見為實，所以我想去會一會大師，去親身體驗一下158歲年齡的人能否如此幸福，健康和聰慧。

我如願以償，但不是按我所設想的方式。當我內氣開始和生長時，一種內在的或意念運動，我的心彷彿停止了跳動。這確實是一種很奇妙，很奇妙的感覺，別讓我用語言解釋，就像我要求你們別讓我來解釋我一樣，你只要和我在一起，同我一起呼吸，感覺我的氣和用你的氣來感覺我。

帶著這股氣，我一路飛到中國，看看我見到大師會是什麼樣子。

活在今世已足夠了，同大師在一起使我更清醒地意識到生存於道與現實之間，恐怕這就是揭示與我以及你們就有的人生真諦，也許這就是健康與長壽的秘訣。

可能嗎？

人們很難相信能活「這麼久」，即使在我回中國之前之後，總有人問「大師怎麼樣了？他會走嗎？他必須用手杖嗎？」人們總以為如此高齡的他一定是個弱不禁風、老氣橫秋、渾身是病的老人。手杖？走？你可以看到他大踏步走路的方式以及爬上六層樓梯而大氣不喘。走城市人行

道，爬適當的樓梯對他說來要比光腳（即使在雪中）爬上爬下地上下山上的窯洞容易得多。

當他進城時，人們總是勸他穿上一雙皮鞋。大師所關心的就是他只有40歲，永遠是40歲，而且他的身體看上去和感覺到一樣的，我曾觸摸過他並坐在他身邊就像一個40歲的人。這使我想起我們是怎樣把我們自己交給病菌和「老齡」的。因為我們早已埋下老的概念和老人就具有的相貌與舉止。

大師給我們的忠告只有一個：童心永未泯，平等待一切。大師有五條建議給那些希望幸福、健康和聰慧的人：

1. 永葆童心，2. 早睡早起，3. 飲食全素，4. 練內丹功，5. 積德行功。

他的胃口十分清淡，即使用炒過肉的鍋炒蔬菜，他也不會吃，因為他吃了也會感到不舒服。他從山上窯洞下山以後應付緊張生活的方式，如跋涉數千里而沒有一點疲勞相，在火車上一天什麼也不吃，使我們吃驚。

被問及是否饑餓時老大師提醒他的大徒弟，蘇華仁大師，他的食物就是他的內丹，一個位於小腹中心的能量。

他吃飯時，胃口極好，絕不亞於倆個棒小夥！他吃的兩大大碗公大米和蔬菜，他是清一色的素食。

他的幽默和對眾人的耐心使我最受感動。

相　片

每個人都想撫摸他，同他合影，追隨左右，也許他如此隨和是因為當他返回深山窯洞後大多數人將無緣與他再見，就此他給每一個人一次機會擺好姿勢與他合影，如他的徒弟和護衛允許人們同他合影。千人參加的內丹功大

會，大師的聲音洪亮，充滿活力，他演講時，唱《老子道德經》，生命的火花在他眼中閃爍。

他是一個活聖人，他身上散發著一種生命活力，我最感吃驚的是，大師在長途旅行和應付了吵鬧著要同他合影的眾人之後，卻沒有表現出有嚴格的清規戒律的人所持有的症候和疲勞跡象。

也許秘訣就在於練習內丹入靜術來保持「靜」。

我注意到大師決不使他的能量枯竭，我們知道，要他完全放電之後，再充電時相當困難。

我注意到，一有機會，大師就把頭微微低垂，靜養幾分鐘。起初我想是他睡著了。他會抬起頭精力充沛地接入我們的談話，他無疑是身心充電了。

新 名 字

最令人難以忘懷的是第一次見面，他給我們6個從新加坡來的人，每個人起了一個新名字，我記得當我們走進他的房間時，他用眼睛角掃過我們那一瞥。

我還注意到他只看我們的身體，當他看我們一眼時，他的雙眼並不聚焦於我們身上，而且圍繞或穿過我們。然後垂下和閉上雙眼，只當評點我的中文名字的時候才睜開。他讀我們就像是一本翻開的書，令人吃驚的是他能精確地描述我們每個人的特點，並在我們的新名字中加以發揚。

我的名字是不超過30秒想出來的，我從「劉咪頓」（流動的大米）變成了劉洞仙（意為「流動」或是「洞仙」或「仙女」）聽起來還不錯。

那天我們都成了「仙」，意為仙女或神仙。

大概從大師身上得到的最大收穫就是學習了怎樣生活於今世——這樣的話不知聽過多少遍。

以一個大師的身份生活於現在是很困難的，大師處世有一個準則就是一切都無所謂。

想說就說，想唱就放聲高歌。他吃石榴時，他會全神貫注地、慢慢地咀嚼每一粒，而毫不顧及周圍的一切。

他是不知不覺或者說不往心裡去，他想修指甲時，在大庭廣眾面前就掏出指甲剪，在幾百雙眼睛的注目下，他悠然自得旁若無人地剪起了指甲。

多麼強壯的胸脯

每當他感到熱，便直解開他的外套，分開內衣，唉！一個158歲的人竟有著這麼強壯的胸膛，甚至男士們對此也印象深刻。最後一點大師非常乾淨，濃密的鬍鬚、光滑的皮膚和乾淨的手指。

另外，你一點也感覺不到他年邁。

在他的內衣口袋掛著一把小梳子和小刀。他要把梳妝用品帶在他的身邊，人們也會理解的。

任何訪問過中國的人都會注意到，隨地吐痰的惡習已習以為常，我們幸福、健康、聰慧的大師吐進一個他隨身攜帶的小瓶罐中，對環境這麼珍愛，他把他的細菌保存於小罐中，一定拯救了不少樹林和生命。

我斷定，他一定長壽，儘管他不吃棕大米，不愛喝湯和每一口食物都咀嚼一百次以上。

他能背誦英文字母表Ａ、Ｂ、Ｃ……，給我留下深刻的印象。

第四章

吳雲青養生之道
與現代生命科學

第一節　養生與飲食

劉裕明

上周日，香港糖尿病聯會舉行了一個遊行，呼籲香港人多做運動及注意飲食來預防糖尿病，香港糖尿病聯會公佈，香港約有六十萬人罹患糖尿病，即每十人中有一人患有糖尿病，其中三成患者出現併發症，當中包括視力受損、失明、腎衰竭及切除腳部。年輕人一般不會患上這些病症，但隨著過胖青少年人數迅速增加，發現越來越多年輕肥胖一族患上糖尿病。

筆者母親便是其中之一的患者，看到母親早年為家庭、子女勞心勞力，中年便患上此症，十多年來病魔不斷折磨其身心，容顏催老，說句實話，筆者也好難過與傷感。

以前念書時老師說家庭中什麼才是快樂，一就是門前無債主，二就是家中無病人。如果一個家庭中有一個長期

病患者，這家庭的歡笑就會給病魔奪去，一個人的痛苦會帶給一個家庭的痛苦。因此，筆者深深明白到疾病所帶給一個家庭憂苦與破碎的痛苦。

所以保養自己的身體是一件大事，並非自己個人，而是一個整體，孟子說：「身體髮膚，受諸父母，不敢毀傷，孝之始也；立身行道，揚名後世，以顯父母，孝之終也。」身體髮膚的保養就是小孝，就是養生之道，身體就是父精母血的結合，而且更是生命的工具，要立身行道——大孝，就必須要工欲善其事，必先利其器，如不將之保護，則會使自己疾病痛苦難受，更使父母傷心難過。

我們要知道身體是要適當之營養，那身體就會健康及生命就會長久，今天一股素食的熱潮，有很多熱心人士提出很多飲食新概念，如果大家坐過飛機在膳食的時候，餐車還未推出來，有些乘客便會先得到一些禮遇——比別人更早獲得套餐，這些客人不一定是頭等又或商務旅客為什麼他們比別人優先？原來他們大部分是素食者，航空公司特別照顧這些旅客，而事實上這些素食並不單調，他們有水果餐，東方素，西方素，印度素，奶旦素，全素……多不勝數。

為什麼要談到素食？養生就是要防止疾病，身心健康，食物就如汽車的汽油，不好的汽油可使發動機不能夠發揮其完全的性能，噴出黑煙，損耗加快，壽命減短，而好的則不然。蓋好的汽油及不好的汽油分別只在其中成分與雜質之分，無關的成分與雜質就是發動機不要的東西，這些會做成破壞，而人的身體也是一樣，無關的營養成分及雜質就會使人生病與及短命，現今醫學已證明吃肉會使人容易生病及有機會引至慢性病如糖尿病、痛風，心臟病

甚至癌症等。中國國內改革開放以後，所謂慢性病又變了富貴病，人民生活改善而飲食習慣改變，少肉多菜變成少菜多肉，糖尿病人數急劇增加，最新報告患者已超過4000萬人，成為全球第三位，以往年代則少之又少呢！

患慢性病並不是一點辦法都沒有，大家要記著「一線希望都要爭取」，人法地、地法天、天法道、道法自然，人取之於大地，大地就是母親，四年前筆者參加了一個講座，最後決定吃素，回家後就說服母親一起吃素，當時母親很歡喜的說「好」，但煩惱開始來，一來不方便；二來不知吃什麼；三來不懂做菜；四來天天到素食館吃則太昂貴及太油膩，長期花不起。所以一開始真的是天天都是青菜豆腐，第二週好一點就是加了東菇。

但奇妙的事情開始，身體感到輕了及精神好了起來，雖然吃的不講究，但身心的確健康起來，但筆者知道再下去我倆都很難會實踐成為素食者，所以這時候筆者就到外面買了一些烹飪書籍加上找了一些書看，而又和母親說：「要改變做菜方法，就是跟以前一樣，只是凡是用肉類的及有五葷（參考圖表）的都改為菌類，豆腐，素料及面根等，以前會用味精則改用一些素味粉，香菇粉之類。結果情形就大大改善，還有就是平日多吃水果，有剩的水果就打汁。

由於母親眼睛因糖尿關係已受到影響，視力比較差，素食五個星期之後一個早上，她突然問我她的手有什麼事，當時一看，看到她的手掌脫皮，筆者心裡一股難受：難道糖尿又加深了！一問之下心中大歡，原來自母親素食以來她的糖尿已沒有以前嚴重及減輕了很多，那我才知道素食的原因使她身體好轉起來了。

五　行	五　臟	五　色	五　葷
金	肺	白	薤
木	肝	青	韭
水	腎	黑	蔥
火	心	紅	蒜
土	脾	黃	薤

四年了，她的身體明顯比以前好，身體輕了，活動也輕鬆多了，以前走路幾分鐘都不行，心臟又有問題，藥煲纏身，雖然今天她糖尿病並沒有痊癒，視力也沒有改善，但她的身體及精神狀態都比四年前好轉，沒有其他，就是改變了飲食，改為素食。

（一）2002 年 10 月 27 日

素食今天已成為一種潮流，筆者常到國外，發覺素食之方便比香港有過之而無不及，在香港食素，主要就是一些有宗教信仰的有心人士經營的素菜館，對於很多人來說吃素菜就是非常油膩及味精多，變化又不多，所以上了一段時間素菜館就不想再上，而在家裡做素菜又不太懂，又不知道吃什麼，又怕沒營養，所以，在香港要想改為吃素往往就是怕不方便與及不懂做，因此，香港百份百吃素及堅持長期素食的人並不太多，但大家要明白為了自己長期的健康，大家是有必要回歸自然之道與及採取健康飲食之道，筆者希望把自己從一個葷食者而改變成為素食者的經驗與大家分享，並把筆者怎樣克服個人、家庭及環境因素的障礙告知各位，希望大家都能有個健康的身體與及快樂的心靈。

回想起四年前筆者開始初吃素時，初時只有豆腐青菜白飯，母親又不懂做素菜，真的不容易過。但後來請教了一些朋友，知道可以很容易又很方便就可以吃到一頓營養豐富的素菜餐。其關鍵並不像一般營養師所說的要多少熱量，多少蛋白質，維生素等等專業的知識才會有足夠營養，而是用我們中國人的祖先智慧，那是什麼呢？

原來古人瞭解天地萬物，看到太陽月亮就知道宇宙由一陰一陽組成，而陰陽相生相剋就有了五行，五行即是金木水火土，而人亦是一陰一陽組成　五行而生，所以人有五肢；面上有五官；內有五臟，而五臟亦配合五行，肺屬金、肝屬木、腎屬水、心屬火、脾胃屬土，只要五臟健康強壯及陰陽平衡則身體自然健康。

五臟如汽車之發動機及其元件，要發動機發揮出色的性能，汽油是非常重要的，食物就如汽油，要五臟發揮其出色的功能則要有適當之食物，但怎樣吃才可使五臟健康強壯呢？原來五行可引申出五色，金是白色、木是青色、水是黑色、火是紅色而土是黃色，每一種顏色的食物對每一相關的內臟有益，附上之圖表可讓大家容易瞭解五行與五臟及五色的關係，只要我們每餐有以上五色的食物則營養就能均衡而不必擔心營養不夠。（而表上有寫之五葷則建議大家不要食用，原因留待下次再談）

這看來就簡單了，入了街市買菜，那又看看五色食物又有些什麼，白色的有米飯、豆腐，香蕉，白色馬鈴薯，白蘿蔔，淮山，玉竹，麵包，雪耳……；青色有各類青菜，青瓜，青椒，青豆、綠豆……；黑色有芝麻，黑豆，木耳，冬菇，海帶，髮菜、紫菜……；紅色有紅蘿蔔，番茄，西瓜，紅椒，紅豆、紅毛苔，紅菜頭……；而黃色有

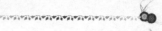

黃瓜，黃豆，南瓜，黃耳，蓮子，玉米……。事實上多不勝數，再加上各類水果可謂一定不怕營養問題了。（下期續）

（二）2002年12月3日

上次提到建議大家不要食用五葷，其原因為何？今天就讓我們一起來研究一下，首先什麼叫五葷呢？五葷就是蔥、蒜、韭、薤（香菜）、薤（即廣東人吃的橋頭）。大家也許感到奇怪為何不可吃用這些常吃的又醫學上認為有益的香料植物！佛教禪宗有一位非常出名的人物叫菩提達摩，他就是一葦渡江禪宗西方二十八祖，他繼承了佛陀的正法眼藏，「直指人心，見性成佛，不立文字，教外別傳」，後來他把禪宗帶來中國，所以又叫禪宗東方初祖，傳說他看到中國嵩山少林寺和尚修行個個身體都不好，所以教授了他們很多強身健體之法以及很多武術，最出名有易筋經及洗髓經，他於西元470年（最保守考究）來中國時傳法已經100多歲，亦有人說已150多歲，至於多少真不得而知，總知他來華時已超過一百歲，而最後是受人所害中毒而死，死時約是西元534－536年。所以他的壽命超過164歲甚至200多歲，如果沒給人毒死可會更長壽。

有一本以他為名的達摩寶傳談到五行之氣要返先天要結成刀圭才可收五臟精華歸於一性（靈性），但最怕五葷沖散。後有一歌道：──

這五葷，草將軍，氣味兇險。蔥蒜韭，薤與薤，性質各偏。

煙傷肺，骨臟傷，金氣沖散。韭傷肝，把木氣，被它耗完。

蔥傷腎，把水氣，被它外趕。蒜傷心，把火氣，被它減

煙。

　　薤傷脾，把土氣，被它困倦。此五氣，受了傷，如何結丹。

　　修行人，戒五葷，才是正傳。

　　以這首歌來說是十分明顯地五葷對五臟及五行之氣影響甚大而且有阻礙修行，事實上五葷含有大量硫化物，味辛，具刺激性，食後口臭，於人無益，最近在《蘋果日報》（2002／5／1）有報導多吃大蒜有損身體健康，有可能破壞消化組織，導致結腸炎及皮炎又會干擾甲狀腺正常運作。而大家亦要瞭解韭菜含大量硝酸鹽，炒熟後存放過長時間硝酸鹽會轉化成亞硝酸鹽，吃了會中毒，生韭菜亦不應存過長時間。至於蔥，薤，藁亦是一樣含硫磺，吃後因五氣受沖，熟食容易使人產生淫念，對社會風化可會造成不健康的影響，而生食則增加瞋怒及恚礙心（雜念，執著），造成過多思緒困惑的心理不健康現象，所以各位可瞭解其影響之處，如果以養生角度實不宜食用。

　　但有些朋友一定會想沒有香味的菜餚怎吃，筆者認為大家可用薑，胡椒粉，西芹，芫茜，及興（Hing，一種在印度店買到之香料，用少許就可以，不必太多）作為以上的代替品，一來健康，二來沒濁氣。談完五葷，那下一次我們談談三厭。（下次再續）

　　（三）2003年1月10日

　　上次講到五葷會對人體內之五行有很大的影響，相信讀者多少也明白到這事實上為什麼世界上這麼多人與人之間的問題，多少也與我們飲食習慣有關，雜念與淫念不能淨化，人的貪婪，鬥爭，癡迷等是很難去掉，人的老化與

　　思想念頭紊亂而不得誠意正心是一不是二，所以不吃五葷並不迷信而是科學。

　　什麼是三厭？看看達摩祖師怎樣答神光和尚：

　　這厭字，昔倉頡，[①]造作明鑒。將日字，安之在，四陰中間。

　　上橫陰，下月陰，　左撇右犬。這就是，名天狗，日月食完。

　　那三厭，削三花，　原屬三件。有飛禽，身橫飛，天厭根源。

　　那走獸，身橫走，　此名地厭。那水族，名水厭，橫游水間。

　　修行人，煉純陽，　除氣莫犯。那五穀，身直長，立地頂天。

　　況三厭，屬幻體，　食之可慘。煉三華，守三皈，[②]才是眞傳。

　　那看完以上的詩句便明白原來三厭是指天上飛的，地上走的及水裡游的。而厭字是完全屬陰性的，吃了會將三華（精氣神）削掉，如果人要修純陽之體，則不可吃之，相反五穀是直立生長，吃了人可吸收其頂天立地之氣（太陽能）。難怪《聖經》創世記上記載「上帝說：『我要你們管理魚類、鳥類、和所有動物。我供給五穀和各種果子作為你們的食物。但是所有的動物和鳥類，我給你們青草和蔬菜吃。』」也怪不得以前有些傳教士當入了亞馬遜森林看到印第安人的小孩與大蟒及大鱷魚一起抱著睡覺時大吃一驚，而他們認為這是沒知識、沒文化、不知與動物相處危險的野蠻人行為，所以，他們用獵槍將大蟒及大鱷魚

打死，使到人與這些動物成為世仇。其實今天人類已背離了創世時上帝的話了。

吳雲青老人說：「雞鴨魚肉蛋，都是大壞蛋。」這句話對二十世紀的醫學或營養學是荒謬，但對21世紀的人類及科學，不得不驚歎這位19世紀老人家的先進智慧，的確肉類被今天很多先進的營養飲食及醫學認定是糖尿病、高血壓、痛風、心臟病、癌症的元兇之一，如果一個慢性病的病人由葷食改為素食，大部分病情立即緩和，有者更不藥而癒，這點讀者可知道嗎！

如果大家身邊有親友患了這些富貴病，那不要以為是絕症，只要他有呼吸都不可放棄，先從飲食改變，再練內丹，加上做點善事，壽命是可延長的。

再補充，天厭即飛禽，吃之損神。地厭即走獸，吃之損氣。水厭即水族，吃之損精。人的三寶是精氣神，吃多了三厭通通削掉（漏掉），怪不得富貴人吃多了肉類都患上慢性病，而早歸黃土，中國人說病從口入是沒有錯的。

吳雲青老人活到160歲仍童顏鶴髮，牙齒整齊，視力、聽力、記憶力都沒損退的原因就是三寶（精氣神）沒有散掉（不漏之身），而且十分旺盛，所以聖經有說早期人類都活到幾百歲至一千歲而且都有生男育女，這看來不是神話而是真實的，原因在我們祖先都活在「人法地、地法天、天法道、道法自然」的世界。

註：①倉頡──造字聖人；②三昄──身，心，靈。

（四）2003年3月6日

前兩次談了在養生上不吃五葷三厭的原因，相信讀者現在明白到為什麼創世時人類能長壽，而相反今天醫學及科學都發達，但人類卻短壽（平均壽命不過八十），不

錯，筆者說不過八十是短壽，這是有根據的，彭祖（壽星公，南極仙翁）活至八百多歲大家可能認為是神話，但《周禮》及《左傳》都言「百二十歲為上壽，百歲為中壽，八十為下壽」，《黃帝內經》及《莊子》都認為人的壽命可達百歲以上，佛經道經及聖經亦提過今世之人可活至一百二十歲，而現代的科學則作了計算，人正常可活到125至175歲，有者300歲。

我國近代有一位老人姓李名青雲（又作李慶遠），他生於康熙18年（1679）而卒於民國24年（1935），即是說他活了256歲，而保持著壯年體魄且沒有衰老。另一位有記載的壽星陳俊更是驚人，根據清代福建〔永泰縣縣誌〕卷十二「雜錄」記載他生於唐代僖宗中和辛丑（881），卒於元代泰定元年（1324），即活了444歲，他為人正直及愛做善事。

說回李青雲，在他250歲那年有人跟他作了專題採訪，他談得興致勃勃，發表了很多獨到的見解，最後整理成了一文《自述》，如果讀者有興趣可去找找作研究。他認為人的長短壽與元氣有關，元氣秉受於先天而賴後天營養來滋生並發源於腎，為生化動力的泉源。他的養生之道就是愛護這元氣，而世人之短壽就是不懂又或不愛護這元氣所致。

他認為善養生者的生活是法於道，飲食、起居、作息都是有規律的，而心神要不為外界所亂，身體亦不可妄作勞損。相反不善養生者以酒水作漿，淫慾為樂，將虛妄的生活作為正常，追求刺激顛倒的生活，飲食、起居、作息無節，心神奔馳於聲色犬馬及富貴榮辱之間，內心沒有片刻的安寧。所以他強調老子之言「毋勞汝形，毋搖汝精，

毋使汝思慮縈縈。寡思路以養神，寡嗜慾以養精，寡言語以養氣」，他更特別指出四個字「慈、儉、和、靜」

慈者是慈悲的心，愛護生命，不損人害物；

儉者是飲食有節，收心養性，清心寡慾；

和者是不與人爭，君臣有禮，父慈子孝，

兄友弟恭，夫義婦順，朋友有信；

靜者是身不妄勞，心不妄思。

看來李老他的養生之道不外乎我們常談要保精氣神，無論在生活起居，飲食作息都是從身及心做起，身不要作無謂之勞損，而心則要常保清靜，這兩者之保養是相輔相成的，身體作聲色犬馬之樂是因心之貪婪愚癡，而心的不靜則身會起不必要之勞損，所以內在精氣神不能保存。

然欲想精氣神得保存淫念與雜念必需減致最少，中國有兩位羅漢（修行功力已可以回天者）名降龍和伏虎，他們手拿盂缽騎著龍及虎（淫念與雜念），而兩者莫能傷他們，其手拿的盂缽是空的，意思是欲想降龍伏虎則要將心空掉也。但人很難可將心空出來，不吃五葷就是要將兩者減少，而不吃三厭就是要保存精氣神，這點讀者可領會嗎！（下期續）

（五）2003年6月18日

最近瘟疫流行，人心不安，一而再，再而三的一個又一個的奪命病疫出現，可說是人類的災難，事實上從這連串的事情之中，我們可以看到無論在現今之科技、醫療、政治、教育、經濟等等制度下都是沒有辦法去解決的，雖說是萬物之靈，但還是沒可能掌握自己的生死問題。所以今天不是求助這些制度而是檢討自己的時候。

　　如果在佛家來說，這就是人類共業的成熟，今天的結果是以前所種種子的收成，種瓜子出瓜，種蘋果核出蘋果，這就是自然的規則，沒有人可改變的。

　　然而大家也知道這些瘟疫細菌病毒都是來自動物身上，大家還記得瘋牛症、手足口病、禽流感、雪卡病毒，加上現在的非典病毒、猴天花、炭疽、血熱病、腦炎……到底這些瘟疫是否人類沒法避免呢？我們今天真的要探討。

　　過去的醫學，一種病要找一種藥來對付，但是現在一下子出現多種病及更者這些病原體是會變種的，那我們到底要找多少種藥物來應付呢！大家又知否今次有些病者他們病癒後的後遺症又有多大呢？

　　我們祖先都是活在人法地、地法天、天法道、道法自然環境下，而自然的活著是在無思無慮的心態下生活，他們不為過去煩惱，不為將來憂心，對事情來則應，去則靜，無為而無所不為，當誠意正心時內在的氣才運行自如，所以都能長壽健康。

　　而今天人類不是活在今天，而是在過去與將來，活在虛幻當中，並不真實，結果煩惱一大堆又沒法解決，最後帶著遺憾離開世上，而在生活上沒有遵從自然，古人日出而作，日入而息，飲山泉，吃仙果，而今天大部分人都時間顛倒、聲色犬馬及放縱生活，縱使沒有非典病毒，人也活得不長壽，只是一種是急性及一種是慢性而已。

　　我們要如何去抗這個病菌？要常常快樂，不要恐慌，越恐慌，心越虛，魔就入，保持快樂心情，不要驚慌。事實上，預防疾病的最好方法是內心有快樂的種子，人快樂、開朗，沒有那毒的種子，才能百毒不侵。而只要人類能戒殺，守仁義禮智信，不殺盜淫妄酒，則還有這些疾病

嗎？所以我們要儘快的一、轉念（一念天堂、一念地獄）；二、儘快戒殺（給生命的得到生命）；三、心懷仁德（愛人者人亦愛之），瘟疫才會消失！

上天有好生之德，世上所有存在的東西就有他存在的理由，生命是大同體而不是個別的，不可能單獨讓某生命存在而消滅其他生命的，否則弱者會變成恐怖分子來偷襲，結果是兩敗俱傷。

我們人類在天地之間位立三才之一，可以替天地來照顧一些低層次的兄弟，而如果滿腦子都是「如何設計人家」那人比非典病毒更可怕。

過去有瘟疫發生，就會請來法師念經（如大悲咒，楞嚴咒）來化解瘟疫的怨氣，今天念念佛號，仰仗諸佛菩薩的悲願，自我身心的主不亂才可有救，多念經回向消弭災劫，這雖然是一個法，但是最主要是要讓我們發出那一份「慈悲心」（慈者給人快樂，悲者去除別人痛苦，慈悲即耶穌的博愛），這一份慈悲心傳達到上天，自助天才能夠助，自愛別人才會愛你，本身也要做好環境的衛生，禍從口出，病從口入，身體健康強壯，佛性（靈性）光芒，自然就能夠與病魔抵抗。

第二節　論養生之道的未來方向

劉裕明

上次在養生與飲食一文中提到一句話：『什麼才是快樂，一就是門前無債主，二就是家中無病人』，其實這句

話與鄧小平所說的『一手抓物質文明，一手抓精神文明』是一致的。中國改革開放快三十年了，經濟成長強勁，人民生活水準提高，無論衣食住行可以說是空前的進步，國民經濟收入也是前所未見，縱使未達到超級大國水準，但其潛力還不斷發揮，也可說很多國家也要向中國借鑒，這方面可以說是物質文明，筆者說門前無債主，一個人又或一個國家，經過盡心盡力去工作，在生活環境上得以一天一天改進，自然是門前無債主，而家中無病人；而另一方面談到精神文明，所謂精神文明者，是人民的道德水準，個人修養的誠明，這與養生之道卻直接連上關係呢！

養生不單是指身體方面的健康，而且更是在精神的昇華，用現代人一句話就是身心靈整體上的提升，要知道病並不單只有身體，心理上的疾病普遍皆是，心理醫生在國外大行其道就是證明這點，確實由心理引致生理上出現疾病比比皆是，亞健康問題正是多由此點而發，所以，簡單歸納起來就是環境因素，飲食因素，運動因素，及心理情緒因素等，都與養生有關。筆者有幸跟隨老師蘇華仁學習到師公吳雲青及邊治中華山派的內丹功，今天就讓我們簡單談一談養生之道的未來方向。

有一首古詩，正好說出今日現代人的無窮慾望的心態，又卻反映了現實：

『終日忙忙只為饑，才得飽來便思衣，衣食兩般俱豐足，又想嬌容美貌妻。娶下嬌妻並美妾，出入無轎少馬騎。驟馬成群轎已備，田園不廣用難支。買得田園千萬頃，想無官職被人欺。六品七品猶嫌小，三品四品又嫌低。一品當朝為宰相，又想君王做一時，心滿意足為天子，更望萬年無死期。種種妄想無止息，一棺長蓋念方

灰。』

　　君子愛財，取之有道，筆者不排除物質生活，但可知外在的現實世界正是內在能量（精氣神）的反影，如果慾望無窮無盡又或力有不遞，內在能量就會透支，最後不是早歸黃土嗎！可是看到現今很多年輕的政治家、企業家、管理人才他們在對社會作出貢獻後，因為身心透支而失去健康與及早夭，對他們、他們的家庭、社會及國家是一個很大的損失。又更有者，有了錢財以後就為富不仁，又或其子女過的是過分奢侈浮華浪費而又低劣無道的生活，這就是精神文明跟物質文明不匹配。筆者認為假若我們有一塊錢，那就有一塊錢以上的道德水準及智慧來管理它這一塊錢；如果我們有一億元，那就要有一億元以上的道德水準及智慧來管理它，否則，這是一種災難。

　　談到所謂能量（精氣神），假若沒有充足的精氣神，就會常常三心二意，沒法自性流露，則至道不凝，對個人的心身靈都有不良影響，更者對社會也做成傷害及負擔。

　　我們古代祖先並不太強調物質生活，相反重視精神層次，其目的不就是希望我們能夠增進智慧，提高品德而超凡入聖。古聖賢素富貴行富貴，素貧窮行貧窮，沒有越軌，不是要我們受苦或享福，而是讓自己生命層次昇華，因為物質有壞而精神不壞。

　　事實上福慧雙修是世人的生活基礎，這才可更進一步性命雙修，若果每個人都能自性流露，則人人都是活佛神仙，人人都生活得快樂自在矣，孔子所說的大同社會就出現了。

　　師公吳老是我們近代人值得我們研究的：

　　1. 康壽超凡──活到160歲（有人懷疑他的年齡只有

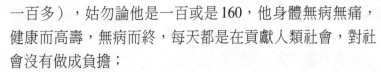

一百多），姑勿論他是一百或是160，他身體無病無痛，健康而高壽，無病而終，每天都是在貢獻人類社會，對社會沒有做成負擔；

2. 和樂人群——在家出家，雖然是出家人，但不會不理世事，一樣處處助人，以言教身教，老而不強，提升身邊每個人的道德及健康水準；

3. 肉身不腐——證明對疾病，細菌及病毒等起了免疫作用；

4. 安詳坐化——他可選擇自己的生死，他可離世而又可選擇健康快樂地生活，安然自在，無拘無束。

吳老確實已經超生了死，超越生命的密碼（以現代科學又或很多宗教經典記載，現代人的壽命可達120歲，如能到這階段，叫得享天年）。

人類比起一般動物來說生命環境複雜得多，一般的動物，自生下來很少能完壽，因為它們的命運在弱肉強食世界裡，多是被殺而食。但人類夭折者一為疾病至死、二為被殺或自殺、三為意外致死、四為自然環境突變又或饑荒饑死，若果免除以上原因者，就能得享天年，無疾而終，甚至能如吳老可以超生了死。

假如一個人在他的生命中沒有遭逢戰爭一些外來因素，又身體健康不生疾病者，我們可以想到，吳老的情況是完全可能的。但要不生疾病又怎樣呢？

可以想像疾病不離慢性與急性，急性如傷風與流感，慢性就是今天大多數都市人的亞健康問題，比如心臟病、高血壓、糖尿病、癌症等等，事實上有一半以上人口死亡原因是亞健康做成，而又有20%的死因是因為亞健康間接做成。正好吳老的養生之道對這些亞健康問題是一道良方

正藥，內丹就是自己身體內在的丹藥（精氣神）而不需向外求的，所以有句話：「練精化氣氣化神、練神還虛保自身、自身自有靈丹藥、何須深山把藥尋。」上醫治未病，如果人類能掌握這壽夭的命運則其實已把很多問題解決了。

說來這些疾病對人類來說無論在經濟、人口、社會發展及精神上所做成的負面影響頗大，尤其慢性病更是社會的長期嚴重負擔，今日西方醫學發展千里，可是並沒有因此將人類變得更健康，千奇百怪的疾病與日俱增，科學進步可能增長了患病者的壽命，但卻帶來了患者上經濟的負擔，亦沒有給他保障了健康，這種幫助並不完整。

而筆者跟隨老師蘇華仁學習內丹以後，發覺自己體質並沒有因為年齡的增長而下降，相反更能增強了體質及精神，過往未學內丹及食素前，一年最少要看四至八次醫生，原因不外是每年春夏秋冬一轉季便感冒及傷風，氣管感染，這種情況自小如此，自己也不覺是什麼一回事，反正人人都會生病，便習以為常。

但自1998年食素以來忽然減少看醫生了（約一年一次），才讓我明白自己的健康可以在生活中細節的改變而掌握的，更讓我知道素食是一種十分健康的選擇。

2002年有緣認識蘇老師，本來我對於一些什麼氣功是沒有好感的，原因是很多這類怪力亂神的東西都是騙人錢財、導人迷信，但當筆者上了蘇老師的課，知道蘇老師所說的是一種傳統科學，又是我們中華民族祖先留下的遺產，沒有一點古怪稀奇，更是上上層的生命科學，自然而然，從理論到實踐，全都是腳踏實地的，現在身體比素食後又更上一層樓，精神也更充沛。

但如果某些人想追求神通而練習此功，相信會大失所

望，而追求健康長壽者，卻是萬金難買的寶藏，怪不得世界著名美籍華裔生物遺傳學家牛滿江教授一直推崇此功，他因科研日繁，身心俱衰，後來，他於1979年在中國北京，向中國道家華山派內丹功十九代傳人邊治中（道號邊智中）先生習煉道功後，身心碩健，他連連稱道：『養生秘術，千真萬確，千真萬確。』並以大科學家的嚴謹態度，確認道家內丹功為：『從增加生命本源入手，係細胞長壽術，返老還童術』。進而深有感觸地向全人類推薦道家內丹功說道：『我習煉這種功法已經四年，受益匪淺，真誠地希望此術能在世界開花，使全人類受益。』（牛滿江博士之語見：上海翻譯出版公司，1986年出版邊治中著《中國道家秘傳回春功》154頁。）而他於2007年11月8日於北京病逝，享年95歲，另外，聞名世界的中國當代大科學家錢學森在《論人體科學》一文中強調並宣導：『結合科學的觀點，練功，煉內丹。』引文見人民軍醫出版社1988年出版《錢學森論人體科學》第282頁。

　　吳老的生活不外乎人法地、地法天、天法道、道法自然，他之長壽是因為他與天、地、道、自然是一體的，他沒有顛三倒四的生活；沒有酒色財氣；不追求名利恩愛；不執萬事萬物，一切順其自然，可是我們要知道他能如此並不是與生俱來的，他曾放棄一切到處千里訪明師、萬里尋口訣，直至後來他找到，說起來不正是儒家的禮，道家的內丹養生大道與及佛家的法而矣，當然內裡有真機，除了登堂入室者，門外漢是難窺其貌。

　　其實，內丹不正是中華文化的根本嗎！不就是祖先的寶貴遺產嗎！吳老他把這些用身心保存起來，他沒有因戰亂天災人禍而夭折，亦沒有因疾病而倒下，直至這份遺產

有了傳人，才安然坐化，他的願是『望天下才士康壽超凡』而不是金銀財富，不是安逸享受，可以說他做到了孟子的三樂：『父母俱存，兄弟無故，一樂也；仰不愧於天，俯不作於人，二樂也；得天下英才而教育之，三樂也。』

吳老是出家人沒有私心，天下人皆是父母兄弟，一樂；沒有因修行而避世，和光同塵，不斷付出，積德行善，不問前程，二樂；找到中國古代內丹養生長壽術傳人，有了後學，將天地間及中華民族祖先之秘密傳授，三樂。話說回來，因為其內丹的真機是不立文字，教外別傳，所謂道不傳六耳，古代的師父們只單傳又或寡傳，得到的人很少，亦可以看到為什麼古代人不是個個160歲，而今日能學到內丹其實是有很多前輩他們破了誓言才讓我們得到的，這也是現代社會人士之福，這就是說只要願意去求去學去練，我們每個人都有機會像吳老活到一百六十，做到性命雙修，超凡入聖，都能掌握自己生命超生了死。

雖然內丹系統博大高深，但是其築基功夫可補充消耗的精氣神，這已經可以做到防治疾病，然蘇老師所教的動功是一套動能生靜而又不消耗能量、相反是一套儲能的運動，所以比起很多運動更科學更優勝而又適合任何年齡的人士，又能做到有病治病，無病強身的功效，其所需運動空間不到一個平方，任何環境都可練習，若果每天早晚各十五分鐘堅持練，體質會大大提高，有病者早午晚練習，三幾天便大有進步，並非奇怪，只因一句話：『精水虧，百病生；精水足，百病無』。

最近中國衛生部長高強提出：『中國特色社會主義衛生發展道路的基本內容是堅持為人民健康服務，為人的全

面發展服務，為經濟社會發展服務。本質是堅持公共醫療衛生的公益性質。方針是堅持預防為主、以農村為重點、中西醫並重。體制是實行政事分開、管辦分開、醫藥分開和營利性與非營利性分開。而盲目引進西方發達國家的衛生發展模式就會發生失誤。』

這是十分正確的，但用什麼方法，筆者認為吳老給了我們答案，然而試想想，沒有疾病，又加上是素食者，身體如年輕人，對自己及社會不單沒有做成負擔就能貢獻人類社會，社會資源不單減少了在國民醫療上，亦可將資源應用在其他方面發展，如能源及環保等，可知道一個肉食者消耗的土地及食物是素食者的5至30倍，那經濟的消耗就更大了，因為肉食者生病及消耗醫療資源比素食者更多，並且做成很大的環保問題，筆者不在這裡詳提，因為這已是得到了很多科學及資料支援的。

再者老年人的經驗智慧不斷處積，國家就不必多走回頭路，對於治安經濟戰爭災難問題等會有一定的幫助，那這不是讓我們每個家庭都能步入小康嗎！

所以說，能健康的活到160歲，生死自我掌握，積德行功，不問前程，內聖外王，福慧雙修以至精神層次得以昇華正就是21世紀人類社會所追求身心靈整合的養生之道，亦是養生之道從古人播種、開花到今天要結果的時間了。我們期待更多的吳老出現，為中華民族以及世界各地人民展出更美麗的生命果實。

第五章

壽星吳雲青老人媒體報導

第一節　訪142歲老人吳雲青

——原載於《新體育》1980年第7期。

作者：劉仙洲　張純本

延安城東北四十五公里的青化砭，虹橋引渡，溪水清澈，山不高卻幽靜，鬆不多卻蔥翠。半山坳一排磚砌窯洞的最東頭一間，門上貼著一副「參觀茅廬盡明賢，百千萬里來結緣」的紅紙對聯，橫批是「革命大同」。這就是延安市五屆政協委員、原佛教青化寺長老、142歲老人吳雲青的住地，近日，我們為探求健康長壽之道，訪問了這位老人。

一、「奇」人之奇

吳老雖說今年已經是142歲高齡，但他精神矍鑠，步履穩健，可以騎自行車，生活能力強，擔八十斤水桶爬坡不氣喘，夜間睡覺從不蓋被子；思維清楚，記憶力強，能吟唱很多山歌。還會背英語字母和講一些簡單的會話（這

是他前年開始學的），如：「毛主席」，「你好」，「謝謝等等；」他的愛好頗多，喜歡習拳舞劍，學開過摩托車。近七、八年來，頭髮又開始變黑。

為了進一步證實吳老現在的健康狀況，我們專門請延安市人民醫院對他進行了體檢，醫生檢查的結果是：身高195公分，體重53公斤；脈搏72次／1分鐘，血壓140／88毫米水銀柱；視力一點二，辨色能力正常，聽力五公尺，發育情況良好，皮膚彈性好，皮下脂肪少，肌肉豐滿；神經精神狀況與知覺運動良好，對答切題，表情自如；呼吸、循環及腹腔均無異常現象。

吳老現在還自種三分自留地，生活基本自給。他飯量好，每頓主食約六、七兩左右，除隨飯後喝湯以外，一般不另飲水，每天睡眠的時間在四、五個小時左右，白天疲困時，五分鐘打個盹，就像睡了一大覺以後那樣精神爽快，特別是他睡覺的姿勢，大部分是坐著睡的，而且從來就沒有被子。

他身體好，一百多年來，從沒生過大病。身體禦寒能力強，陝北的十月天氣，朔風凜凜，他僅穿一件條絨夾襖，陰曆四月末，寒氣依舊襲人，他竟又換上了短褲；隆冬冰雪蓋地，人們穿著皮襖、棉靴，他卻赤著腳穿一雙軍用膠鞋，凝神傾注，和大家一起看露天電影。好奇的年輕人手伸進他的鞋裡摸一摸，發現他的腳熱乎乎的。吳老還告訴我們，他一生曾經準備過三次壽材，前兩副材板都年深日久放壞了，現在的這一副，也因備而無用，又被他搭作會客、坐禪兼臥室的樓板用了。

他生活儉樸，從不浪費一粒糧食。凡揀到一根鐵絲，一塊木頭，一個布條，一顆螺釘，都要擱放起來。這樣，

連同他的生產與生活工具竟把一幢不小的窯洞擺得滿滿的，然而井井有條，隨手可取。

他性格爽朗，熱情好客，總是把自己生產的瓜果葵籽留著，招待來訪的客人和孩子，而且要求客人們簽名留字，通信聯繫。他自己生活艱苦，但卻常常接濟別人。每逢談得投機便唱起一段段山歌讓人欣賞。我們向一些從小生長在他周圍的中老年人問起他時，不少人都說少年時代常常淘氣地向他做「惡作劇」，喜歡拔他的頭髮，拽他的白鬍子，他也總是吟笑湊趣，從不犯惱。

二、壽齡之謎

關於吳老的年齡，當地說法不一，有說130歲的，也有說170歲的。他自己因受「佛家不言姓，道家不言壽」教律的影響，在年齡上也打過埋伏，減去了12虛歲（屬相一輪）。所以，有的報刊在1978年10月曾經報導為129歲。

這次採訪，起先我們並沒有去問他的年齡。只問他的生活起居情況，他高興得念念有詞，不禁唱起佛教的「勸善歌」來。我們見桌上放著一張「選民證」，便指著上面填寫的131歲一款稱讚道：「吳老，高壽？」他哈哈大笑，連疊著回答：「嘿嘿！說實話吧，報得不夠，報得不夠！」我們驚訝地接著問：「怎麼？」他說：「我是（清）道光戊戌18年臘月十三日辰時生人！」（即西元1838年）

他還背講了清王朝歷代年號和慈禧太后的所作所為，以及他親身經歷的戊戌變法、辛亥革命等重大歷史事件給我們聽。

我們聽當地一些年逾古稀的老人介紹說，自己在孩提時見吳老已是鬚髮皆白，而今五、六十年過去了，自己也

雙鬢蒼蒼了，吳老看去還是那個樣子。

據青化砭一位還俗僧人回憶，五十年代青化寺和吳老同期有位老僧名叫高育才，他1957年去世時九十多歲了，平素高育才稱這位老人為「吳老」，而吳老只喚他「育才」，這起碼可以說明吳老在二十多年前已經是一百多歲的老人了。

再據青化砭油礦職工家屬、七十五歲的老太太傅康氏回憶說，她16歲嫁給衡山縣刺兒溝傅家為媳，當時公公七十多歲，信佛教，去刺兒溝寺廟敬香時結識吳老。她十九歲時，吳老常到傅家化緣做客。13年前她首次到延安探望兒子，偶然碰見吳老仍像從前的樣子，十分驚訝。

傅康氏的公公如果活到現在應該是一百三十多歲了，而吳老較他公公更年長。如此看來，吳老的年齡在一百四十歲以上是可信的。

三、養身之法

吳老的養身之法，大體可以概括為「忌」、「動」、「煉」、「樂」四個字。

「忌」，指的是生活要注意節制儉點，禁忌「放縱貪慾」。吳老出身寒苦，是嚴守佛教戒律的一位忠實的「苦行僧」。他給我們唱了一首「四不貪歌」：（經考證：此歌為呂洞賓祖師所吟成）

「酒色財氣四道牆，人人都在裡邊藏，

有人能跳牆外去，不是神仙便壽長。」

他說他一向信守。他未結過婚，一生吃素，粗茶淡飯，特別是忌諱菸酒等刺激性東西，即便是再好吃的，也

決不貪食過量。

他每日三餐，中午吃飽，早晚適少，中午飯對他來說十分重要。他吃的食物，主要是玉米、小米、白薯、洋芋、山果和野菜等植物性食品，而且講究原湯化原食，煮過面的湯都要喝完，不另外飲水；油料也只吃植物油；食鹽量較少，以清淡為宜。臥室、禪房等經常休息逗留的地方，特別注意乾燥，他現在住的臥室，就是距地面較高、用壽材板棚架的樓板上。

「動」，指的是一生應把吃苦勤奮置於頭等位置，禁忌懶惰，無所事事。

吳老生於河南氾水，年幼喪父，母親和兩個姐姐也很早去世，親戚中並無長壽的人。他十八歲入佛門，在河南、河北、北京、陝西，走換過很多寺廟。即使到了高壽以後，也一直是自己打柴燒火、種地、擔水，料理生活。現在，他每天從早到晚，仍不輟勞作，從沒閑著的時候。他不但能擔八十斤重的水桶爬坡，而且還能背一百多斤重的石板。他認為「樹老先老根，人老先老腿」，只要手勤腿勤不惰怠，就可以養身防老。談到這裡，他對我們說：要長壽，生活要「苦」一點，手腿要「勤」一點。

「煉」，就是要把養身鍛鍊，當作生活中的一件大事來看待。

吳老唱的一首「養身歌」是：「天有三寶日月星，地有三寶水火風，人有三寶精氣神，善用三寶天地同。」意思是只要養煉好「精」、「氣」、「神」，就能長壽。他說「我身體好不是靠什麼仙丹妙方的訣竅，都是煉來的！你們只要有恒心，有毅力，多年如一日的煉，保管身體也會健壯。就怕不煉，不堅持！」吳老從少年時就習拳愛

武，至今他還堅持練拳、練道家內丹功。

「樂」，就是人要想延年益壽，必須心理開朗，情緒樂觀。他認為人要不服老，精神情緒上始終要把自己看成是孩童。

吳老一生無憂無慮，從不計較個人得失瑣事。他性情樂觀，吃得香，睡得甜。能在極短的時間內憩息入睡，消除疲勞。這和他長期練「坐禪功」，能隨時「入靜」是分不開的。無論坐、靠、躺都能睡得著，只要一睡下就什麼都可以丟開，幾乎不做夢。他說，睡眠的時間不在於長，而在於「沉」，在於入靜的程度。

關於吳老的年齡問題，我們這次雖然做了努力，但畢竟只是聽吳老本人和一些熟悉他的人介紹的情況，至於怎樣用科學的方法來進一步驗證，那要靠有關科學工作者了。

142 歲的吳老，現在體格這樣好，以及他的一些異常的生活習性，如喜歡坐著睡覺，不用被子，有時每天只吃一頓飯，外出時七、八天可以不大便，回來後才入廁等，都是值得醫學、生理學者進行研究的問題，我們相信其中一定會有不少有益的經驗和體會。為此，我們建議有關部門應該更好地保護和研究這位老人。

第二節　吳雲青印象

—— 原載於《延安文學》1990 年 3 月刊

作者：高明遠

吳雲青者，河南省人氏也。居陝西已久，流寓於延安

市青化硋，已有幾十個年頭了。他個頭不高，鶴髮童顏，步履矯健，說話鏗鏘，老當益壯。一輩子寡居，生活自然是儉樸的，常年穿一套褪了色灰布夾衣。結廬山村，自勞自食，無憂無慮，怡然自樂。樂之有餘，愛唱道歌，故有人說他是崇通道學的。也有人說他崇信佛家。因為愛說些佛、菩薩之類的話。更有人說他是孔孟之徒，因為常開口子曰，閉口子曰。看起來，其老熔三教於一爐，似乎高深莫測了。

20世紀80年代初，他曾以120歲的長壽老人之稱，上過大報。《長壽》雜誌還在封面上刊印了他的肖像，一時轟動環宇，連美國人也發函探詢他的長壽之道。並居然因此掛了個省政協委員的頭銜。

也許是應了樹大招風的俗語，有人對他的高齡發生了懷疑，作了一番考查，說他有個姐姐在外地，也沒有如此高齡。於是，雲青老人便悄然匿跡了，報刊也不敢報導了，省政協委員之頭銜也不翼而飛了。

但也有人說那次考查有誤，吳根本不承認他有個姐姐，說他們從來沒有過書信來往。而當地農民中有許多年近古稀者，則說他們在孩子時，曾坐在吳懷裡玩耍，那時吳就是一個頭髮花白的老者了。

更有熟悉吳老的人講。該老生於清道光18年，12月13日戌時出生。如此算來，其年齡已150餘歲了，恐怕舉國少有了吧！環球也不多吧！

但自那次考查之後，再無人續查，而吳老本人從此再不談論年齡，即便有人問，也只說：「不談那個！」或曰：「四、五十歲了！」故筆者於此不作肯定與否定，留待以後有關人士進一步查實吧！不過，人們對於說他是年

近百歲的長壽老人卻公認而無異議。況且目明耳聰，體魄強健，實為罕有。我們國家對政治方面無問題的長壽老人，是很關照的，近年來，省內外仍有不少人來看望他。八九年的《氣功》雜誌仍刊載了一位浙江人氏採寫的文章，讚揚他長壽有道，文字不多，卻寫的很漂亮。只是，地方上有關部門再無暇問津和關心罷了。

我和吳老認識是一次偶然的機會。我近年來酷愛氣功，對中國傳統文化又鍥而不捨。一次邂逅相遇，我便和他攀談起來，想獲取一些有關靜功方面的知識。

吳老是一個剛直坦率之老者，毫無裝腔作勢。出乎意料的是，吳老一開口便高聲朗誦道：「大學之道，在明明德，在親民，在止於至善，知之之後有定，定而後能靜，靜而後能安，安而後能慮，慮而後能得……意誠而後心正，心正而後身修，身修而後家齊，家齊而後國治，國治而後天下平……」吳老背誦的是《四書》中的《大學》，其聲如洪鐘，抑揚頓挫，搖首擺須，熟如流水，我不禁為之愕然，並自慚吾雖受業大學文科而不能矣！

他接著談到《中庸》、《論語》、《孟子》以及五經。為了把話題引到氣功上來，我插言：「『吾養吾浩然之氣。』是孟夫子的名言，你以為如何？」他朗然答曰：「這是道話。」吳老說得對，道者，至理也。我又說，有人說你是崇信佛學的，沒有想到你對儒學竟然有如此之深的見地。他言：「高僧不嫌高道，高道不嫌高僧，鴻儒亦然，三教一理嘛！不過，我都是略知一、二。」言之有理。

宋代大文豪蘇東坡有言：「佛者，白玉也，道者，黃金也，儒如五穀，則近之矣！」可見古今所見相同。當然亦有異處，如儒是世間法，釋又有出世法。他繼而又說，

《大學》、《中庸》既是大道，也是道功。這話頗有道理，很耐人尋味。沒有較高深的學力和對道功理論有一定的造詣，是不會理解的。我不禁對這位長壽老翁肅然起敬。近年來，我對中國傳統文化、古典哲學曾做了一點問津。但面對這位「山村野夫」，卻深感自己學識浮淺，愧顏於面。

一次，在閒聊中，他知道我對《易經》略有所知，便突然發問：「你說坎卦屬陰還是屬陽？離卦呢？」我順口而答：「當然坎卦屬陰，離卦屬陽。因為坎是水、離是火嘛！」他截然糾正：「坎是陽，離屬陰。」我一震，心想，豈有此理！我們相互默然片刻，我忽然省悟道：「你是說坎卦陰中有真陽，離卦陽中有真陰嗎？」他笑了。我也笑了。

吳老小時唯讀過幾年冬學，過去念小學一開始是《百家姓》、《千字文》，接著就是四書五經。我十分佩服他驚人的記憶力，現在仍能成段地背誦。他用毛筆抄寫經文，是一絲不苟的，從不用簡化字。

他很神秘地說：用簡化字可不能抄寫經典呵！對此，我到覺得有點失笑。記得有一次閒談中，他忽然對漢字簡化表示大為不滿。他舉例說：「道」字簡化為「辺」，那還行呀？刀子坐車，不是表示權就是理嗎？還是頭坐車才能講理呀！我不禁哈哈大笑。他也笑了。

我們未相識時，我曾想像他是一個道貌岸然的老者，不大與凡人答話。出家人，看不起紅塵俗子，像個啥，也是猶抱琵琶半遮面的。但他實際是一個胸襟很開闊、性格很開朗，十分健談而又十分平易的慈祥老者。

那是一年前仲夏的一個日子，我們又突然相遇，隨便

聊天。他建議我戒菸，忌口、少房事……。我說，其他好辦，就是菸丟不掉。他向我開起玩笑起來：不戒菸，離世後閻王爺要給你洗肺子，還要過八百里煙山哩。我們又同時大笑了。他收斂笑容後又一本正經地批評我道：說明你無恒心，幹啥事都要有恒心呀！是的，做事就是既要有信心，也要存恒心，二心缺一都不行。就是在這次接觸中，我們說到了電視劇《西遊記》。

他說《西遊記》是寫佛家與道家修煉過程的。這和八八年來延安教授「形神樁」的氣功大師龐鶴鳴，說《西遊記》寓意高級靜功之修煉的說法完全一致。所不同的是吳老是用韻文講得很簡要，龐大師是用白話講的較細緻罷了。這和有的文學史家說屈原的《遠遊》是講修仙煉丹，《紅樓夢》是說法佛的，皆屬學術之異見吧！

時去時來，年復以年，我和吳老曾有好幾次短暫的接觸。因為他的河南腔很重，我聽起來很是吃力。故每談到深處不得延續，以後也漸漸談的少了。吳老畢竟小時唯讀過幾年冬學，加之遠居山村，對現代文化知識還是缺乏的，對儒、釋、道的發展史和演變，也沒有系統的知識，但在其緊要處，他還是深有領悟的。

總之，此老是個有點學問和見識不凡的老者，不只長壽而已。比起一些鄙視祖國傳統文化和對它一無所知的某些所謂「家」們，可能還要來的實在一些吧！

不少人想見吳老，原因無非有二，一是出於好奇，想看一看這位長壽老人究竟是個什麼樣子，二是想探求一下其長壽秘訣。

據我初步接觸所知，吳老之長壽，主要不外乎「清心寡慾、四體有勤」八個字。他的省政協委員的頭銜因年齡

之爭不翼而飛後，既不怨天，也不尤人，若無其事。物來應跡，物去心清是得道者的宏闊氣度，心胸虛靜，壽之要也；聽說他經常提個糞筐拾糞，拾滿之後，走到誰家的地頭就倒給誰家，既鍛鍊了身體，又做了好事——「流水不腐、屍樞不蠹」嘛。另外，他還嚴格地遵循著佛道生活戒律。如不殺生、不淫邪、不偷盜、不兩舌，不綺語之佛家五戒。

我是為探求氣功養生知識和吳老認識的。他看到有些人把一些導引之術說成是道功，很不以為然，認為其雖非邪門歪道，也非先天大道。他說真正的先天道功是道家內丹包括性命雙修，打坐以及儒家的「守一」相彷彿。然而他說他不坐禪。我問，那你如何練功呢？他說他不練功。我直言不諱地說，你大概是保守，《氣功》雜誌報導了你在練功。他說，那可能是他們訪問我後自己編寫的。

吳老是個不撒謊的人。這種事絕非無有。但如果你和他談的長了，關於性功方面的道理還是談的很深。至於命功具體操持方法則是閉口不談的。

這也難怪，古時人都有法不輕傳之約束。我有時見他一個獨坐或與人交談，話不投機時，欲睡非睡、似眠非眠，很像是沉浸於一種道功態之中。混混沌沌、杳杳渺渺、萬緣皆空，一靈獨存，是一種無為法道功修煉。這可能也是他長壽秘訣之一。因為「獨立守神，呼吸精氣」，可使人「陰平陽秘。精神乃至。」

吳老說話是很有意思的。譬如每說到中國就豎起起大拇指曰：「神州」，說到中華民族，就自豪地說：「聖族！」對於我向他打聽道功秘訣則言：「你們是公門人，辦公務要緊，練功是以後的事！」這些話當然是不對或對

中有誤的,然而其樸素感情,還是令人敬仰的。

吳老確是熔三教於一爐的,雖非皆通,但都有他自己的看法。有些人一聽到八卦《易經》、佛學,老莊,便認為是迷信,一說到孔孟,便視為封建,對其精華與糟粕不能區別而一概否定,這實際是一種無知和民族文化虛無主義的表現。當然,吳老是個遺老,也不會完全分得清。本文宗旨也無非是提請社會有關人士,對這樣一個修道的長壽老者的晚年生活有所照顧吧!

我和吳老不算深交,只是偶然接觸了幾次,但他的聲音笑貌,言談舉止,我卻深有印象。有如秋夜觀梅,陽春賞花,頗有異香沁心之感。

庚午 孟夏

第三節 當代壽星誰之最

——原載於《國際氣功報》1996年6月19日

作者:張紀方、劉權壽

改革開放時代,國泰民安,年豐人壽,生活在小康之境和正奔小康之路的人們,頗為最關注養生健身之道。國有全民、健身計畫,民熱運動健身之法,各種延年益壽的藥物與保健品應運而生,各地年逾百歲之老壽星的報導也不時見諸於報刊。

1980年年9月10日,《人民日報》曾刊發過新華社一則消息:「老壽星吳雲青增補為《延安市政協委員》,報

導說。出生於清道光戊戌18年臘月（即1838年）的吳雲青。雖然經歷了142個春秋，但仍精神矍鑠，步履穩健」之後，不少報刊相繼作了介紹，《長壽》和《新體育》雜誌還在封面二封底刊印了吳老的肖像。

歲月匆匆，轉眼過了16個年頭，人們也許早把此事淡忘了。

可是，不曾料到的是，16年後的今天，這位老壽星依然健在，我們是從吳老的弟子、道家養生長壽內丹傳人蘇華仁友人，轉入蘇華仁寫給《國際氣功報》的來稿中得知這一資訊的。蘇先生在題為《158歲的內丹高師吳雲青秘錄》一稿中說吳老不但在世，而且「依然鶴髮童顏，身心猶如童子……」

158歲？身心猶健？如果確實的話，這將是迄今為止我國記有資料可考的長壽老人之最。

懷著探奇和求索長壽之謎的熱情，我們同蘇華仁先生相約於1996年4月下旬專程奔赴陝北，訪問這位老壽星。

一、見面印象

吳雲青老人給我們的第一印象是常人又是奇人，似道似仙似神，又是一位樸樸實實的陝北農家老漢。

他個子不高、腰背不彎，鶴骨松身，臉似滿月，一頭白髮似銀色瀑布垂散頸背之間，足足一尺有餘的絡腮銀鬚冉冉飄拂胸前……古銅色的額眉上有幾道較深的抬頭紋，眼不花，耳不聾，說話聲音洪亮，走路步履穩健有力，毫無龍鍾老態之相，頗具有道骨仙風之形。

要不是那一身陳舊灰黑的衣著和臨時趿拉在腳上的雨靴，如若再給他穿上道鞋黃袍、掛上龍頭拐杖，人們還會

以為是上天的太白金星下凡了呢！

　　未來之前，在我們想像中，吳老一定是隱逸之士，深居簡出，道貌岸然，不大與凡人接觸的尊長。出家人，往往瞧不起紅塵俗子，求尋其跡，也多半雲裡霧裡，難以琢磨。但出現在我們眼前的吳雲青，卻是一個平易近人、親切和善又很隨和的慈祥老人、他住的地方，是陝北黃土高原一個普通的山間盆地，是一個有數十戶人家的小村，村前有小河，河上有石橋；村後是高坡，坡上有樹木，有小路、有窰洞，半山坳上，黃土坎下，柴門蒿園，幾孔依山而掘築的窰洞，便是吳老和他的幾個常隨弟子居住和悟道練功之所。

　　聽說我們遠道專程造訪，老人十分高興，早早地同他的幾個弟子出窰，下山相迎。上坡時，彎彎小徑，坎坎坷坷，他一不拄杖，二不用人扶，我們到了，他也到了。我們讚歎老人的剛強和腳底功夫，他的弟子們則說：今年不如往年了，前幾年，老人挑六七十斤重的水桶上這坡氣都不喘，上長路還能騎自行車哩！

　　一進窰洞，老人就招呼弟子給我們泡茶倒水，拿瓜子吃。同老人一起盤坐在寬敞而簡陋的土炕上，無拘無束，談笑風生，親如家人。他問我們抽不抽菸，忌不忌口（即是否吃肉），我們說不會抽菸，他高興地說：「好人，好，善緣，善緣！」並勸我們說：「要忌口哩，不能殺生」，還告誡說：「人不忌口，五葷六道，吃四兩賠半斤。酒色財氣煙，一刀要斬斷。」

　　談到高興處，老人竟同他的幾個弟子一起為我們唱起了道歌，背誦起儒學經典《大學》、《孟子》中的有關修身明德的語錄和呂洞賓的「百字碑」，儘管因口語關係我

們未能聽清詞義，但對老人的記憶力和思維反應靈敏程度是很佩服的。

當我們拿出「劉權壽」的名片給他看時，老人不僅當即念出了上面的名姓職務，而且連名字下方的那兩行小5號字體的位址，電話號碼也一一清讀了出來，並接過鋼筆，在我們的採訪本上寫下了他特意為我們起的「大同」「文德」字型大小。

問他給我們起字型大小的含義，老人笑而不答。可以看出，他的視力、聽覺、記憶、思維都確有超常人之處，尤令我們歡奇的是，一個年逾百歲的老人，至今四肢肌肉豐滿，皮膚彈性不減，兩手掌心紅柔細嫩如少童，10個指甲白裡透紅，清晰光滑，無老化痕跡。席地打坐，腿腳竟能靈活自如地一會散盤，一會單盤，一會雙盤。

我們對著手錶按觸其脈搏，每分鐘跳動68次，且起伏有力有律。詢問其體內器官情況，侍服老人幾十年的宋金蓮，宋銀蓮老姐妹倆說，10年前在地區醫院檢查過，呼吸、消化循環、神經系統都沒發現有啥毛病，血壓也很正常，這幾年來沒查過，不過老人精神和飲食起居一直很好，去年以前還是滿口全牙，只是去年秋天他的貼心弟子杜世德因意外受傷不幸去世，老人很是傷心了一場，牙齒脫落了一些。

中午飯我們是和老人在一起吃的。宋氏姐妹為招待我們，特意炸了一盆素油餅，炒了三盤素菜：一個馬鈴薯絲，一個豆芽炒粉條，一個涼拌黃瓜。吳老熱情地招呼我們倆、蘇華仁還有寺廟的兩位執事老人圍著小炕桌一一坐好，然後搬出一個墊子到正中位子坐下，笑著說「看來這個位子是該我坐的了」。

飯菜是很普通的，可我們都吃得很香。有意思的是，當我們5個人都吃飽放下碗筷後，老人仍旁若無人、津津有味地大口吞嚼著油餅和盆子裡剩下的黃瓜、馬鈴薯絲，連其他人灑在桌子上的幾根豆芽，也一一撿拾到自己的碗裡吃下去了。我們有意觀察了老人的食量：三個油餅，兩碗米湯，加上大半碗菜，少說也有六七兩。

在我們吃飯的過程中，不時有附近廟上和村子的閒人聞訊前來看熱鬧，不管誰進來，吳老都熱情地打招呼，總是忘不了叮嚀人家「要忌口，要行善」並能隨時叫上人的名字或說出誰家的婆姨誰家的孩子，可以看出老人同鄉四鄰的關係是相當熟識而融洽的。

午後，老人帶我們謁拜了復修不久的廟宇殿堂，然後又在弟子們的鼓動啟發下，打了幾招太極拳，雖然動作不如弟子們靈活敏捷，可從那循序不亂的抬腳提腳翻掌的招式中，不難看出，老人當年的拳腳功夫，不是一般人所能相比的。

二、所聞所見

面對鶴髮童顏，年逾百歲而身心猶健的老人，我們最渴望瞭解當然是有關他的人生經歷和養生長壽之道。

對身世吳老不願多談，他只是說，自己乃一山野閒散之人，老家在河南，自幼因家境貧寒，出家入道，雲遊過不少地方，以後流離於陝北，曾為延安青化寺長老。「文革」中被關過牛棚，以後結廬山村，自勞自食，現今同幾個弟子在一起生活。

聊起健身養生之道，老人也不細述，只是反覆地向我們吟誦兩首古道歌。

其一曰：「天有三寶日月星，地有三寶水火風，人有三寶精氣神，善用三寶可長生，三寶圓滿天地同。」

其二曰：「酒色財氣四道牆，人人都在牆裡藏，有人能跳牆外去，不是神仙也壽長。」

他的入室弟子蘇華仁和宋金蓮、宋銀蓮解釋說，老人最愛吟唱的這兩首歌，實際上已道出了長壽的秘訣。一首歌是勸人要修丹練功，保持體內的精、氣、神；一首歌是勸人要清心寡慾，不貪酒色財氣，淡泊名利與俗事，自自然然、平平安安地生活。

蘇華仁介紹說，吳老天性脫俗，少年時曾習拳練武，喜讀道典、佛經，十六、七歲上出家入太行山中修九鼎神丹道功，40多歲時離開太行雲遊四方，結識了不少高士逸人，學到不少高層次秘功。後入華山道士之列，潛心修煉內丹道功，悟得人生真諦，遂感大成。

吳老多次對他講過，習練道家內丹功，首先要確立天下為公的思想，明確天地人生生滅滅變化之道的奧秘。煉丹道與積陰德並重。其次要有恒心，有毅力，年年月月日日不間斷，把一百年當作一天練。第三是要心靜，不受凡塵俗事所擾，整個身心都撲在習練內丹道功上。

蘇華仁曾幾度與師父同桌吃飯、同炕宿眠、同場練功、同田勞作、同行遊歷、朝夕相處、親眼看到師父除每天堅持在「子、午、卯、酉」四大時辰定時習練內丹道功外，平時不論在什麼場合，總是擠出點滴時間習練。晚上，師父一般是不蓋被子坐著睡的。

吳老住的窯洞，雖空間不大，卻用鬆木板隔為兩層，下層放東西，上層為「坐禪」練功之用。在田間勞作休息時，別人談天說地，他則依鋤俯首默默「入靜」；井旁排

隊挑水，也能立而調息調神，呼吸於玄關與丹田之間。即便與人問答時，稍有間隙，或吃過飯將碗一推，也能馬上進入功態，雙目微閉，似睡非睡，潛心將精氣神合一，確實做到了行、立、坐、臥與功合一。

鄉鄰、道外人不瞭解此中奧妙，逢到人問，還說：「吳老是個好老漢，就是有個愛打瞌睡的毛病。」

至於吳老的功力到底有多高，功夫有多深，本人閉口不言，弟子也從不張揚，只是吳老有個習慣，這也是周圍的人都知道的，就是他的耐熱耐寒能力特強，三伏暑天從不搖扇，數九寒冬不烤火，零下20多度，也從不戴手套和帽子，且常年四季習慣赤足行走，爬山越嶺而不怕荊棘石礫，踏雪踩冰而不見腳板凍裂。

1983年冬天，他出遊北武當時，就曾光腳行於雪地，山上有一位道長車至先問他：「老修行，你在雪地赤足疾行，為什麼不怕冷呢？」他風趣地反問人家：「你的臉為什麼不穿衣服？」蘇華仁講，他曾在一個冬天細心觀察過師父的足部腳掌，儘管不著鞋襪，卻無一絲凍跡，實在令人嘆服。

和一般隱逸高士不同的是，吳老既為道中高人，潛心於煉丹修禪上百年，嚴守佛道之清規戒律，但卻不隱名埋姓，故作高深，杳杳渺渺，居於鄉鄰之中，既悟道又務農，寓修煉於勞、逸結合之中。他平素的生活原則是「日出而作，日入而安」、早睡早起、勤於勞作。農忙時節，泥裡水裡風雨不避；平常時節，擔水打柴拾糞，樣樣活都幹。

前些年，出門常手不離糞筐，見到牛糞羊屎就拾，走到誰家地頭就倒給誰家。對衣服，從來不講究。常常是一

件灰布夾衣從夏到秋。一身棉襖由冬到春，且喜歡自己動手縫縫補補，據說在去年時還能在燈下走針縫補衣服。在飲食上，他一生不動葷腥，主張粗茶淡飯。天天素食，多以陝北當地所產玉米、小米、馬鈴薯、白薯為主，一日三餐，清淡為宜每頓主食在五、六兩左右，而且講究原湯消食，煮過的麵湯總要喝點。炒菜絕對要求用植物油，外出辦事，為避葷腥，多自帶乾糧和水壺，以免食用做過葷食的炊具做的素食食物和燒的開水。

老人視菸酒同葷食一樣厭惡，常對人說：不戒菸酒，離世後閻王爺要給你洗腸子，還要過八百里煙山哩。

不過。遇到不知情的外來人在他面前抽菸。老人也不惱不煩。

吳老為人處世，以善為本，胸懷大度，性格開朗，笑口常開，不管什麼時候，都是一副無憂無慮無所求的樣子。樂之有光，喜吟四書五經。愛唱道歌，勸人醒世。比如說：「心好行正命自好，平平安安走到老，「同天同地同三才，不生不滅不轉來」等等。上街購物買菜，從不問價。賣主說多少錢就給掏多少錢。鄉鄰四鄰有些淘氣的小頑童，常愛在他面前「惡作劇」，用手拽他的長鬍子和白頭髮，他總是吟笑湊趣，從不煩惱。

20世紀80年代初，關於他的報導在《人民日報》發表後，一度他曾掛上了省政協委員的頭銜，後來有人說他年齡不實，該頭銜因此又被抹掉了。對此，他從不問不怨，若無其事，物來應跡，物去心清。

但對「文革」動亂年代那些發瘋似的紅衛兵、造反派衝擊寺院，逼道人還俗，將他關進牛棚，拉他遊街，剃掉他的頭髮和拔掉他的鬍鬚之惡頑行為，老人卻刻骨銘心，

很是傷心，至今心頭仍蒙有陰影。

　　老人一生獨身，心清行正，既無田產，又無餘財，早年以寺為家。前些年以隊上給劃撥的幾分自留地和民政部門發的幾十元生活補貼度日，近幾年主要靠蘇華仁、宋氏姐妹等弟子們的照料和接濟生活。手裡有了幾個錢時，很少添衣物和吃零食，多數用於買香火。他住的窯洞北邊有一小土窯，內供有觀音菩薩和佛祖如來、道尊老子、儒宗孔子像，像前置一小香爐，腳地放有打坐布墊，常年檀香嫋嫋，道氣森森，乃為吳老焚香誦經、參禪練功之地。修道行家進此窯都說：「氣場好，信息特強。」

三、壽齡論證

　　關於吳雲青老人的準確壽齡問題。也是我們這次採訪中力求解開的一個謎。

　　因為自打1980的《人民日報》那篇消息披世後，曾出現過一場風波。有人產生懷疑，作了一番考察。說他的高齡不實。爾後又有人進行過再考察，說吳老還不止140多歲沸沸揚揚了一陣子，結果是因高壽而掛上的省政協委員頭銜又緣於壽齡爭論不翼而飛。

　　延安市政協委員的頭銜似乎還掛著。不過，延安市的一些幹部仍有搖頭的：「沒聽說人還有活過一百四五十歲的，不可能！盡是記者們胡吹哩！」

　　大千世界，其妙無窮。按常規思維不可能的事它又確確真真存在。對吳雲青的壽齡長短，局外人信可不信。但要說人活一百四五不可能，則未免有點孤陋寡聞、井蛙之見了。英國人佛姆‧卡恩，活了207歲，匈牙利一位農民在1905年謝世時195歲，當時他的兒子已155歲，日本老農

萬部夫婦，男的活了194歲，女的活了173歲，兒子活了153歲。我國唐代名醫孫思邈活了142歲（也有一種說法是101歲）。

孫思邈在其所著《備急千金要方》中記載：「常聞道人蒯京，已年178，而甚丁壯⋯」去年曾披露於報端的一湖南農村老婦，年已138歲高齡⋯⋯

我們還是回到吳老壽齡上。最早披露吳老142歲高齡的兩位記者劉仙洲、張純本，是在進行了一番深入細緻的調查研究，取得不少佐證資料，後又巧妙地從吳老口中探出老人是「清道光戊戌十八年臘月生，屬狗的。」

在此之前的1978年，曾有報刊介紹吳老為129歲按此推算，今年他為147歲。

在此之後，也有報刊披露吳老是160歲，130歲的。

我們這次去，下工夫找了許多當地年過半百的老人和寺廟的知情者調研。有趣的是：無論是20世紀在40年代第一次見到吳老的，50年代第一次見過吳老的，還是60年代、70年代、80年代見到吳老的，都說他們當時還是孩童或十五六歲的小青年，可印象中的吳老就是一個白鬍子老漢，和現在的模樣差不多。

人要長出一尺多長的滿頭白髮和白鬍子，從生理學上講，一般在六七十歲以下是不可能的。

一個頗有說服力的事實是宋氏家幾代人同吳老的道緣。已侍奉老人多年的宋金蓮、宋銀蓮，是一對親姐妹，姐60歲，妹52歲，老家是陝北吳堡人。

宋金蓮回憶說：我是13歲那年跟著父親上白雲山趕廟會時初次見到老人的。當時吳老的鬍子長長地飄在胸膛上，很好看。

　　我父親叫宋錦華，很早很早就拜在吳老門下學道的，她說她見吳老時吳老就是白鬍子老道。我父親1986年去世，活了76歲。我是20多歲時跟著父親進了青化寺出家為道的。『文化革命』時受了不少罪，被迫還俗，同道友杜世德結婚成家。杜世德比我年長10歲，他15歲上出家入道，跟了吳老50多年，是吳老最喜歡的入室弟子。1981年，我妹子在遭受了家庭變故後，也來這裡跟上我們一起修行。我們在父親去世後，就把吳老當成恩師和老輩親人，照料老人的生活。我的養女毛毛，今年29歲了，是吳老幫扶和照看著長大的。最不幸的是，杜世德在去年摔傷病故了，老人為此傷心大哭了幾場，精神上顯然不如前些年了……」

　　我們找到了在青化寺廟複建委員會執事的左旺業老人，今年79歲。他說：「我是在胡宗南撤退那年，第一次到寺院來看到吳老的，那時我正年輕力壯，看到他這個白鬍子老道就好奇打問有多大歲數了，人說七八十歲啦。解放後，他越活越精神，我今年快八十了，可看他還和當初見時那樣差不多。」

　　寺廟複建委員會的負責人之一，現年76歲的朱德才老人說，他是17歲那年第一次見識吳老的，白髮白鬍子，拄了個拐棍，在廟院的井臺上挑水……

　　附近油礦工人黨滿江說，「我66年剛來這裡時，見過吳老，就是現在這樣子，30多年啦像沒啥變化，可你們看我這滿臉的鬍子茬已由23歲的小夥子變成了年過半百的老漢。」為了印證他的話，他還特意從家裡拿來他1978年12月同吳老的合影。

　　又據當地幾位老人介紹，他們都聽一位還俗道人（已

去世）講過，五十年代初期同吳老共在一寺的一位名叫高育才的老道，1957年去世時已90多歲了，平素相互交往中他總是稱吳雲青為吳老，而吳老只喚他育才。這起碼說明在50年代初吳老已是過了百歲的高壽之人。

吳老的入室弟子蘇華仁則肯定地說，他老師的壽齡至少在150歲，他說他也曾作過考察。

令人困惑的是，吳老自己則十分忌諱人們詢問生辰和年齡。每當有人問起，要麼拒之不言，要麼含糊其辭，或說70歲了，或講40多歲。

據講在1982年人口普查時，他就按40歲自報，並編了一首自嘲式的打油詩：「人口普查吳雲青，40歲人出了名，當年曾是百歲人，如今越活越年輕！」當然，如果取得老人信任，在興頭上或巧妙設法探問，有時還是能探出真底的。

老人為什麼忌諱問其壽齡，他的弟子們說，·主要有兩個原因，

一是「佛不言姓，道不言壽，」乃為宗教信律，加之受傳統的「老而不死視為辱」觀念的影響，老人一般不會透露自己的真實年齡。

二是老人看破紅塵，清心寡慾，既不想以過百歲壽齡炫耀於人，又怕因高壽出名招來諸多閒人和閒言碎語，不得不應酬世俗，而打破平靜的山中生活。

不過，老人回避也罷，世人議論也罷，一個年過百歲的老壽星至今仍生活在中國陝北的一個普通山溝裡總是客觀事實。老人與眾不同的生活方式和練養健身之道總是值得研究發據的財富。也希望有關部門和社會各界能進一步關心和關心老人的晚年生活。

第四節　古都安陽訪仙翁

——原載於《中國氣功科學》雜誌 1998 年第 9 期

作者：海音

　　1998 年 8 月 15 日夜，筆者同《中國氣功科學》雜誌社南文政副社長一起，踏上南去的列車，我們此行是要去我國七大古都之首的河南省安陽市，是要去訪問一位世外高人，現年 160 歲的丹道高師吳雲青老先生。次日晨，火車抵達安陽，吳老的掌門弟子蘇華仁老師在車站迎候我們。

一、吳雲青老人年齡之謎

　　關於吳老的情況，筆者以前就多有耳聞，吳老是在第三次全國人口普查中被發現的，早在十多年前就曾廣泛見諸報端，1980 年 9 月 10 日《人民日報》曾發過一個題為《老壽星吳青雲增補為延安市政協委員》消息，其後，不少媒體都曾爭相報導過，吳老的仙容還上過《長壽》雜誌的封面。據當時這些傳媒認定。吳雲青出生於清朝道光戊戌十八年臘月（即 1838 年），時年 142 歲。

　　但是，後來有人杜撰出一種似乎「有科學道理」而又絲毫沒有根據的意見，認為人活到 142 歲是不符合科學的，宣傳吳老長壽是一種偽科學，吳老年齡根本沒有 142 歲，吳老冒充壽星顯然心懷不軌，云云。

　　此說一出，報刊也就不再敢刊登宣傳吳老的文章了，吳老的政協委員也被收回。

俗人對吳老年齡的爭論並不影響吳老的生活與修行，政協委員被收回了，正好樂得清修，他本來就沒興趣關心那些俗事，道家修的本來就是不理俗事的清淨心，或許正因為如此，也才能得長壽吧。十幾年又過去了。老人依然健康。

現在看來，那些對吳老年齡的懷疑與指責，是根本沒有道理的，正所謂以小人之心度君子之腹。作為一個壽者，吳老本沒有義務向俗人證明他的年齡是多少，作為一個修者，他圖的就是清清靜靜，快快樂樂，這也正是他的本來的生活，俗人盡可以相信，也可以不信，但是請不要毫無根據地懷疑和污蔑吳老的人格。

我們看到，自1980年以來，當他作為中國最長壽的老人出了名之後。他並沒有發明什麼長生不老丹在社會上兜售，以謀取什麼暴利，他還是一如平常的生活著，依然住著那口破窯洞，依然穿著土布衣，依然吃的是雜糧。

應當說吳老的年齡確實是個謎。因為我們根本找不到更有力的客觀證據，雖然如此，在吳老居住的延安市青化砭村，有好幾位現年七、八十歲的老人作證說，在他們還是孩提時代，吳老就是一位白鬍子老頭。現在他們自己變成白鬍子老頭了。

吳老還是一個白鬍子老頭，還有一些老人反映，吳老的牙換了好幾茬，頭髮黑了又白，白了又黑……。

由此。我們雖然不能斷定吳老的準確歲數，但《人民日報》的說法也不致離譜，按照《人民日報》的說法，今年吳老的年齡應為160歲了。在已被發現的長壽者當中，吳老可以說是當今的第一壽星了。

道家有句俗話：道不言壽。吳老從不炫耀自己的年

齡，總是用「記不清了」來搪塞。或戲稱「五、六十歲而已」。其實，在道家修者中愈百歲者並不稀奇，古者《黃帝內經》有云：「度百歲乃去。」今者，僅據筆者所知，現在在世的年愈百歲的道家成就者就有多人，如：武當山女道長李誠玉（參見本刊1998年第七期），泌陽白雲山道長唐道成，華山道長楊仙洲等等，均已年愈百歲，又如北京白雲觀曹道長，自言90歲，只是早在建國初他就對人說是90歲，時至今天還聲稱90歲，估計實際年齡早已愈百歲。

另據陳攖寧氏著《道家養生秘庫》載，近代修丹法而至年愈百歲者可謂多矣，由此可見，道家文化乃我五千年燦爛中華文化精粹之一，修煉道家內丹法可以長壽，已是不爭的事實。所以，在沒有進一步的證據之前認定吳老160歲，似乎並沒有什麼不可。

二、潛心修行得大道

吳老出生在一個崇道、信佛、尊儒的家庭，父母均是老實本分而無文化的農民，由於生活困頓，去世頗早，吳老自18歲出家，入道家洞天太行山修九鼎神丹道功，吳老對門徒常講：「為人在世最難得的是不立文字，唯靠代代明師口傳心授的內丹道功的全法全訣。」他少年入道，歷經廿餘載，至36歲方學得全法全訣，又習煉九載，遂感大成。

吳老40餘歲時，離開太行山，遊歷名山大川，結識了不少高人逸士，學到了不少高層次功夫絕學。後身入華山道士之列，潛心修煉內丹道功，吳老回憶，一日夜半，打坐行功之時，功態中眼前忽然閃現出一條明晃晃的大道自西北而來，吳老當下感悟自己修煉內丹道功成就之地應當

在乾位，次日清晨，匆匆辭別華山眾道友，直奔陝北而去。

吳老在陝北一帶的古洞和庵觀寺廟中潛心修煉內丹道功，後身入青化寺眾僧之列，光陰似箭，一晃又是多年，由於吳老德高望重，被寺中眾僧推舉為長老。及20世紀五、六十年代。青化寺發現油礦，廢寺建礦，吳老遂順勢就地歸隱，歸農潛居至今。

道家之內丹絕學，根源自先秦黃老之學，歷代口口相傳，臻於系統，形成內丹學派，其具體修法可謂環環相扣，步步漸進，具有極高的可操作性，然唯需以絕大之決心和毅力，苦修不輟，方可成就。實現對於生命的超越。吳老的生命實踐，再一次證明了這一點。

三、平平常常清淨心

吳老天性超凡脫俗，喜讀道典、佛經、儒書，興之所至，常常大段大段地背誦吟唱，你不僅可以與他論道，也可以與他談佛，還可以與他講儒，他都能娓娓道來，他曾言：「高僧不嫌高道，高道不嫌高僧。鴻儒亦然，所謂三教一理嘛。」宋代大文豪蘇東坡也曾有云：「佛者，白玉也，道者，黃金也，儒如五穀，則近之也。」可見古今所見之略同。

三教者，歸根結底修道是也，儒家所謂仁愛心，道家所謂清淨心，佛家所謂慈悲心，在最高境界處歸於一心，所不同者，起手處不同也，路徑不同也，稱謂不同也。

吳老一生淡泊名利，一心只在煉內丹功，每日夜半子時和卯時，吳老必起身端坐潛心修煉，如此忠行百年，就是在日常生活中，甚至在田間勞作休息中，他也擠時間練功，別人談天說地時，他則在默默煉養，將精氣神三寶合

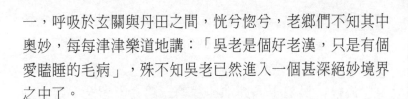

一，呼吸於玄關與丹田之間，恍兮惚兮，老鄉們不知其中奧妙，每每津津樂道地講：「吳老是個好老漢，只是有個愛瞌睡的毛病」，殊不知吳老已然進入一個甚深絕妙境界之中了。

在生活中，吳老的習慣是：「日出而作，日落而息」，勤於勞作、生活簡樸，嚴禁菸酒，絕對吃素，較之頭戴羊肚手巾的陝北老農，吳老沒有一點特別之處。在這種平平常常、平平淡淡的生活中，吳老又何嘗不是在修大道，煉真功呢？

吳老與俗人不同處的僅在於他的一顆心，清淨而悠遠，光明而不染，年輕而不老，超然而脫俗，神聖而平常和老而同塵……

四、走近吳雲青

在吳老的掌門弟子蘇華仁老師的帶領下，我們來到安陽市近郊一個僻靜的小院，我們抑制不住激動的心情，終於走近了這位仙翁。

但見吳老一頭銀髮，髯髯長鬚，果然是仙風道骨，氣宇不凡，他的聲音依然是那樣洪亮，耳不聾，眼不花，古銅色的臉上透出健康的色澤，尤其是他的眼神，透射著炯炯神光，時而又流露出一種孩提的頑皮。

據蘇華仁老師介紹說：吳老剛剛閉大關出來，這是一種道家內丹絕學，透過這種閉關修煉，可以達到「復歸於嬰兒」，心靈與肉體得到一次再造。

南文政社長代表《中國氣功科學》雜誌社和廣大讀者向吳老致以深深的敬禮和問候，恭祝吳老健康長壽，吳老十分高興地翻閱了我們贈送的《中國氣功科學》雜誌，熱

情地與我們進行了親切交談，吳老的談話爽朗而幽默，給我們的印象似乎完全不像一個年愈百歲的老者，而更像一個天真爛漫的孩童。

最後，吳老很高興地與我們一起合影留念，臨分別時。吳老大聲地說：「向大家問好啊！」這一刻，吳老的形象似乎化做了一尊雕塑，永遠地，永遠地銘刻在了我的腦海中。

第五節　華山派真人吳雲青

——原載於《丹道研究》刊第一期 1999 年 10 月 30 日

作者：盧鉑文

1998 年 9 月 22 日，年逾 160 歲的修道老人吳雲青在河南安陽坐化，遺體現安葬於安陽西南方向的靈泉寺。

吳老是當代修煉道家內丹有所成就的高人之一，國內新聞媒體曾進行過不少報導，但有關吳老年齡、修煉的種種奧秘，外行人未見得知道多少，筆者去年八月在吳老坐化前曾有緣拜訪吳老，有幸目睹吳老的仙顏，今年七月筆者又專門去安陽採訪了吳老的弟子蘇華仁，對吳老的仙跡有了進一步的瞭解。

一、潛心修行得大道

吳老於 1838 年臘月出生在河南滎陽一個世代崇道信佛的普通農家。因生計艱難，又因道緣所在，他，18 歲即登太行、王屋二山出家學道，苦心勵志，於 38 歲方學得道家

內丹術的全法全訣，此後又在山中習煉九載，才親證了丹道煉精化氣、煉氣化神、煉神還虛的種種景象，如此，吳老遂感大成。吳老40歲時，離開太行山，按照道家的習慣外出雲遊，他到過不少名山大川，結識了不少高人隱士，學到了不少門派的真功絕學，後皈依華山派，成為華山派道士。

據吳老回憶，一日夜半，他在打坐行功時，功態中眼前忽然出現一條明晃晃的大道自西北而來，吳老當下感悟自己修煉丹道成就之地應當在乾位。

次日清晨，匆匆辭別眾道友，直奔陝北而去，後一直在青化寺潛心修道，因德高望重，寺中眾僧公推舉他為長老。到了六十年代，青化寺周圍發現油礦，政府廢寺建礦，吳老遂就地隱居歸農，一直到近幾年弟子蘇華仁接回河南安陽。

目前最有爭議的是吳老的年齡，有人不相信吳老能活到160歲。應當說，吳老的年齡的確是迷，因為年代久遠無法找到有的證據，雖然如此，在吳老居住過的延安青化砭村，有好幾位現年七、八十歲的老人作證說，他們在孩提時代，吳老就是一位白鬍子老頭了，現在他們也成了白鬍子老頭，吳老還是如此。還有一些老人反映，吳老牙換了好幾茬，頭髮黑了又白，白了又黑。由此，我們雖然不能斷定吳老的準確年齡，但按照《人民日報》1980年9月10日的說法，吳老活到160歲不至於離譜。

二、平平常常清淨心

吳老天性超凡脫俗，喜讀道、佛經典和儒家的經典，興之所至，常常大段大段地背誦吟唱。你不僅可以和他論

道，也可以和他談佛，還可以和他講儒。除了天機口訣不輕傳以外，理論他可以儒道釋融會貫通，娓娓道來，深入淺出。他曾說：「高僧不嫌高道，高道不嫌高僧，鴻儒亦然，所謂三教一理嘛。」

吳老一生淡泊名利，一心只在修內丹道功，每日夜半子時和卯時，吳老必起身端坐潛心修煉，就是在日常生活中，甚至在田間勞作休息中，他也擠時間練功，所謂行住坐臥不離這個。別人在談天說地，他則在凝神入氣穴，神氣合一，呼吸於玄關與丹田之間，昏昏寞寞，杳杳冥冥。老鄉不知其中的奧妙，每每津津樂道地說：「吳老是個好老漢，只是有個愛瞌睡的毛病。」殊不知吳老此時已進入甚深絕妙的無何有之鄉。

在生活中，吳老的習慣是「日出而作，日落而息」，勤於勞作，生活簡樸，嚴禁菸酒，絕對吃素。較之頭戴羊肚毛巾的陝北老漢，吳老外表沒有一點特別之處，而不同處則在吳老的心，清淨而悠遠，光明而不染，年輕而不老，超然而脫俗，神聖而平常，和光而同塵。……

三、悄然坐化靈泉寺

去年我有緣見到吳老的仙顏，在吳老掌門弟子蘇華仁老師的帶領下，我們來到安陽市近郊一個僻靜的小院，但見吳老一頭銀髮，鬅鬅長鬚，果然是仙風道骨，氣宇不凡。他的聲音依然是那樣洪亮，耳不聾，眼不花，古銅色的臉上透出健康的光澤，尤其是他的眼神，透射著炯炯的神光，時而又流露出一種孩提的純真。吳老和我們說話，似乎完全不像一個年愈百歲的老人，更像是一個天真爛漫的孩童。吳老在我走後不久不到一個月就座化了。

聽蘇華仁老師說，吳老坐化前一個月就辟穀了，平常整天打坐，偶爾稍稍喝一點水。走的那天，吳老雙盤一直在打坐，待親傳弟子都到齊了，他微微睜開眼，囑咐大家一定要好好用功，不要浪費了光陰，人身難得，好好修煉。並說三年以後再見。我問蘇華仁老師，三年以後再見是什麼意思？蘇華仁說，這是吳老的玄機，究竟是什麼意思，只好三年以後驗證了。

吳老坐化後，皮膚光色一如常人，完全沒有那種死人皮膚發青發紫的恐怖象。蘇華仁老師及其吳老的弟子將吳老的肉身用兩口大缸合蓋起來，葬在靈泉寺後面的山上。山上有個萬佛溝，有許多葬著歷代高僧的碑塔，依傍著歷代高僧，吳老安然就寢了，三年以後，我們再也許有幸得到吳老仙音，那就真是我們的造化了。

第六節　壽翁傳奇

——原載於《老人春秋》2000 年第 8 期

作者：尚廣、鬱真

經常看報刊的讀者一定有印象，去年許多報刊報導或轉載了一則消息：中國發現了一位 160 歲的老壽星。其實，早在 1978 年，就有有關吳雲青的報導了，當年的《陝西日報》刊登消息說延安發現一位 130 多歲的老人，這是《延安文學》雜誌主編曹谷溪透露的。1980 年《新體育》雜誌 7 月號；1980 年 9 月 10 日《人民日報》第四版，刊登了新華社記者張純本採寫的報導：陝西省延安市青化砭村

142歲的老人吳雲青，增補為延安市五屆政協委員。

吳雲青出生於清朝道光18年臘月（即1838年），原為青化寺長老，現為人民公社社員。他雖經歷了142個春秋，但仍精神矍鑠，步履穩健。他現在的視力為一點二，聽力五米，肌肉豐滿，知覺良好，思維清楚，記憶力強。他種三分自留地，生活基本自給。這則報導公佈後，引起了人們的極大興趣，吳雲青老人便成了傳奇人物。然而，隨著時間的推移，有人發出置疑，說吳雲青142歲沒有可靠依據；還有人說，吳雲青有一個姐姐，年齡竟沒有吳雲青大，於是，吳雲青長壽之說便不了了之，他政協委員的資格也被取消了。對此，新聞界卻採取了低調處理。

說起吳雲青，不得不提及他的弟子，家住安陽市郊區北郊鄉附近藍天社區的蘇華仁。

據蘇華仁介紹，他年輕時就喜歡道家養生，當年，他看到《新體育》有關吳雲青的報導後，非常激動，便拿了當月30多元的工資赴延安找吳老。到延安的第三天，他便被吳老收為弟子，並將內丹道功口訣傳授給他。從此，蘇華仁便堅持練習此功，並不斷往返於延安與安陽之間，與吳雲青結下了深厚的師徒之誼。

據蘇華仁介紹及報刊報導，吳雲青出生於清朝道光18年（1838年）臘月13陰曆戌時的河南汜水（今滎陽市），父母是普普通通的農民，崇道信佛敬儒，吳雲青從小就耳濡目染。父母的早逝使18歲的吳雲青參透世事，他上太行山，登王屋山出家學道20載，其間遊歷中嶽嵩山、西嶽華山，拜師於百歲道家內丹功明師，潛心修煉內丹道功。後來，身為華山道士的吳雲青遠走陝北，在延安附近青化砭鎮的青化寺，被眾僧公推為長老。

　　吳老一生打赤腳，從不穿鞋。據道家龍門派第22代傳人，北武當山道長車至先回憶：1982年數九寒冬，吳雲青赤腳迎著風雪，獨自登上北武當山，所有的道友為之驚歎。車道長讚歎，吳老的內丹功力已超凡脫俗，百歲如童顏，寒暑亦不侵。

　　約在1959年，青化寺附近發現油礦，政府動員廢寺建礦，吳雲青便就地隱居，過上了自食其力的農家生活。

　　1998年年底，北京一家報紙突然刊發消息說，吳雲青隱居在南陽的一個小山村。消息傳出，南陽一片譁然，引發了一場聲勢浩大的尋訪事件，甚至有人懸賞50萬查找老人。然而最終卻毫無結果。聽到消息後的蘇華仁作了調查，發現最早報導這一消息的是香港的一家報紙，蘇華仁推斷說，可能是這家報紙把「安」字誤排為「南」字，從而導致其他媒體在轉載中一錯到底，真可謂「一字之差，謬之千里」。

　　蘇華仁一語道出謎底：吳雲青隱居在安陽！原來，1998年夏季，蘇華仁便把吳雲青接到了安陽市郊區北郊鄉韓王度村的一個小寺廟，「佛祖寺」內。

　　採訪蘇華仁時，我們深切地感到，師傅吳雲青對他的影響是巨大的。在他的住所，保存了大量吳老的照片及相關資料，提及吳老，蘇華仁侃侃而談。

　　吳老身高五尺，略瘦，眼睛炯炯有神，面色紅潤，長長的銀髮自然散落在背部，鬚眉皆白。他和善可親，淳樸脫俗，雖高壽，卻行動靈敏。數十年來，他一直居住在延安市青化砭鎮青化砭村的一個25平方公尺的窯洞內，洞高約5公尺，以木板隔為兩層，上層是他的臥室，下層放一些傢俱。

吳老家中比較空蕩，但十分乾淨。窯洞的南牆供有一尊觀音像，並懸了一副對聯：「問大士為何倒坐，恨世人不肯回頭。」北牆供著老子、孔子和如來像，像兩邊的那副對聯是：「何人知世有真經，超生了死見無生。」老人一生淡泊名利，兩袖清風，不問世事，一心修行……

問及吳雲青的年齡，蘇華仁說：「他曾親口對我說過一次，是大清道光18年生，屬狗，此後，便不再談這件事了。有道是『佛不言姓，道不言壽』，年齡是不會輕易透露的。」由於問他年齡的人多了，老人便不耐煩，隨口應付「四五十歲了」，「七八十歲了」。1982年全國人口普查，老人竟自報年齡40歲。

在青化砭村，任何一個70歲以上的老人都說，在自己還是小孩子時，吳老就是白鬚白眉白頭髮，現在自己也進入老年了，吳老依然是老模樣。有位60多歲名叫宋金蓮的老太太說，她家祖孫三輩都侍候過吳老。

蘇華仁1996年曾自費請人為吳老錄過影，沒有導演，也沒有刻意謀劃，完全是老人日常生活的實錄。在這盤錄影帶中，也有就吳雲青年齡訪問青化砭村村民的鏡頭，79歲的左旺業老人說，他在胡宗南撤退那年第一次見到吳雲青，非常吃驚，也很好奇，便問別人，人家隨口說有七八十歲了。

曹谷溪先生回憶說，1978年他還在延安市委通訊組工作，看到報導130歲老人的消息後，便專程採訪吳雲青，並和他同吃同住了一個星期。「吳老睡覺從不蓋被子，總是和衣而臥，他吃飯頓數很少，但飯量大，平常只吃粗糧。他說過在29歲那年外出辦事，曾聽人說中國要修鐵路，後來還聽說『慈禧太后作風不正』等等……」

看來，儘管沒有吳老的檔案，身份證，單憑這些實人實證，足以證明吳雲青是百歲壽翁了。然而，吳老究竟有沒有160歲，在沒有確鑿證據的情況下，也只能是個謎了。有人說，讓吳雲青自己作個證明不就得了？但是，非常可惜，吳雲青老人已「駕鶴西去」了。

安陽市乃殷墟故地，甲骨文鄉，自古人傑地靈。1998年夏季的一天，前往延安探望師傅的蘇華仁聽吳老說，要去河南安陽。

師命不可違，蘇華仁便把吳老接到安陽市韓王度村一個被當地人稱作「佛爺廟」的小廟。

在安陽「佛爺廟」，吳雲青過得很悠然，1998年9月初，吳雲青忽然對飯菜不加理睬了，只喝一點水，整日雙盤腿，手扣合同，安然練功。蘇華仁說，這叫「辟穀」。吳雲青「辟穀」第七天，曾對蘇華仁說：「在安陽不遠的西方一座古剎中，冒出來的佛光，道氣真大呀。」

蘇華仁趕忙四處打探，終於查明吳老所說的古剎便是位於安陽縣天喜鎮寶山的靈泉寺，蘇華仁猛然醒悟，師傅找到歸宿了。

全國重點文物保護單位靈泉寺，始建於1400年前的東魏王朝，隋唐時期就是我國著名的佛教聖地，有「河朔第一古剎」之稱，這裡至今還有隋唐以來七十餘座高僧的墓塔。在靈泉寺周圍，遺留著二百餘處自北齊以來各朝各代的佛雕和摩崖石刻。安陽人稱這裡是「萬佛溝」，並取了個雅號：小龍門。

1998年9月5日深夜，熟睡中的蘇華仁突然被師傅喚醒，說要到廟外走走。這天正是農曆七月十五，走出小廟，但見月明星稀，萬籟俱寂，韓王度村顯得恬然寧謐。

吳雲青興致很濃，一路談道說佛，他口若懸河，滔滔不絕，一口氣談了幾個小時。

月已西斜，遙遠的東方微微泛起了魚肚白。吳雲青慢慢地摘下一片嫩玉米葉，用手擦了擦，細細咀嚼後，他平靜而淡然地對蘇華仁說：「當夜裡沒有月亮的時候，我就要走天宮了，三個年頭再見面。」

吳雲青依舊靜修，偶爾飲上一點水。蘇華仁擔心他有病，便請醫生診治，結論是正常，山西和陝西的弟子來探望師傅，商量後事，問及歸宿地，無論陝北，還是太原，吳雲青連連搖頭，蘇華仁問：「就住安陽，到靈泉寺？」吳才點點頭。後來，蘇華仁說，吳老之所以選中河南，估計有兩個原因，一來，黃帝和老子都出生於河南，作為黃帝弟子，自然要歸隱師源。二來，作為河南人，一生漂泊在外，死後要葉落歸根。

吳雲青一天比一天枯瘦，臨辭世前幾天，便12小時打坐，12小時臥床，連水也不喝了。蘇華仁說，他一躺下，臉色就發白，呼吸也不那麼暢快，便總是示意我扶他起來參禪打坐。

蘇華仁不敢耽誤時間，趕忙透過河南著名作家趙秀琴與靈泉寺負責人郭藝田聯繫，協商後事。9月17日，安陽縣文化局局長鄧葉君及郭藝田專程到「佛爺廟」看望吳雲青。當看到吳老消瘦的臉上仍然紅光滿面，雙目炯然有神時，鄧局長不禁讚歎：「真乃奇蹟，160歲的老人見不到一點病態。」蘇華仁向老人介紹說這就是縣文化局的領導，要把他送往靈泉寺，吳雲青臉上露出了欣慰的笑容。鄧局長提出要和他合影留念，吳老微微點了點頭。這也是吳雲青老人一生中最後的留影。

　　9月18日，蘇華仁同外省來的幾個師兄弟到靈泉寺為師傅選塔址，他們走遍了寺周的山山岡岡。這裡正是歷代高僧墓塔林立處，巍巍壯觀的塔林顯得莊嚴肅穆，佛氣沖天。他們選中了和尚墳西北，東魏道憑法師焚身塔以西的一個山岡，居高臨下，四周翠柏環繞，山草野花盡收眼底，真是一個好去處。

　　9月21日夜11時，吳雲青將弟子召集到身旁，輕聲叮囑他們要「好好練功，不要荒廢」，之後，便閉目打坐。這是吳雲青臨終前說的最後一句話。

　　9月22日凌晨2時15分，這正是一個沒有月亮的夜晚，吳雲青參禪打坐，突然大叫三聲，含笑「羽化飛升」。

　　當時，天氣正熱。吳雲青三天後的肉體依然富有彈性，四肢柔軟，栩栩如生。

　　9月24日上午10時，吳雲青的靈車緩緩駛向靈泉寺。吳雲青被安放在汽車後排座上，周身以白布包裹，保持打坐姿勢，弟子們守護左右。由於出家人的喪事不許哭泣，因此車內寂靜異常，只能看到一張張悲壯的面孔。吳雲青雖然擁有海內外眾多的弟子，但為了防止不必要的紛亂，只有十餘位弟子為他送行。由於靈泉寺附近的南平村負責建造墓塔的工匠們透露了風聲，和尚墳一帶已聚集了數千人。

　　11時，弟子們從車內把吳老抬出來，同時播放佛家與道家的誦經聲，一切按道家與佛家禮儀進行。

　　弟子們保持吳雲青的坐姿，使其面向東南，背靠西北方，用一個高約100公分，直徑約80公分的瓷制水缸和一個高約50公分，直徑約80公分的缸盆口對口地扣在一起。缸頂開口，以玻璃封牢，內裝通上電線的燈泡，然後

封塔。墓塔高約180公分，分六層，以青石砌成。裝上燈泡的目的是為了三年之後通上電源以瞻仰吳雲青的肉身。

蘇華仁說：「得道高人，死後可能肉身不朽，究竟化與不化，三年後一看便知。」

據史料記載，自唐代以來，我國共有12尊不朽肉身，其中佛家9尊，道家3尊，由於種種原因，有8尊已無從查考，剩餘4尊至今完好無損，即安放在佛教聖地安徽省九華山。明代126歲海玉和尚和91歲大興和尚、80歲慈明和尚和已圓寂3年比丘尼釋仁義師太的肉身。回憶吳雲青「羽化飛升」前後經過，竟神奇地與這些不朽僧人「圓寂」時的情形大致相仿。

看來，吳雲青成為不朽肉身是有可能的，但在沒有足夠科學依據的情況下，枉自推斷畢竟不現實。那麼，這個謎底只有在2001年9月21日上午開啟吳雲青墓塔時才能揭曉。

第七節　安陽靈泉古寺老壽星吳雲青不朽之身

——原載於深圳新聞網2004年06月28日

作者　郭藝田

中國河南省安陽市西南，有一座享譽古今的寶山靈泉寺。1998年9月24日，道佛雙修的當代壽星吳雲青的遺體被安放於寶山東崗。2000年12月24日夜，人們掀開蓋缸的大瓷盆，肌髮如初的吳雲青金剛身呈現在眼前。猶如靜

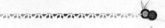

湖受到巨石的撞擊，寶山靈泉寺再次激蕩了起來。

筆者當時有幸，任靈泉寺文物所長，親自經歷、目睹這一重大歷史事件，主要過程，今將其實錄，以共海內外有緣之士研究。

1998年9月22日凌晨2時45分，160歲壽星吳雲青在河南安陽仙逝，其弟子蘇華仁、宋金蓮、趙履端等將吳老遺體送抵寶山靈泉寺，安放於瓷缸內。跟隨吳老多年的弟子蘇華仁斷言：吳老修煉一百多年必已成金剛之身，若兩年後開啟瓷缸便可見分曉。但大家對此始終將信將疑。

2000年12月24日夜，安陽靈泉寺爆出奇聞，人們按照約定拆開石塔，開啟瓷缸，發現仙逝兩年的壽星吳雲青髮鬚如初，完好的身體褐紅鮮潤且富有彈性！不朽肉身在中國並非孤例，但兩年後肌體依然柔軟，舉世罕見。

早在隋代，安陽靈泉寺就曾一度輝煌。北齊初期，中國佛門著名的道憑法師及弟子靈裕在寶山東側創建寶山寺；隋開皇11年，文帝楊堅詔請主持僧靈裕至長安，封為佛教國統（相當於佛教主席），易寺名為「靈泉禪寺」，並親書寺匾賜之，寶山靈泉寺馳名九州。

而今，吳老又以其軟金剛稱譽於世。海內外許多人不遠萬里前來瞻拜。踏雪而來者有之，瞻仰流淚者有之，百人結隊共拜者有之。中央電視臺為其制播專題。曾於2002年11月3日晚8點，在央視旅遊欄目向海內外播出。此後又播出多日，在海內外引起強烈反響。

一切不平凡皆始於平凡之中。大清道光18年（1838年）臘月13日戌時，河南省滎陽縣（當時叫汜水）高山鄉餘頂村一戶農家的寒窗裡，突然傳出嬰兒的啼聲。這個嬰兒就是吳雲青。瘦弱的母親，簡陋的農舍，尋常的嬰兒，

平凡的啼哭。吳雲青幼年，家境貧困，懂事後，便幫母親和兩個姐姐幹活。他見母親禮拜神龕，也跟著跪拜，畢恭畢敬。但母親做夢也想不到日後母子會因此而分離。吳母節衣縮食讓兒子到私塾讀書，吳雲青學習刻苦，年齡大了讀懂了老子《道德經》、《易經》等書。

他心地慈悲，每聞屠宰聲，便悲愴欲絕。於是遠離葷腥。家鄉的寺廟，常有他的身影。15歲那年，並且曾到外面謀生。吳雲青此候意欲出家，母親不允。

18歲時，媒婆為他相了個農家姑娘，他堅決反對．一天深夜，吳雲青含淚向熟睡的爺爺、奶奶、母親磕了三個頭後，百感交集地辭別了家鄉。

百餘年光陰如箭飛逝。在這百餘年中，歷史幾經滄桑，清王朝歷經道光、咸豐、同治、光緒、宣統走向了覆滅，國內革命風起雲湧，第一、二次世界大戰爆發並結束，中華人民共和國成立，中國人邁進了改革開放……經過這段足以上演幾代人悲歡離合的時光，道佛雙修的吳雲青已是鶴髮童顏，但嫩紅的容顏擊退了衰老，勃勃的精氣神越發矯健。

人奇招風。1978年，《陝西日報》報導延安發現了一百多歲老人吳雲青。1980年，《新體育》雜誌第7期發表了《訪142歲老人吳雲青》。文中說，記者指著選民證上「131」歲一欄贊吳雲青高壽，吳老笑道：「說實話，報得不夠啊，我是清道光戊戌18年臘月13日戌時生人。」1980年，吳雲青被延安市政協增補為委員。媒體風起雲湧，訪者絡繹不絕。部分人向來有槍打出頭鳥的風氣，說吳雲青不可能有一百四十多歲。吳老聞之泰然一笑，後有人問其壽齡，便笑答：記不清了，或答4、50歲啦。

古都安陽人蘇華仁看到《新體育》那篇報導後，於1980年8月18日到延安拜師。經過幾天考驗，8月25日，吳老收蘇華仁為徒，開始傳授道家內丹養生之道。1994年5月初三，蘇華仁成為其入室傳功弟子。幹農活、煉內丹、上香拜祖、吃素食、睡覺、待客、教授弟子練內丹、讀老子《道德經》、《觀世音心經》道書經典、打太極拳，這便是吳老的日常生活。除了紅銅般的膚色，吳雲青年已百歲鶴髮童顏，使人們一看便知是有道之士。

1998年初夏，蘇華仁提議師父到河南安陽走動走動，吳雲青欣然答應。到安陽後，吳老在韓王度村佛祖寺住下。8月末，吳老在寺中最後一次辟穀。辟穀後的第十三天，吳老仍然只喝米湯和水，不吃飯。蘇華仁慌了，問吳老是否病了，吳老否認。9月14日，蘇華仁將能通知到的師弟們都趕到了安陽，大家在吳老身前開會。延安、西安、太原的弟子要求將吳老接走，吳老卻搖頭。最後蘇華仁問：「您哪裡都不去，想留在安陽？」吳老點頭。又問：「安陽西南有個寶山靈泉寺，您去不去？」吳老這才說：「那裡佛光好大啊，道氣好大啊，我去住。」

同年9月16日，蘇華仁與安陽縣文化局局長鄧葉君、並透過河南著名作家趙秀琴與靈泉寺文物保管所所長郭藝田取得聯繫。而後局、所領導同意給吳老一席寶地。9月17日上午，鄧葉君、郭藝田等前去探望吳老，吳老雖身體虛弱但仍紅光滿面。9月18日，蘇華仁與幾個師弟選定靈泉寺西側寶山之東崗為吳老安身之地。

1998年9月22日凌晨，吳老仙逝，並於9月24日被安放於靈泉寺內。兩年多後，當人們開啟瓷缸時，便出現了本文開頭難忘的一幕。

12月26日，《安陽日報》記者王安琪、王慶華率先「採訪吳老金身並拍照。12月28日，該報刊登《吳雲青老人的不朽肉身在安陽縣靈泉寺現世》，轟動豫北。次日，《大河報》張自立也作出報導，在河南產生了巨大影響。新華社駐河南記者站記者在吳老弟子蘇華仁與著名作家鄧葉君，《安陽日報》老記者馮湘平，帶領下到靈泉寺採訪，此後以報導。於是，海內外媒體競相轉載，靈泉寺成為熱點。

與此同時，當地的主管者卻在發愁：把吳老請出來了，下一步該怎麼走？到「新飛」冰箱廠定製冰櫃，研製費高昂。做個水晶棺？更無鉅資。只好先把吳老請進宣傳窗裡，用石灰圍起以防菌，用電扇吹拂以使其乾燥。天無絕人之路。2月19日，在安陽市藥用玻璃廠老技師耿德興的指導下，一項創造性的工程開始了。人們為吳老特製了一個木沙發，在底座和靠背內放進木炭、生石灰、檀香等幾種物質，起乾燥、防腐、增香作用。沙發上鋪上黃綢，讓吳老入座定身，為仍然柔軟的肩背披上黃綢。

為了使防腐氣體能進入吳老的內腔，郭藝田強調必須紮孔。蘇華仁親自在吳老兩肋各紮一小孔；人們將吳老請進鑽有進出氣小孔的內層玻璃櫃，封櫃後，將內櫃置於外層玻璃櫃底座上，製成了帶有進出氣閥的外層玻璃櫃。

次日，充進安陽化肥廠捐贈的氫氣，推出了櫃中原有的空氣。櫃中，吳老銀鬚靜垂，褐色的身軀巍然挺拔，鐵一般的強健；外櫃兩側，磨刻著大名鼎鼎的隸體書法家徐學萍書節寫的挽聯。

為解決冬寒夏熱，經研究決定挖地下室安放吳老。2001年4月12日，建於寺西寶山東崗的拱券形地下室建

成：吳老肉身在十幾條大漢簇擁下，被請進了四季如春的地下秘窰。安陽著名醫師在建秘窰中魏秀亭、楊俊英幫了大忙給予資助。

平常人活120歲屢見報端，吳老恒養精氣神活了160歲是必然現象。儘管暫時難以明釋，但吳老呈顯金剛體無疑與煉內丹有著直接關係。其次，吳老仙逝前十幾天不吃飯，腹內空淨，也是個重要原因。

然而奇蹟並未到此了結，2001年冬，人們發現吳老的左眼不知何時微睜了起來，水分最多、最易液失的眼球雖然失主了部分水分；但令人震驚地存在著，完好無損地存在著；看著這個滄桑互變的世界！這只震撼心靈的眼睛和他的金剛身一樣，是道家內丹的傑作！

相關資訊──

吳雲青出家後，曾到登封一帶雲遊。他在嵩山中岳廟、少林寺，拜道長、拜高僧，學習打坐、入靜，深感道佛兩家功夫博大精深。期間學會掌握了幾路太極拳、少林拳真諦，受益終生。

20多歲時，吳雲青來到濟源縣王屋山，在這裡他學到了中華聖祖黃帝、老子秘傳九轉還陽金丹大道（即內丹術）全法全訣。王屋山宏偉險峻，山洞幽秘，是道教界公認的第一洞天。該山既是內丹術創始人軒轅黃帝設壇祭天之所，又是元代道教首領丘處機煉內丹的聖地，常有道家高人隱修。在王屋山後的王母洞，吳雲青見到一個銀髮披肩面若童顏的老者在靜坐修煉，猶如雕像。

見老翁長坐不動，吳雲青也盤腿而坐靜靜等待。直到第二天下午，老翁才收住了功態，吳雲青顧不得腰酸腿疼

急忙磕頭認師：「師父！請受我三拜。」老翁笑道「好吧，你能一天一夜坐下來就證明你還有道緣。本來我昨天就要出定了，就是想考考你！」道翁見吳雲青既誠懇又有慧根，便向他傳授九轉還陽內丹術。

9年後，吳雲青學會了內丹術動功與靜功的要領，同時精通了師父所授的內丹術全法全訣。此後，吳雲青登華山成為華山道士。此後的數十年，吳雲青來到陝北延安青化砭青化寺，感到與該寺甚為有緣，便在此安身。多年後，長老圓寂，吳雲青被寺僧共同推舉為長老。

靈泉寺及石窟群，在安陽市區西南25公里的寶山之麓位於安陽縣善應鎮南坪村南。這裡山青泉碧，谷幽林深。

靈泉寺原名寶山寺，東魏高僧道憑法師於武定四年（西元546年）創建，隋開皇十一年（西元591年）隋文帝詔寺僧靈裕法師（道憑的弟子）到長安，封為國統僧官，管理全國寺院僧尼；又將寶山寺改為靈泉寺，賜綾錦衣物、絹300段助營山寺。從此寺名大振。

唐時，這裡高僧雲集，著疏佛經，興盛之極，為北方佛教聖地，規模宏大，稱「河朔第一古剎」寺院東西兩山，造石窟，山岩遍刻塔龕，是全國最大的浮雕塔林，俗稱「萬佛溝」，又名「小龍門」。

靈泉寺遺存的基址坐北朝南，中軸線上有山門、天王殿、玉皇閣、大佛殿、菩薩殿、千手千眼觀音殿。僧房、寮舍連成一片，寺西北現存一對單層方形石塔，由塔基、塔身、塔頂組成，型制較小，僅有2.5公尺高，雕飾樸素。二塔相距4公尺，乃道憑法師的燒舍利塔，上刻「寶山寺大論師道憑法師燒身塔」，塔銘「大齊河清二年（西元563年）三月十七日的題記。這是我國最早的石塔。

　　寺中有唐代九級方石塔一對，為密簷樓閣式，通高6米，由塔座、塔身、塔剎組成，四角呈拋物線形，很是優美。塔身鐫佛祖、弟子及護法神王，神態各異，栩栩如生。塔座雕飾的樂伎，各持笛、笙、鼓、琵琶、箜篌等樂器，正在動情地演奏姿態，由此可見盛唐燦爛文化之一斑，是研究古代音樂史的珍貴資料。

　　由寺院向東西方向延伸的寶山溝。即萬佛溝，現存石窟2座，塔（殿宇）龕245個，佛、僧雕像數百尊高僧銘記百餘篇。位於寺東的大留聖窟，由道憑法師鑿造。窟內鐫漢白玉石佛3尊，軀體雄渾高大，雕琢光潔柔美，可惜頭被竊去。位於寺西的大住聖窟，隋開皇九年（西元589年）開鑿。窟門雕迦毗羅和那羅延神王，身軀魁偉，頂盔貫甲，手持劍叉法器，腳踏牛羊，威嚴挺立。窟外的牆壁上遍鑿佛龕及雕佛刻經。窟內雕鐫釋迦、彌勒等佛像近百尊。窟頂呈寶相蓮花藻井，周圍環繞凌空飛舞的飛天，為沉寂的洞窟增添了無限情趣。

　　以兩窟為中心，從東到西千公尺有餘，淺龕造像密佈山崖，刻於南北朝至北宋時期，歷時600餘年。靈泉寺萬佛溝按年代編排，可看出塔式的沿革，可謂「寶山塔林」，堪稱全國最大的高浮雕塔林，是研究古代建築史、石刻藝術史、佛教史的珍貴文物。靈泉寺石窟直996年被國務院公佈為第四批重點文物保護單位。

　　寶山靈泉寺的名字很響亮，關於這個名字的由來，當地有兩種說法。一種說法跟唐太宗李世民有關，相傳李世民起兵抗隋的時候，曾經將大批金銀財寶埋藏在這個小山峰。當地百姓流傳這樣一首歌謠：「東坡到西坡，金銀兩大鍋。要問藏何處，請問皂角棵。」另一種說法是，寶山

上數百座摩崖淺窟，是河朔地區600多年歷代高僧的灰身塔，就是放置他們骨灰的所在，他們的骨灰都是用金棺銀槨盛裝，擱置在淺窟的石雕坐像之下。在被破壞的坐像下，確實鑿有方形的小石坑，安陽市文聯主席張堅先生認為，這些地方或許真的放置過金棺銀槨。

但實際上，早在東魏年間道憑法師開始建造這座寺廟時，就把這裡叫做寶山寺，寶山之名顯然另有來歷。張堅先生說，雖然這裡還沒有出土過金棺銀槨，但這裡是河朔地區600多年歷代高僧墓地，卻是確鑿的事實。

道憑和靈裕死後都安葬於靈泉寺，後世河朔高僧慕他們之名，往往在道憑的大留石窟或靈裕的大住石窟附近建安放舍利塔，授名之為「寶山塔林」，認為它具有極高的歷史、藝術價值。1996年，國務院公佈其為國家重點文物保護單位。

傳奇老人吳雲青在靈泉寺沉寂百年之後，他以一種奇異的方式，選擇此處作為自己的歸宿，讓這座千年古剎再次走出寂寞山谷，進入人們的視線。人們對靈泉寺已經所知甚少了，但實際上曾經有數百位吳雲青那樣的「高人」，選擇這座山寺作為自己靈魂安息的所在。

人們在靈泉寺看到了玻璃罩後面的吳雲青「不朽身」，不能不連連稱奇。

靈泉寺建在群山環繞的小盆地正中，周圍由寶山、嵐峰山、馬鞍山、懸壁山等八座山峰環抱，小氣候特別，每年10月前後，山坳裡的野生梨樹還能開出燦如雲霞的花朵。吳雲青安放在這裡，成就不朽肉身並不是偶然的，靈泉寺過去曾有一位唐代和尚的「包裹塑」，保存了1000多年，50多年前神和尚和「包裹塑」才被人毀壞。

除了工作人員之外，還有一個人常住靈泉寺，就是79歲的常家麟老人。他原是附近村裡的農民，老了喜歡清淨，願意生活在這山谷裡。靈泉寺西側有一座用古磚和古碑建起的平房，如今閒置了，老人就住了進去。

靈泉寺眾多的殿宇房舍早已被毀。常家麟說，他小的時候這寺院還完整，大殿的柱子一個人抱不住。中軸線上有山門、天王殿、玉皇閣、大佛殿、菩薩殿、千手千眼觀音殿等建築。僧房、寮舍連成一片。那時候每年有廟會，十分熱鬧，廟裡廟外都是人。綁的旱船有10多公尺長，人們都上去求個平安，一次能上去120人。

大概抗日戰爭的時候，靈泉寺就剩一個和尚了，寺裡有田產，那和尚日子過得富裕，還抽大菸。附近井玉村有幾個無賴來寺裡要東西賣錢，和尚不答應他們。這些人夜裡就來把和尚殺了，點了火，拖上去燒了。沒和尚管了，就越來越亂，山上的石像大批被毀，究竟是什麼人毀的，都倒騰出去些啥，那是誰也說不清楚了。

常家麟說，靈泉寺以前有個很有名的「包裹塑」，大概跟吳雲青的「不朽身」差不多，但用泥包裹著，擱在一座帶窗戶的磚塔裡面，跟神像似的。老人們都說那是唐朝的「神和尚」，有知識的人說那是在靈泉寺出家的一位唐朝將軍坐化而成。解放前後，附近的村莊要拆了靈泉寺的材料蓋房子，當時村支書讓常家麟和另外一個人去掀神和尚的塔，常家麟跟他說：「我爹行善一輩子，你爹也行善一輩子。掀了遭罪惡，還是別掀。」可是後來民兵還是把那塔掀了。

「神和尚」的包裹泥去掉後，僧衣還結實得撕都撕不破，那僧衣是紫緞子做的，有一個大銅子那麼厚。「神和

尚」人幹了，皮兒都還好，跟吳雲青的「不朽身」一個
樣。民兵們看了稀罕，就把「神和尚」扔下不管了。村裡
有好心的人看了，覺得很不恭敬，想著是入土為安，就在
「神和尚」的胳肢窩插上杠子，抬到靈泉寺東邊的和尚墳
埋了。常家麟說，抬「神和尚」去埋的人叫周土山
（音），比他小幾歲，如今還健在。

靈泉寺早已面目全非了，但殘存下來的東西彌足珍
貴。靈泉寺大門前有一座漢白玉石橋，橋洞上雕刻二龍戲
珠及飛天形象，精美逼真，栩栩如生。

門前有隋代石獅一對，威武雄壯。院內舊址更有唐代
九級方石塔一對，高約6公尺，據專家考證，這是現存最
早的唐代雙塔。這兩座塔由塔座、塔身、塔剎組成，四角
呈拋物線形，很是優美。

21塔身鐫佛祖、弟子及護法神王，神態各異，栩栩如
生。塔座是方形束腰須彌座，四壁均雕刻八幅不同姿勢的
樂舞伎，各持笛、笙、鼓、琵琶、箜篌等樂器，正在動情
地演奏的姿態，展示了盛唐文化的多姿多彩，是研究古代
音樂史珍貴的直觀資料。

靈泉寺東側，還保存了珍貴的「安道一刻經碑」、
「玄林法師神道碑」等石碑精品。

當然，最珍貴的財富，還是大留、大住石賭以及安息
著數代高僧靈魂的247座殿宇塔龕。六百年造像傳瑰寶靈
泉寺西側，吳雲青「不朽身」存放處附近，有兩座單層方
形石塔，兩公尺多高，造型穩固而美觀，塔身中部呈束腰
狀，別具一格。塔頂呈覆缽狀，雕刻華麗，四面雕捲葉狀
紋飾。兩塔相距4公尺許，狀如一對小轎。

其中西塔為道憑法師的灰身塔，上刻有「寶山寺大論

師道憑法師燒身塔」塔銘和「大齊河清二年（西元563年）三月十七」的題記；東塔為陪塔。這兩座看似尋常的石塔，其實是中國現存野外最早的石塔，被認為有著重要的價值。

東魏時，道憑法師選中了這處幽僻的山谷，並使它成為河朔地區數百年的佛教文化中心。道憑在此創建寶山寺，並在寺東的嵐峰山西麓斷崖開鑿大留聖窟，大留聖窟比大住聖窟規模略大，現存漢白玉坐佛3尊，但也都殘缺不全了東面為盧舍那佛，頭部已毀，北為阿彌陀佛，頭部、右手均失，南為彌勒佛，頭部也被盜去。

在這一帶，大留聖窟開鑿最早。東魏之前的北魏太武帝曾發起了第一次滅佛運動，下令全國僧尼一律斬首，經卷全部燒毀，遠不如北周武帝的第二次滅佛來得「文明」。

東魏與北齊的統治者雖然尊佛，但有了第一次佛難，卓有遠見的道憑選擇在距離都城不遠的山中鑿窟造像，也許是一種自覺的傳留佛法的護法行為。

1000多年過去了，儘管歷經劫難，但最終還是這些被賦予靈性的石頭，給我們留存了更多的東西。

在大留石窟和大健石窟的招引下，東魏至唐宋各代高僧慕名而來，以兩大石窟為中心，開鑿自己的摩崖淺窟石龕。

從發現的資料看，造像活動持續600多年，上千年來山體滑坡掩埋的石龕無法統計，留存下來的摩崖淺窟達247個，從東到西遍佈寶山、嵐峰山。

用靈泉寺文物保護所所長孟憲偉的話說，這247個摩崖淺窟每個都曾經有著豐富的內容，幾乎每個淺窟都代表

著一位得道的高僧，一般僧人來不了這裡，只有高職位的和尚才有資格在這裡造像。這裡實際上成了河朔地區的高僧墓地。

人們看到，淺窟石龕造型精緻，樣式各異，生動靈異。殿宇和石塔雕刻著承重的衛士，個個在重壓下張著大嘴，面部扭曲，瞪圓雙眼，眼珠似要進出，四肢與腰背彎曲，全身的肌肉突起，給人以力量感，顯示出拼命托扶的艱難。

安陽市文聯主席張堅介紹說，石龕分別為四個種類，有佛龕、碑龕、屋龕和塔龕，其中佛龕多題銘供養人姓名，塑一佛二弟子或二菩薩造像；碑龕為得道高僧的功德碑，下有龜馱，上有佛像；屋龕是古代建築的浮雕，直觀而真實再現了隋唐時期的房屋建築造型，其中那些中西合璧的建築樣式尤其珍貴；塔龕多有題銘傳略，刊刻高僧所屬寺院名稱與高僧生平，塔室內有該高僧造像或配有弟子造像，事實上，一座座塔龕組成了一部石刻高僧傳。

石龕一般都刻有開鑿時間，按年代編排即可看出當時600餘年中國佛像造型藝術的演變及不同時代的社會風貌，有極高的藝術和史料價值。

號稱「小龍門」的寶山石窟雖然規模比不上洛陽龍門，卻也有著自己獨特的內涵和價值。

如今海內外著名壽星吳雲青選擇了的靈泉寺是寂寞的，但既然當初道憑和靈裕主動選擇了進山清修，而今，海內外著名壽星吳雲青選擇了的靈泉寺為安息之地，那麼也許安於寂寞就是這座山寺的天性。（全文完）

第八節　吳雲青不朽肉身之謎

——原載於《安陽日報》2001年1月9號

作者：安琪

2000年12月24日夜9時59分，兩年多前坐化於安陽縣靈泉寺的吳雲青不朽真身現世。這像他生前160歲的年齡一樣，再次引起人們的好奇、關注。

一、不朽肉身　神秘現世

冬天的夜比夏天黑的早，山溝裡的冬夜黑得更早。

2000年12月24日下午5時許，夜幕剛開始降臨，位於安陽市西南25公里的全國重點文物保護單位——安陽縣靈泉寺內，已是一派十分緊張的氣氛。在這裡看護文物的安陽縣文物管理所的工作人員除了正常的巡邏外，又增派了人員布崗，只准遊人向寺外走，不許再往寺內進入。

靈泉寺在1996年被國務院命名為國家文物重點保護單位。靈泉寺有「河朔第一古剎」之稱，是東魏時期道憑法師和徒弟靈裕所建。道憑法師圓寂後，靈裕在靈泉寺西北方為師父營造了一對石塔，東西並列，東塔為陪塔，西塔為墓塔，塔心底部鑿有骨灰穴，原有道憑法師靈骨，現已成空穴。但是，這卻是我國野外現存最早的墓塔。在靈泉寺的山麓上，石窟，佛龕、僧塔墓星羅棋佈，被稱為萬佛溝，現寺院與萬佛溝已渾然一體，引人入勝。

1996年之前，這裡經常發生文物被盜案件，1996年被

命名為國家重點文物保護單位之後，又有兩尊石佛被山東來的人盜走，公安機關經過偵查，現已將文物追回。從此以後，文物部門增派人員，對這裡的文物嚴加看管。

今天這樣緊張的氣氛，預示著又有重大事情發生。

當夜21時許，寺院內只剩下安陽縣文化局局長鄧葉君、副局長趙金爐、文物管理所所長郭藝田以及從我國佛教聖地九華山請來的三位專家。他們來到碑塔林立的「和尚墳」西北側一座青石砌成的石塔前站住了。鄧葉君局長介紹說，這就是吳雲青老人坐化的地方。

安陽縣文化局的人員吃力地將六塊青石塔的一塊塊青石依次掀開，露出一個倒扣的瓷缸。三位專家按照佛教禮儀焚香叩拜後，把上面扣著的瓷缸移開，又露出下面一個瓷缸，瓷缸有1公尺多深，缸口低於地面40公分，缸內有一身體前傾仍呈打坐姿勢的老者，這就是在此坐化的吳雲青老人。

九華山來的專家蔡英東趴到缸口，在手電筒的照耀下，把手伸到缸內，隔著衣服摸了一下吳雲青老人的背部，驚訝得差點叫起來，灰色道袍沒有腐爛，吳老的背部肌肉還富有彈性。

他們將老人從缸內請出，只見老人銀髯飄拂，栩栩如生。

九華山專家驚奇地說，一般人死後十幾個小時便全身僵硬，100天就肉骨分離、腐爛了。但是吳老坐化839天後，從缸內請出，身體還是很柔軟。三位專家曾去過青海、西藏，但是從沒有見過像吳老的不朽肉身保存得這樣好，這樣富有彈性。他們說，吳老坐化如此成功，堪稱全國之最，傳說他年齡有160歲。

二、生前多議　身後有奇

然而，關於吳老160歲這個年齡，其生前曾在全國引起很大爭議。

根據記者目前手頭掌握的材料看，最早公之於世的是1980年第7期的《新體育》雜誌。這篇報導說，吳雲青是河南汜水即現在的榮陽人（河南鄭州西），父母早逝，18歲出家修行，後入華山道士之列，歷時幾十年。吳老當時142歲，住在延安城東北45公里外的青化砭半山腰一個磚砌的窯洞裡，老人當時有3分自留地，生活基本自理。吳老每天睡覺四，五個小時，大部分時間是坐著睡的，從來沒有被子。他身體好，沒有生過大病。

為證實老人的健康狀況，他們專門請延安市人民醫院為老人進行了體檢；身高159公分，體重53公斤脈搏72／分鐘，血壓140／88毫米汞柱，視力1.2，聽力5公尺，發育情況良好，皮膚彈性好，皮下脂肪少，肌肉豐滿，神經狀況與知覺良好，呼吸、循環均無異常。

1980年9月10日，《人民日報》報導陝西延安市青化砭村142歲的老人吳雲青增補為延安市第五屆政協委員，吳雲青老人出生於清朝道光十八年臘月（即西元1838年），原為青化寺長老，後來成為公社社員。現在雖然142歲，但是仍精神矍鑠，其生活和身體狀況與《新體育》雜誌報導的大致不差。後來新華社播發這條新聞，全國有不少報紙先後轉載，掀起了對吳雲青報導的第一次高潮。

但是，也有新聞媒體說報導失實，提出相反的意見，說人活142歲不符合科學道理，宣傳吳雲青長壽是「偽科學」。他們有一個證據，說吳雲青有一個姐姐，年齡竟比

吳雲青小，也有說國民黨的檔案裡查出他的年齡比這個年齡小。此說一出，所有報刊就不再刊登有關吳雲青的報導了，吳雲青仍然過著自己平靜的生活。

到了 1998 年 12 月，《中國消費者報》再次報導了中國這位 160 歲的老壽星，並且說其隱居在南陽。

1999 年 2 月，南陽市某新聞單位派出記者，開始尋找老壽星，並不斷發回報導。

1999 年 3 月，《大河報》記者追尋千里，終於尋訪到吳雲青老人隱居在河南安陽；但是，當記者找到吳雲青的弟子蘇華仁時，吳雲青老人在安陽縣靈泉寺已坐化了半年時間。吳雲青的弟子蘇華仁說，師父生前曾交代，3 年後開缸，將真身不腐。

是真是假，大家都想用是否肉身不腐來檢驗吳老的年齡問題，都在等待 3 年以後的開缸。新聞單位對此都沉默起來。

時間到了 2000 年 12 月 24 日夜，九華山來的三位專家用剪刀把吳老身上的道袍剪開；吳老的不朽肉身令人震驚地現世了。

吳雲青的打坐姿勢沒有絲毫改變，全身的皮膚完整無缺，常年赤腳行走磨出的老繭仍情晰可見，左臂粗細均勻。右臂上的肱二頭肌暴出一大塊，據說這是常年用右手勞動的結果。在他坐化 839 天後，身體仍是很柔軟的，全身肌肉仍富有彈性。

三、追蹤尋跡　解開謎團

吳老囑咐在他逝世後 3 周年開缸，為什麼會提前 146 天開缸呢？安陽縣文化局局長鄧葉君向記者講述了原委。

　　1998年的夏天，吳雲青的弟子蘇華仁找到鄧葉君，說師父雲遊到安陽，想最後「落腳」到靈泉寺。鄧葉君很犯難，雖說靈泉寺裡專門有一塊和尚墳地，埋葬歷朝歷代的和尚和道人，但是現在靈泉寺是國家重點文物保護單位，裡面不能隨便動土。況且不知蘇華仁講的是真是假。

　　當年9月上旬，鄧葉君親自到安陽市北郊董王度去看望老人，老人當時是從陝西來到弟子蘇華仁家，蘇安排老人住到他家的樓裡。老人頗感不便，便尋到一個破廟居住，獨自生活。鄧葉君去時，老人已經不吃不喝開始打坐了，其西安、太原的弟子聞訊也都前來想把老人接過去，但是老人搖頭謝絕。鄧葉君不好拒絕老人，就想出一個兩全其美的辦法，答應老人最後「落腳」到靈泉寺，在「和尚墳」的邊沿，為老人選了一塊淨土。

　　老人坐化之前向弟子們交代，把他放入一個缸內，3年以後打開，應該是真身不腐的。如果3年以後打開一旦身體腐爛，按照佛家規矩火化，應該會有「舍利子」的。

　　鄧局長說，我們是共產黨人，不迷信，但是我們尊重信仰自由。所以就按照老人的遺囑，同意弟子蘇華仁等人把他放到一個缸內，上面罩上一個大瓷缸，中間的縫隙用水泥糊得嚴嚴實實。

　　原來也是想等到老人坐花3周年時再開缸的，但是，1998年12月，老人坐化近半年，社會上關於吳老的事蹟第二次掀起報導高潮，並開始尋訪老人。當時首都一家報紙報導，中國發現160歲的老壽星，現隱居在河南南陽某小山村。當年12月12日，南陽某新聞媒體全文刊載了此報導，並策劃了尋找世紀老人的活動。《大河報》也來到安陽尋找老人，並到靈泉寺探訪，見到了老人的墓塔。

鄧葉君局長從報導上看到九華山發現不朽肉身的報導後，就專程向九華山的專家請教，看是否提前開缸。專家說，如果在3周年時開缸，9月24日正是農曆八月，天氣異常炎熱，萬一肉身腐爛，氣味難聞，不好處理。專家建議冬天開缸，並說老人已經逝世839天，完全可以開缸，成就成了，不成等到3周年時仍不會成。經高僧指點，開缸日期選定在2000年12月24日。

吳雲青老人信奉的是：天有三寶日月星，地有三寶水火風，人有三寶精氣神，善待三寶可長生。關於老人160歲的年齡爭議，已沒有什麼意義。相反，我們應該從中受到啟示，如何開展全民健身運動，讓大家都有一個健康的體魄，一種積極向上的精神。

第九節　恍若神仙，記超長壽人吳雲青

——原載於人民網www.people.com.cn

作者　賴芷芸

中國最大的報紙《人民日報》1980年9月10日4版：圖片新聞報導：

「吳雲青出生於清朝道光十八年臘月（即一八三八年冬），原為青化寺長老，現為人民公社社員。他雖經歷了142個春秋，但仍精神矍鑠，步履穩健。」

在古裝武俠劇裡，常出現這樣的劇情：俠客負傷落難逃入山林，忽地一陣天旋地轉昏了過去，醒來時，赫然發

現自己身在幽靜山穴中，而眼前一位鶴髮童顏的老人正慈悲的端詳著自己。那老人精修大道，已活過了幾個世代。從此以後，俠客拜老人為師，茹素寡慾、苦練丹道、體悟人生智慧。這類劇情的時空背景通常被設定為千百年前，對現實人生而言，「活過了幾個世代的老童」就像《聊齋志異》裡的情節般不可思議。

不過，在二十世紀的中國，傳說也有這麼一位奇人，他不僅超級長壽、茹素寡慾、銀髮童顏，而且還修出不朽之身！這位奇人恍若現代老子，名字叫做吳雲青。

吳雲青（1838至1998）出生於中國河南省中部的古城滎陽，父母早逝。他天性脫俗，少年時期曾習拳練武，喜讀道典、佛經。十六七歲起，開始出入太行山多次，潛修「九鼎神丹道功」。四十歲時離開太行山，從此雲遊四方，結識四方高人隱士，並學到不少高層次的秘密功法，最後長年隱居在華山修煉內丹功，並悟出人生真諦。

1998年8月下旬，吳雲青開始「辟穀」，九月二十一日晚間，又開始打坐靜修，直到過完子時（夜間十一點至一點），才坐化脫殼飛升而去，享年160歲。

一、雲遊山川不染俗

吳雲青出生在一個崇尚道家、信奉佛法、尊崇儒禮的家庭，父母都是老實古意、安守本分且不沾染文明的農家子弟。但因為生活條件困頓，物資過於缺乏，終日辛勞的身子骨疏於養護，這對夫婦也早早就離開了人世。或許是生來具備慧根，能洞悉紅塵滾滾總無常的道理，吳雲青十六七歲就棄絕塵俗，到太行山修煉「九鼎神丹道功」。歷經二十餘個寒暑，直到三十六歲，才學完所有方法與要

訣：又再經過九個寒暑的練習才終於修成正果。

　　古往今來，許多慧根早發的高僧或高道，其人生歷程不約而同都有類似的轉折：先是與大自然靈感相應，選擇棄世苦修，但在修煉過程中，其內在的大慈大悲逐步湧現，並強烈感應到蒼天付於的「使命」。於是，在修得正果後，便又返回人群，雖棄世但不離世，無私無悔的度化有緣。

　　吳雲青正是此種人生的典型寫照，不再獨善其身，而立志兼善天下。他願意追隨黃帝、老子和觀世音菩薩等「得道真人」的腳步，以超越的心性善導人心。

　　四十餘歲時，吳雲青離開太行山，走遍中國名山大川，與各方高人隱士交流修煉的心得，也因此汲取許多已在民間失傳的秘法，大抵都是高層次的功夫絕學，心性若未昇華到一定程度，無論如何也體會不出其中精髓。吳雲青如此雲遊數年，在華山落腳定居，加入道士的行列，與道友切磋「內丹道功」。

　　某日夜半時分，吳雲青正在打坐修煉之際，眼前忽然閃現一條亮晃晃的光道，從西北方直射而來。吳雲青當下感悟到自己應前往乾位（西北方）修煉，如此才能功成圓滿。隔日清晨，他匆匆向華山眾道友辭別，馬不停蹄地往陝北而去。他先在陝北一帶的古洞及廟寺中勤修「內丹道功」，之後加入青化寺的僧團，佛道雙修。

　　光陰似箭，一晃又過了數十年，德高望重的吳雲青被寺中僧眾推舉為長老。到了本世紀的五、六〇年代，官方在青化寺的地底發現豐富的油礦，決定要廢青化寺改建為礦場。吳雲青並不貪戀廟堂供養，他遂擇就地歸隱，以窯洞為屋，以大地為資糧，扛起鋤頭，日出而作日落而息，

自理基本生活所需。

1978年，吳雲青的事蹟首度在中國《陝西日報》上刊登；兩年後的七月，《新體育》雜誌社記者也作了一次採訪。1980年9月10日，《人民日報》第四版上刊登了新華社記者採訪的報導：

陝西省延安市五屆政協委員，吳雲青出生於清朝道光十八年臘月（即1838年冬），原屬青化寺長老，現屬人民公社社員。他雖經歷了142個春秋，但仍精神矍鑠，步履穩健。

至此，這位超長壽人瑞的傳奇故事才開始受到注意。但隨即有人質疑，說他活到142歲是沒有科學依據的，並指出吳雲青在河南老家有一個姐姐，年齡竟沒有吳雲青大（後已查實純屬訛傳），吳雲青的市政協委員資格因此被取消。由於當時的傳播媒體仍停留在平面報導，吳雲青這名字很快就隨著時間而銷聲匿跡。

直到1999年初，中國的許多報刊爭相轉載一則消息——中國發現了一位160的老壽星吳雲青！這則新聞造成驚人的迴響，傳播媒體多以懷疑的角度看待此一報導。不久，河南省兩家新聞單位的記者，以鍥而不捨的精神，千里追蹤吳雲青的事蹟。

當時這一系列報導，還被譏評為1999年度「十大假新聞」之一。對凡夫俗子而言，吳雲青的身世好似引人上癮的謎團，越是撲朔迷離，就越想一探究竟。這樣的「造勢活動」，應是蒼天特別安排的吧！只因在物欲橫流的末法時代，吳雲青是一股能滌洗濁世的強大清流。

二、坐化靈泉不朽身

　　若說吳雲青是現代老子，那麼他的掌門弟子蘇華仁便是尹喜的化身了。老子原本「不立文字」，直到西出函谷關度化了尹喜，由尹喜至誠懇請老子，著書玄說，老子才著《道德經》流傳於世。相同的，吳雲青也曾對門徒說：「為人在世最難得的是不立文字，唯靠代代名師口傳心授的內丹道功的全法全訣。」而蘇華仁以見證人的身份接受媒體採訪，世人才得以深入瞭解這位現代高道的行誼。

　　蘇華仁16歲時父母雙亡，由於他的家族幾乎世代短壽，慨歎人生無常之餘，他一心尋求長壽之道，但一直沒有太大的斬獲。當他看到1980年第七期《新體育》上關於吳雲青的報導後，內心激動萬分，便以當月的工資作為交通費用，火速前往延安拜見吳雲青。或許是因緣具足吧，吳雲青收他為入室弟子。從此，蘇華仁不畏長途奔波之苦，長達十八年之久，他只希望能掙得更多時間跟隨師父修身養性，修煉內丹大道。

　　1998年7月28日，蘇華仁前去探望吳雲青，吳雲青言明要前往河南省安陽市北郊。師命不敢違，於是蘇華仁將高壽160歲的吳雲青帶往河南省安陽縣北郊的「佛爺廟」小住，吳雲青在那裡過了一個月的悠閒生活。八月底，忽然開始「辟穀」（即不再食飯），只喝一點水，終日盤腿打坐；蘇華仁心知師父將不久於人世。

　　「辟穀」七日後的中午，吳雲青忽然睜開眼說：「西方有一座古剎，那個地方好呀！」蘇華仁連忙四處打探，終於查明古剎便是著名的佛教聖地靈泉寺；吳雲青找到歸宿了。農曆七月十五，吳雲青談道說佛數個小時，告知待

他坐化後，要將遺體放入缸內，三年後打開，應該是肉身不腐。1998年9月22日凌晨2時15分，在一個沒有月亮的深夜，正在參禪打坐的吳雲青，忽然哈、哈、哈連笑三聲，便停止了呼吸。

吳雲青坐化823天後，弟子們及防腐專家檢視缸內遺體，證明老人家皮膚色澤紅潤、觸感柔軟，真的是「肉身不腐」。如今，吳雲青的不腐肉身已被裝入水晶櫃內，永久存放在靈泉寺內。

三、煉丹積德吃素食

人類的壽命若能活過一百歲，往往就讓人嘖嘖稱奇了。尤其在大自然被充分破壞、臭氧層大洞難補的現代，「人瑞」這個詞和博物館裡的古董一樣珍貴。但像吳雲青這樣能活到160歲，無怪乎有人要認為是天方夜談了。關於他的養生要訣，科學界曾掀起一股討論熱潮，之後歸納出一個結論：老人家長壽的要訣其實就是「道法自然」。

吳雲青一生服膺老子「道法自然」的生活哲學，隨日出而起、隨日落而息，行善吃素、勤勞簡樸。他潛心修煉黃帝、老子秘傳的道家養生長壽內丹術，在日常生活細節上體悟禪道、遵循佛法中的戒行，學習《易經》、八卦、少林武術與太極拳。他常勉勵自己要「積德行功、不問前程」。他的養生之道，不僅滋養了血肉之軀，也滋養了靈性：如此才能在有生之年達到「天人合一」的境界。

吳雲青生前多次告誡弟子，修煉道家內丹功，起碼要注意三個事項。

首先，要確立「天下為公」的思想，打心底明白天地人萬物生生滅滅、變化無窮的奧妙。而修練丹道與積陰德

同等重要，因此慈悲行善也是修行人的基本功夫。

其次，要有恒心、毅力，年年月月日日不間斷，把一百年當作一天來練。

第三，一定要心靜，不受凡塵俗事所擾，如此整個身心才能專注，不致走火入魔。

他曾引用一首呂洞賓祖師寫的題名為《人生四不貪歌》的古代道歌，其中的含意，很能作為世人的養生座右銘。其道歌詞如下：

酒色財氣四堵牆，世人皆在牆裡藏。

有人能跳牆外去，不是神仙也壽長。

根據蘇華仁的記述，吳雲青在衣食住行上力求隨時簡樸，但也遵守一定的規律。飲食上，吳雲青一生不動葷腥，主張「粗茶淡飯，天天素食」，尤其喜愛吃各類蔬菜。每頓主食在五六兩左右，而且講究原湯消食，煮過的麵湯總要喝點；炒菜絕對要求使用植物油。外出辦事時，為避免葷腥，多半會自帶乾糧和水壺。

此外，他視菸酒和葷腥一樣厭惡，常對人說：「不戒菸酒，離世後閻王爺給你洗腸，還要過八百里煙山哩。但老人家並不固執，遇到不知情的外來人抽菸，也不會惱怒煩躁。」而是耐心的勸人儘快戒菸。

對穿衣服，吳雲青從來不講究，常常是一件灰布衣，從夏天穿到秋天，一身薄棉襖由冬天穿到春天，而且喜歡自己動手縫縫補補。因為身體硬朗，沒有生過大病，所以常冰雪蓋地、人們非得穿上皮襖棉靴保暖時，他卻僅需夾襖度冬。可說耐熱耐寒的能力特別強，在酷熱暑天從不搖扇，嚴寒冬季也從不烤火，甚至零下二十多度也不需戴手

套和帽子。

　　吳雲青所住的窯洞以松木板分隔為兩層，上層做臥室，下層放傢俱。他常焚香誦經，所以窯洞內檀香嫋嫋，沁人心脾。

　　他在窯洞東牆簡單打個地鋪，地鋪南邊牆上供奉一尊觀音菩薩像，其下擺有小香爐，左右對聯：問大士緣何倒坐，恨凡夫不肯回頭。地鋪北牆下供奉著老子、孔子等像，其下也擺放小香爐，左右對聯：何人知世有真經，超生了死見無生。

　　到了夜晚，吳雲青通常是不蓋被子睡覺的，每天約摸睡四五個小時；白天疲勞時、就打個五分鐘的盹兒，而且他大部分時間是坐著睡的。

　　吳雲青習慣赤腳行走，翻山越嶺、踏雪踩冰都不會腳板有傷。蘇華仁曾幾度與師父朝夕相處，親眼看到師父堅持在子、午、卯、酉這四大時辰習練內丹道功，而且不論身在什麼場合，總要擠出時間習練。

　　「日出而作，日落而息」是吳雲青堅持的生活法則，這一點，他與大多數的陝北老農沒什麼兩樣。大不同的是，在勤於勞作、生活簡樸、嚴禁菸酒、絕對吃素的平淡生活中，他總是開朗而幽默，像個天真爛漫的孩童。就是這般「復歸於嬰孩」的心地風光，讓吳雲青能體會到天人合一的妙境！

柿子文化網—蔬食俱樂部

第十節　老壽星吳雲青肉身不腐之謎

作者：陽光

2001 年 12 月 24 日夜 11 時 59 分，在吳雲青老人仙逝823 天後，河南省安陽縣文化局專程請來我國佛教名山九華山的 3 位防腐專家，拆開了安陽縣靈泉寺萬佛溝內的一座小石塔，露出了塔下的一口缸。專家們打開瓷缸後，一尊中國史書上曾記載過的「金剛不朽之體」呈現眼前。

九華山專家驚喜之餘，情不自禁地說「我們去過青海、西藏處理過不少不腐肉身，但是從沒有見過像吳雲青老人這樣保存完好、這樣有彈性的不朽之體，憑我們的經驗推斷，說他年齡有 160 歲，可能性很大。」

一、傳奇老人

經常看報刊的讀者一定有印象，1999 年初中國許多報刊報導或轉載了一則消息：中國發現了一位 160 歲的老壽星吳雲青。不久，河南省南陽兩家新聞單位的記者千里追蹤吳雲青老人的報導系列，被極個別人稱為假新聞。吳雲青老人的身世變得更加撲朔迷離起來。

其實，早在 1978 年的《陝西日報》上就曾刊登過一則消息，說延安發現了一位 140 多歲的老人，名叫吳雲青。兩年後的 1980 年 7 月，《新體育》雜誌社記者對吳雲青老人進行了採訪。其報導稱：

吳雲青是河南汜水即現在的河南省滎陽縣高山鄉餘頂

村吳家溝人，父母早逝，15歲出家，後入華山做道士。1980年吳雲青142歲，住在延安城東北45公里的青化砭村半山坳一排窯洞最東頭的一間。

老人有三分自留地，生活基本自理，每頓主食六七兩，除飯後喝湯外一般不另飲水，每天睡覺四五個小時。白天疲困時，打5分鐘的盹兒。他大部分時間是坐著睡的。

他身體好，沒有生過大病。當隆冬冰雪蓋地，人們穿皮襖棉靴時，他卻穿一件夾襖度冬。為證實老人的健康狀況，當時記者們專門請延安市人民醫院為老人進行了體檢：老人身高159公分，體重53公斤，脈搏72次／分鐘，視力1.2，聽力5公尺。皮膚彈性好，皮下脂肪少，肌肉豐滿。神經狀況與知覺運動良好，呼吸、循環系統均無異常。

中國發現最長壽老人的消息震驚了世人，引起了人們的極大興趣。1980年9月10日，《人民日報》在第四版刊登了新華社記者採寫的報導：陝西省延安市第五屆政協委員。吳雲青出生於清朝道光18年臘月（即1838年冬），原為青化寺長老，現為人民公社社員。他雖經歷了142個春秋，但仍精示申矍鑠，步履穩健。從此，吳雲青老人成為傳奇人物。

但不久便有人質疑，說吳雲青142歲沒有科學依據，人活140多歲是罕見。還有人說，吳雲青河南老家有一個姐姐，年齡竟沒有吳雲青大（後已查實此係訛傳）。此後，關於吳雲青是中國最長壽老人之說便有了種種疑問，他的市政協委員的資格也被取消了。

對人們關於自己年齡的爭論和質疑，吳雲青並沒有放

在心裡，他照常按自己原有的方式生活和修行。道不言壽，一生遵循道家格言的吳雲青從不炫耀自己的年齡，面對人們的詢問，他總是用「記不清了」或「您看我有多大歲數就是多大歲數」來搪塞。

說起吳雲青老人坐化安陽，不得不提及他的入門弟子，家住安陽市郊區北郊鄉藍天社區，供職於殷墟博物館的蘇華仁。生於1951年的蘇華仁，16歲時父母雙亡，從此他時常為家人的世代壽短而傷心，並留意尋求長壽之道。1980年9月，他看到《新體育》上有關吳雲青的報導後，非常激動，便拿出當月30多元的工資赴延安找吳雲青。到延安的第六天，他便被吳雲青收為入門弟子，學到中國道家內丹養生之道全法全訣。

從此，蘇華仁便堅持修身養性，並不斷往返於延安與安陽之間，與吳雲青結下了深厚的師徒之誼。1998年7月28日，蘇華仁前往延安探望師傅，吳雲青老人說要去河南安陽住一段時間。師命不可違，蘇華仁便把吳雲青接到安陽市北郊住進了「佛爺廟」。

安陽乃殷墟故地，甲骨文之鄉，自古乃人傑地靈，「佛爺廟」雖然不大，倒很是清靜。吳雲青在那裡過了一個月的悠閒生活。8月底，老人忽然對飯菜不加理睬了，只喝一點水，整日盤腿打坐。

蘇華仁看到師傅開始「辟穀」，即不再食飯，便知道師傅將不久於人世了。吳雲青「辟穀」到第七天中午，忽然睜開眼對蘇華仁說：「離安陽不遠的西方有一座古寺，那個地方好呀。」蘇華仁趕忙四處打探，終於查明師傅所說的古寺便是住於安陽縣天喜鎮西南五公里寶山上的靈泉寺。蘇華仁知道，師傅找到了歸宿。

　　全國重點文物保護單位靈泉寺，始建於1400年前的東魏王朝，隋唐時期已是我國著名的佛教聖地，有「河朔第一古剎」之稱，這裡至今還保留著隋唐以來70餘座高僧的墓塔。在靈泉寺周圍，遺留著二百餘處自北齊以來各朝各代的佛雕和摩崖石刻，安陽人稱這裡是「萬佛溝」。

　　蘇華仁知道靈泉寺不是誰說坐化就能坐化進去的，他找到靈泉寺負責人郭藝田，說明了師傅的身世及願望。郭說他做不了主，要報請上級主管部門同意。

　　9月3日，郭藝田和主管領導安陽縣文化局局長鄧葉君到「佛爺廟」看望吳雲青。當看到吳雲青瘦削的臉上仍然紅光滿面，雙目炯然有示申時，鄧局長不禁讚歎：「真乃奇蹟，這麼大年齡的老人見不到一點病態。」遂表示同意他的要求，不過又說吳老不能坐化在靈泉寺內，因為國家重點文物保護單位不能更變原貌，只能坐化在寺外。吳雲青含笑致謝，表示理解。

　　兩天後的午夜，熟睡中的蘇華仁突然被師傅喚醒，說要到廟外走走。這天正是農曆七月十五。走出小廟，但見月明星稀，萬籟俱寂，郊區的曠野恬然而靜謐。

　　吳雲青興致很濃，談道說佛，口若懸河，一口氣談了幾個小時。不知不覺月已西斜，遙遠的東方微微泛起了魚肚白。吳雲青慢慢地摘下地裡一片嫩玉米葉，彈了彈上面的露珠，細細咀嚼後，平靜而淡淡地對蘇華仁說：「當夜裡沒有月亮的時候，我就要走了。」並且再三交代，等他坐化後，把他放入一個缸內，3年以後打開，如果自己的養生之道行之有效的話，應該是肉身不腐的。

　　回到廟內，吳雲青依舊靜修，不食五穀，偶爾飲上一點水。蘇華仁擔心師傅有病，便請來醫生，診斷結果身體

正常。山西和陝西的弟子聞訊趕到安陽探望師傅，問及歸宿地，無論陝北，還是太原，吳雲青連連搖頭，說哪裡也不去，就住安陽靈泉寺。

吳雲青一天比一天枯瘦，臨辭世前幾天，12小時打坐，12小時臥床，如此輪換，連水也不喝了。蘇華仁告訴筆者，在最後的日子裡，師傅躺下12小時後臉色就發白，呼吸也不那麼順暢，便示意扶他起來參禪打坐。9月18日，蘇華仁同幾個師兄弟到靈泉寺為師傅選塔址，他們走遍了靈泉寺周圍的山山岡岡，最終選中了位於東魏道憑法師焚身塔以西的一個小山下。那裡居高臨下，四周翠柏環繞，山草野花盡收眼底，真是一個好去處。

9月18日夜兒時，吳雲青將弟子召集到身旁，依次看了幾眼後，便閉目打坐，不再睜眼。1998年9月22日凌晨2時15分，一個沒有月亮的深夜，正參禪打坐的吳雲青，忽然連笑三聲，停止了呼吸。

二、不腐肉身

吳雲青仙逝後，蘇華仁和師兄弟們決定為師傅守靈3日以寄哀思。當時，天氣正熱。吳雲青逝世三天後的肉體依然富有彈性，四肢柔軟，栩栩如生。9月24日上午1時，運載吳雲青遺體的靈車緩緩駛向靈泉寺。老人被安放在汽車後排座位上，周身以白布包裹，保持打坐姿勢，弟子們守護左右。由於出家人的喪事不許哭泣，車內寂靜異常，只能看到一張張悲壯的面孔。老人雖然擁有海內外眾多的弟子，但為了防止不必要的紛亂，只有十餘位弟子為他送行。由於負責建造墓塔的工匠們透露了風聲，靈車趕到靈泉寺時，附近一帶已聚集了數千人。

　　11時，在輕柔舒緩的佛教音樂和佛經聲中，眾弟子將師傅抬起來，向已修好的墓塔走去。說來令人稱奇，隨著眾弟子的走動，老人的頭一顫一顫的。人們看到了，有小孩子喊：「還活著呢！頭還動呢！」弟子們保持著吳雲青的坐姿，將其面東南背西北放入一口高約100公分，直徑約80公分的瓷制缸中，並將一個高約50公分，直徑約80公分的瓷盆口對口地扣在上面。之後將瓷盆開了一個小口，從開口處裝上一個通上電線的燈泡，蓋上玻璃封牢，於次日封塔。

　　墓塔高約180公分，分6層，以青石砌成。裝上燈泡的目的是為了3年之後通上電源以瞻仰吳雲青的肉身。蘇華仁說：「得道高人，死後可能肉身不朽。究竟化與不化，3年後開缸一看便知。」

　　然而，距離吳雲青老人坐化3周年尚有272天的2000年12月24日，專家們為什麼要提前打開老人坐化的缸呢？

　　原來，自有關記者尋訪吳雲青老人及老人160歲年齡的系列報導被個別人稱為1999年度假新聞後，安陽縣文化局領導對老人3年後肉身不腐的遺言開始懷疑。他們想到如果在3周年時開缸，2001年9月24日正是家曆八月，天氣熱，萬一肉身腐爛，氣味難聞，不好處理。

　　於是，他們於2000年11月26日，前去曾經發現不腐肉身的九華山請教防腐專家。專家們認為，吳雲青坐化已近800天，可以開缸。不腐肉身成就成了，不成再等到3周年時開缸仍不會成。而且現在正好是冬天，氣味不會太刺激。

　　2000年12月23日，九華山防腐專家來到安陽靈泉

寺。12月24日下午5時，靈泉寺周圍實行交通管制，只許遊人下山，不許再上山。晚9時50分，寺院內只剩下安陽縣文化局局長鄧葉君、副局長趙金爐、靈泉寺負責人郭藝田和從九華山請來的蔡英東、馮萬忠等3位防腐專家及3名石匠共9人。眾人來到吳雲青老人的石塔前，做開缸前的準備工作。晚9時59分，專家令石匠破塔。

6層青石塔的青石一塊塊依次被挪開後，露出一個倒扣的瓷盆。專家們不再讓石匠動手，親自把糊在瓷盆邊沿的水泥一點點刮掉，打開瓷盆，頓時，一股淡淡的甜味從缸內飄了出來。蔡英東趴到缸口，拉亮缸內事先裝好的電燈，把手伸到缸內，隔著道袍摸了一下吳雲青的背部，禁不住大叫一聲。眾人大驚，急問怎麼了，蔡說吳老身上的道袍沒有腐爛，背部肌肉仍富有彈性。眾人一齊動手抓住老人打坐的棉墊四角，扶住老人的背部，把他請出，放在一張木板上。日光燈下，只見老人皮膚色澤紅潤，生前飄逸的滿頭白髮和鬍鬚，仍是那樣灑脫。

九華山防腐專家馮萬忠掀開吳雲青的道袍，用手按其臀部，形成一個小坑，但是馬上就平復了。馮驚奇地說：一般人死後十幾個小時就全身僵硬，100天就肉骨分離開始腐爛了。但是，老人坐化823天後從缸內請出來，身體還這般柔軟，真乃罕見。

剪去老人身上裹的白布和道袍，老人坐化時的姿勢仍沒有改變，全身的皮膚完整無缺，因常年赤腳行走，腳上磨出的老繭仍清晰可見，左臂粗細均勻，右臂上的肱二頭肌鼓出一大塊，據說這是常年用右手勞動的結果。

唯一令人遺憾的是，由於安陽縣文化教育局及老人的弟子沒有經驗，當時不知道在老人打坐的棉墊下放上生石

灰，並用木炭把缸周圍的空隙填滿，這樣既能保證老人打坐時的姿勢，還可以吸收裡面的水分。由於老人周圍什麼也沒有填，上身重力前傾造成胸骨下陷，專家們不得不用兩塊鋼板支撐起來。

2001年2月16日，筆者採訪時，見到吳雲青老人的不腐肉身端坐在靈泉寺內的一間屋子裡，頭臉蒙了塊黃布（以示敬重），待軀體僅存的5%的水分全部揮發後，再刷上金粉，塑成金身，永久地存放在靈泉寺內。

三、養生之道

採訪時，蘇華仁告訴筆者，不管世人在師傅生前與死後對他160歲年齡如何爭議，但如今他的不腐肉身現了世，說明師傅生前的養生之道是可取的。

據蘇華仁介紹，數十年來，老人一直居住在延安市青化砭鎮青化砭村的一個25平方公尺的窯洞內。窯洞由松木板隔了兩層，下層放傢俱，上層做臥室。在窯洞東牆，南北方向打有一地鋪，地鋪南邊牆上供奉一觀音菩薩像，下放一小香爐，左右懸副對聯上聯曰：「問大士緣何倒坐，下聯曰：恨凡夫不肯回頭。」地鋪北牆下供奉著老子、孔子等像，下放一小香爐，左右懸副對聯：上聯曰：「何人知世有真經，下聯曰：超生了死見無生。」由於吳雲青時常在這裡焚香誦經，故窯洞內檀香嫋嫋，沁人心脾。

蘇華仁介紹，吳雲青老人天性脫俗，少年時曾習拳練武，喜讀道典、佛經，十六七歲出入太行山中修九鼎神丹道功，40歲時離開太行雲遊四方，結識了不少高士逸人，學到不少高層次秘功，後入華山道士之列潛心修煉內丹功，悟得人生真諦。

　　吳雲青生前多次對蘇華仁講，習練道家內丹功，首先要確立天下為公的思想，明確天地人生生滅滅變化之道的奧秘，煉丹道與積陰德並重。其次要有恒心，有毅力，年年月月日日不間斷，把一百年當作一天練。第三是要心靜，不受凡塵俗事所擾，整個身心都撲在習練內丹道功上。

　　蘇華仁曾幾度與師傅同桌吃飯、同炕宿眠、同場練功、同田勞作、同行遊歷、朝夕相處，親眼看到師傅除每天堅持「子、午、卯、酉」四大時辰定時習練內丹功外，平時不論在什麼場合，總是擠出點時間習練。晚上師傅一般是不蓋被子坐著睡的。

　　至於吳雲青的功力到底有多高，功夫有多深，他本人閉口不言，弟子們也從不張揚。只知他有個習慣，這也是周圍的人都知道的，就是他的耐熱耐寒能力特強，三伏暑天從不搖扇，數九寒冬從不烤火，零下20多度，也從不戴手套和帽子，且常年四季習慣赤足行走，爬山越嶺而不怕荊棘石礫，踏雪踩冰而不見腳板凍裂。

　　1983年冬天，他出遊北武當時，就曾光腳行於雪地，山上一車姓道長問他：「老修行，你在雪地赤足疾行為什麼不怕凍呢？」蘇華仁講，他曾在一個冬天細心觀察過師傅的足部腳掌，儘管不著鞋襪，卻無一點凍傷。

　　和一般隱逸高士不同的是，吳老既為道中高人，潛心於煉丹修禪數十百年，嚴守佛道清規戒律，但卻不隱名埋姓，故作高深。居一鄉鄰之中，既悟道又務農，寓修煉於勞、逸結合之中，他平素的生活原則是，「日出而作日落而息」早睡早起，勤於勞作。家忙時，泥裡水裡風雨不避，平常時，擔水打柴拾糞，樣樣活都幹。剛包產到戶時，老人出門常手不離糞筐，見到牛糞羊屎就拾，走到誰

家地頭就倒給誰家，對穿衣服，從來不講究，常常是一件灰布夾衣從夏到秋，一身棉襖由冬到春，且喜歡自己動手縫縫補補。在飲食上，他一生不動葷腥，主張粗茶淡飯，天天素食，尤其喜愛吃各類蔬菜，每頓主食在五六兩左右，而且講究原湯消食，煮過的麵湯總要喝點。

炒菜絕對要求用植物油，外出辦事，為避葷腥，多自帶乾糧和水壺。老人視菸酒同葷腥一樣厭惡，常對人說：不戒菸酒離世後閻王爺給你洗腸，還要過八百里煙山哩。但老人並不固執，遇到不知情的外來人來抽菸他也不惱不煩，而勸人儘快戒菸。

儘管時至今日，吳雲青老人160歲的年齡和他坐化留給世人的不腐肉身一樣依然是個謎，但老人生前常吟唱的由中國唐代道家大祖師呂洞賓所寫的《人生四不貪歌》，卻令我輩警醒：

> 酒色財氣四堵牆，世人皆在牆裡藏。
> 有人能跳牆外去，不是神仙也壽長。

第十一節　坐化8年真身不朽　160歲高僧「換房」

——原載於河南《大河報》2007年1月18日
首席記者張志立實習生靳穎姝

本報安陽訊

本報曾在2000年12月29日、2001年1月15日，先後兩次報導了一位高僧吳雲青坐化後，真身數年不朽一事。

昨日，該事又有新進展，據安陽縣文化局靈泉寺文物管理所孟所長介紹，他們正在為吳雲青不朽肉身更換水晶櫃。

昨日下午，安陽縣善應鎮萬佛溝靈泉寺內人頭攢動，傳說中的160歲高僧吳雲青坐化後的不朽真身8年之後再度現世，本報曾多次報導過這位有爭議的160歲壽星和其坐化後肉身不朽之謎，此次靈泉寺文管所為其更換水晶櫃。

據瞭解，傳說吳雲青生於道光18年（1838年）的河南滎陽，坐化時享年160歲，坐化當年，有人曾質疑他是否真的有160歲高齡，但是具體年齡現已難於考證，他的年齡就變成了一個永遠的謎。

吳雲青18歲出家，在太行山修煉，後入華山修道，落腳於陝西延安的青化寺，被推舉為長老，他一生清心寡慾，佛道雙修。

吳雲青有個徒弟；蘇華仁是安陽人，1998年夏天，吳老提出要來殷墟發源地安陽清修一段時間，徒弟順應師命將師傅從延安接至安陽。1998年9月24日，在停止進食一個月、停止進水半個月的閉關清修後，吳老坐化於安陽靈泉寺內。

他過世之後，寺方將其肉身置於兩口水缸之中，將水缸口對口葬於寺院西北方雙石塔一側。2000年農曆11月29，縣文化局開缸將「吳老不朽肉身」轉移至寺院附近的恒溫地下窯洞的玻璃櫃內。

由於放置於窯洞內的玻璃棺密封不嚴，長此以往，其肉身容易因潮濕黴變。基於更好地保護地方文化的考慮，該文化局研究決定，為吳老肉身「換個家」。

第十二節　《世界日報》報導
安陽靈泉寺吳雲青肉身現世

——原載於《世界日報》報導

中國的佛教名山九華山金身保護專家，於 2000 年 11 月 24 日晚上 9 時 59 分，協助安陽縣靈泉寺的吳雲青老人肉身現世。據中國佛教名山九華山的三位金身保護專家說，吳雲青老人的不朽肉身在大陸罕見。

吳雲青於 1998 年 9 月 24 日坐化於安陽縣善應鎮境內的靈泉寺。當時，安陽縣文化局的領導及吳雲青的弟子將仙逝的仍然呈坐姿的吳雲青老人安放於瓷缸中，上面又扣了一個瓷缸，工匠用石頭和泥漿封缸，次日封塔。

吳的眾弟子據師傅百餘年的神奇修行，預測其肉身可能會長存不朽。

2000 年 11 月 24 日夜 9 時 59 分，安陽縣文化局專程請來佛教名山九華山的專家，拆開石塔和瓷缸，使吳的不朽肉身現世。瓷缸打開後，只見吳仍呈端坐缸內衣服肉身完好銀髯飄胸（見前圖），為了弄清身上其他部位肉身狀況，工作人員小心翼翼地用剪刀將全身衣服剪去，只見全身上下肌肉除水分萎縮外完好無缺，用手觸摸，肌肉還富有彈性。

第十三節　吳雲青金剛體乃道家
修身文化之結晶

——《佛教線上》2007年1月18日
原載於《東方今報》2007年1月18日

吳雲青，清代晚期人，原籍河南省滎陽縣高山鄉餘頂村。吳雲青18歲出家後，雲遊四方，道佛雙修。

清末，36歲的吳雲青在濟源王屋山學習道教九轉內丹功法。1900年左右到陝西延安青化砭村青化寺既學佛法、又煉內丹。1998年夏初，吳雲青隨弟子蘇華仁到安陽北郊佛祖寺。

1998年9門22日凌晨，吳雲青仙逝於北郊佛祖寺。

1998年9月24日上午，吳雲青被安放於安陽靈泉寺的瓷缸內，缸上扣瓷盆，缸外建石塔封閉。2000年12月24夜，打開石塔，掀去瓷盆，吳雲青膚色深褐中透紅，周身完好，肌肉仍有彈性，銀色鬚髮如初。

百餘歲金剛身成為奇觀，引起轟動，《安陽日報》、《大河報》先後報導，國內多家報刊及東南亞報紙爭相轉載，瞻者如雲。後為吳雲青建地宮，供人瞻仰。

吳雲青金剛體是道家修身文化的結晶，值得研究。三年來，吳雲青金剛體完好如初，使中國河南省安陽市靈泉寺增加了長盛不衰的吸引力。17日，在河南省安陽縣靈泉寺，吳雲青老人的肉身，被請入一尊造價約20萬元的水晶櫃中。

　　靈泉寺是全國重點文物保護單位，寺院西北方有座1公尺多高的石塔，被人稱為「墓塔」，在它西南側五六公尺遠，是一處地下安放吳雲青肉身的地屋。

　　「他至今肉身通體透明，可見骨骼。」安陽縣文化局靈泉寺文管所所長孟憲偉說，吳雲青老家在河南滎陽，佛道雙修，是一位得道高僧。

　　文管資料顯示，吳雲青生於清朝道光18年（1838年）。他18歲出家，於1998年9月24日坐化於靈泉寺，活了160歲。

　　當時，安陽縣文化局的領導鄧葉君及吳雲青的弟子蘇華仁，將呈坐姿的吳雲青老人安放於一個瓷缸中，用石頭和水泥漿封缸，並於次日封塔。隨後他的肉身被放在墓塔內兩年多。

　　2000年12月24日，安陽縣文化局的相關領導，以及佛教名山九華山的專家，將瓷缸打開。「當時我驚呆了，『吳老』銀鬚飄拂，肉身非常柔軟，用手一摸，肌肉還富有彈性。」文管所副所長楊計法說，當時九華山的幾位專家也連連稱奇，他們稱目前國內只有九華山保存有3尊不朽肉身（轉者注：廣東韶關南華寺也保存有3尊不朽肉身）。

　　「吳老」被請出來後，被安放在了地宮的一尊玻璃櫃中。因為地宮比較潮濕，設備簡陋。2006年8月，安陽縣政府專門撥款20萬元，向江蘇省東海縣一家企業訂購了一尊水晶棺。

　　「今天是『吳老』被請出墓塔6周年的日子，我們專門將『吳老』，請到水晶棺裡。」孟憲偉說。

　　17日下午3時10分，10餘人協力將用酒精擦拭過的水晶棺直立了起來。眾人將吳老的肉身，順利放在了水晶棺

中。之後，棺內會被抽成真空，以利於更好地保護「吳老」的肉身。

（記者張波／文）

第十四節　提升身心層次
在鬧市中修煉

——原載於《香港經濟日報》2003 年 2 月 27 日

作者：梁穎勤

修煉，咋聽好像是指深山歸隱，面壁數年，餐風飲露，是古代人的理想，現代人的夢。

可是，活在壓力巨大、污染無數的世界，無暇自顧的現代人，似乎更需要一套打造金剛不壞身的法門。難怪什麼心理進修班、強身修身功法，往往其門庭若市。

在鬧市中修煉，不光是都市人必須，更能印證道之至高境界之景，在至動中尋至靜，在有為法中覺無為。

一、道在日常生活中

「舌頭有兩穴，左為丹井，右為石泉。練功時，舌上有活水汩汩流出，直立仰天咽下活水，收入腎藏，即可固腎還精。」年輕已開始尋道修行的蘇華仁老師在（道家長壽內丹養生之道）工作坊上如是說。

這兩年，他定期由老家河南安陽飛來香港，帶班講學。來聽課的，不少是由學員口口相傳，慕名而至。就記者所見，有身患重病，需兩人攙扶而來的，也有不知病之

將至，如今突然覺養生修身原來有這麼多法門的忙碌都市人。

二、與太陽同起同眠

第一課蘇老師便在白板上寫下了他親身體會的健康五訣，正色要求大家茹素和早睡早起，老師未下令前，班上9成半人做不到，下令之後，少說也有6、7成人不合格。都市人！老師說他也理解。

有人問，為什麼不可以晚睡？老師說：早上的陽光是陽中陽，所以，最理想的卯時（5：00－7：00am）起床，開始練功。作為人師，蘇華仁老師合格有餘，誰可挑戰？他一把年紀，接連講學數小時面不改容，聲如洪鐘，又有誰想到，他曾經出生入死，只剩半條人命？

性好文學的他，年輕時廢寢忘食寫作，患上嚴重的神經衰弱，看醫生，給安眠藥，可吃了更要命，睡得著時不斷做奇奇怪怪的夢，睡醒過來後腦梢痛得受不了。好苦，往往一痛便痛3天。再加上前列腺炎、滑精、心律不整，小命一條危危乎。

三、上古修道在深山

轉看中醫，吃以五行八卦開的藥，也是不行，拿著住院證還去向教他少林拳和太極拳功夫6年的老師李嵐峰道別，老師沉吟半晌，丟下幾句話：「不要住院。明天子時，即晚11：00—次日凌晨1：00來我家，誰也不要告訴」。

就這樣年輕的蘇華仁在1973年8月的一個晚上有緣拜了師，焚香禮拜誠心入道，成了中國道家內丹養生之道傳

人，只練了內丹七天，感覺心跳和其他一切正常了，再到醫院檢驗一切果然無恙，我登時感到天外有天，人外有人，又過三年，李嵐峰老師圓寂羽化後，他雲遊天下，四處覓尋得道高僧與得真真人。先後河南白馬寺、登封少林寺掛過單，還曾被少林寺方丈行正法師、任命為少林寺付當家。

1980年8月，偶爾從朋友手上拿到過期的7月號《新體育》雜誌，看到內丹高師吳雲青老人，（當年142歲）的訪問，感到拜師此其時也，馬上帶上當月剛發的微薄的工資，買了4個大燒餅，專程走過三千里路雲和月。直奔陝北延安青化寺吳雲青的窯洞。待見面，一口河南腔，再加上蘇華仁家中信佛道，並且食全素多年，頓時讓吳老添了幾分親切感。可是徒弟都反對吳老讓他入道，一來素不相識，二來按道規要考驗6年，好在一翻激辯後，密宗金瓶第一籤搖出來的是大吉，比起上上籤更好，於是吳雲青遵天意收蘇華仁為門內弟子。

四、人間傳奇

如此，翌日蘇華仁便得拜師，但吳老門規森嚴，準備第5天在山洞焚香，如果忽然打雷、下雨，有人或野犬突然闖進，又或練功時口訣動作記不住，通通不成。慶幸一切順利，往後幾年，在工作期間與吳老的窯洞來來回回。1980年7月15子時入道，直到1989年5月初三才得師傅允許傳功。這個漫長的深山求師拜師修煉過程，極富傳奇，聽來引人入勝，可是要你親身做來，卻可能大嚷難上難！

吳老初次傳授一部口訣以後，囑蘇華仁回家每天子、午、卯、酉時辰，各練兩小時功，共練8小時功。練上百

天才好回聲。蘇老師說，回家依樣畫葫蘆練了63天，一點感覺也沒有，都不曉得自己做的對否？但就是憑著三分傻勁、七分堅持與熱誠，沒可能的師給他拜上了，曠世絕學給他練成了。所謂：上古修道在深山，下古修道在紅塵。未必人人都有蘇老師這分緣，可是在鬧市中修煉法門一樣是貴在堅持。

第十五節　道家內丹，長壽養生

—— 原載於《香港經濟日報》2002年3月6日
作者：梁穎勤

　　都市人的Health&Wealth（健康與財富）概念，經常時空倒錯。年輕時忙於工作，不惜挨更抵夜，以健康獲取財富；及至年長，財多身子弱，又會大拋銀彈，企圖以財富換回已消逝的健康。

　　香港人的集體性格，朝夕之間難以改變，那麼到底有沒有辦法，可以快速改善健康？世界傳統養生文化學會的同學找到了，就是源自道家的內丹功，每次只需要投資15分鐘，但是賺回來的，確是往後許多年的健康與長壽。

　　想當年，20歲出頭的蘇華仁老師，工餘還抽時間擔任報社特邀記者，生活過分操勞，得了嚴重的神經衰弱症。一夜無眠的話，最少失眠3天，吃安眠藥勉強可以入夢，但醒來後腦發脹，更加不舒服。後來更出現心動過慢（每分鐘44下），前列腺發炎。老遠跑到北京協和醫院去，那位年輕的醫生判他「死刑」：「你最多只能活半年。」

一、把握機緣，前來學道

怎麼辦！吃西藥有副作用，吃中藥嘛，好一點，補過後就遺精，也不是辦法。就在進退維谷之際，蘇華仁拜了安陽三教寺丹道高師李嵐峰為師，只不過煉了一個星期的靜功，心跳明顯正常。本來認為道教很玄、高不可攀的蘇華仁，自此改變了世界觀與人生觀。

苦煉 10 年，老師辭世，1980 年，蘇華仁偶然從《新體育》雜誌第七期上得知有位壽高 142 歲的吳雲青老人，遂不遠三千里路，跑去延安青化寺拜師。在秘密的山洞裡，得到吳老口傳內丹靜功的之秘，化了好幾年時間，卒之將九部功法學完。

1982 年，蘇華仁閱報得悉：世界級生物遺傳學家牛滿江教授，隨道家內丹功華山派 19 代傳人邊治中道長習內丹動功，令 60 歲開外的身體年輕起來。他再次向大師邊治中道長叩門，從此專心修煉精、氣、神，勤練內丹道功，告別藥煲。

二、短期見效，意想不到

練功 7 天，身體便有好轉，聽來神乎其神，但有類似體會的，遠遠不止蘇華仁老師一人。去年底才開始習內丹功的家庭主婦 Maria，也有很多體會，「第一次由地鐵站撐上華仁書院 4 樓，腰骨又痛氣又喘，但翌日起來，已經可以一條氣走上去，坐下才發現自己為什麼這麼厲害呢！」

Maria 16 歲做過胃手術，在右邊鼻子插喉兩個星期，自此常年鼻過敏，近年更嗅覺盡失，當媽咪後，她因為精神緊張，將藥當飯吃，生養第三胎以後，子宮肌瘤發大，出

現壓痛與月經不調。「雖然朋友們人人花十幾萬去做手術進行切除，但我堅信臟腑個個有用，不割」這次聽說內丹功法對內分泌好，於是試著開始練習，誰知一練之下，不止呼吸道和月事恢復通暢，而且消化力加強，下身在沒有下墜沉重感，更在腦後長出新頭髮，子宮肌瘤的壓痛也減輕了。

三、東方腎臟健美操

不過，也不是沒有代價的，她第一堂練完功後腳震震，步下樓梯也艱難，據蘇老師解釋，是體內廢氣開始向下墜之故。而且，Maria經歷過就舊患發出來的「好轉反應」，就是子宮瘤發大做痛，腰麻腳腫，不過，她終以堅持兩字修成正果。

學友Susanna也由雙膝無力到如今漫步登上何文田山道幾百級樓梯，臉不紅氣不喘，十幾年的胃病大有改善，唾液回甘，整個人開心了。她叫朋友來學。

不過別以為這是什麼道家神秘內功，實際上，蘇華仁老師說：「它不是氣功，只是強化內臟的養生功。日本人看過示範，譽為東方腎臟健美操。」很多人練過，都有效果，有些更是功效神奇。他師事的吳雲青老人，真是鶴髮童顏，據98年《中國氣功科學》報導，他年屆160歲高齡依然健康。

根據當年《明報》採訪邊治中老師，常練內丹功，可以改善內分泌、令體態健美、皮膚嫩澤，增強腎功能、防止陽痿、早洩及陰道鬆弛等。每日只是早晚15分鐘的時間投資，修煉內丹道功，年年月月日日堅持，回報率真是很高哩！

第六章

《丹道壽星吳雲青傳奇》
選載第二回

第二回　太行王屋山中吳雲青尋覓高師
黃帝老子像前老道人秘授丹訣

作者：吳雲青弟子蘇華仁

　　話說那天夜晚吳盈巨聞雞叫三遍，他悄悄起身離開蓮花洞，隻身一人北渡過滔滔黃河，然後沿著通往太行山、王屋山大路直奔西北方向而去，因為王屋山在太行山南面，故爾吳盈巨次日暮色蒼茫之際，便先來到王屋山前。他仰頭一望王屋山，果然氣勢不凡，神氣古幽：

　　　但見王屋山──

　　　北靠太行插雲端，

　　　南臨黃河立中原；

　　　黃帝王母頻居此，

　　　眾仙來赴蟠桃宴。

　　原來這王屋山海拔2000公尺左右，方圓數百里，背面

北靠南北縱橫，長達一千多華里的巍巍太行山，南面俯瞰一望無際的中原大地，山腳乃滔滔黃河東奔入大海，山下則時見白雲繚繞其間，故益顯山勢雄偉奇險，神秘莫測，況且山中谷深洞幽，秀峰疊起，松青柏古，鶴鳴猿啼，再加之歷代慕道之帝王將相撥款責令官民依山勢而建道觀廟宇頻頻而立。故古來王屋山便有「天下道教第一洞天」之稱。

據正史記載：軒轅皇帝曾經多次在王屋山祭天以佑中華民土。秦、漢之際，四位著名道學與丹道高士「四皓」：一曰東園公，二曰角里先生，三曰綺里季，四曰夏黃公為避秦始皇暴政而隱居王屋山，至今山中猶有「避秦溝」遺址。唐代，唐玄宗頗敬重的當世道學與丹道名家司馬承禎曾隱居王屋山修煉丹道不輟，後來唐玄宗的女兒玉真公主來王屋山中拜司馬承禎為師修煉丹道於王屋山中。

據神話傳說：王屋山之所以叫王屋山，乃上古之時西王母曾居此修煉丹道並宴請諸仙故稱王屋山。

王屋山主峰後面即是古幽幽的王母洞，給這個民間傳說頗增添了幾分真實性。

《列子·湯問》載「愚公移山」的神話故事發生在王屋山中，今王屋山中猶有愚公故居。

且說那一日吳盈巨來到王屋山下已是暮色茫茫之際，按理講他應該找個地方休息一下次日登山不晚，由於他拜師心切，又加上他天性喜歡攀登名山，涉獵大川，因此，他在王屋山腳下簡要地流覽了一下王屋山風光山色，便連夜攀登起山來。

剛才也講述，王屋山山勢險峻非凡山可比，加之吳盈巨自早上半夜三更離家，中間也無多少錢打點一下肚子，如此而攀海拔2000公尺左右山道盤旋，險壁時見的王屋山

豈是小可之舉，他越往上攀，山勢自然越險，越朝上攀肚子自然越饑。

自古道：「世上無難事，只怕有心人。」又曰：「天無絕人之路，蒼天不負有心人。」剛才已講過，吳盈巨離家來太行，王屋二山之際，時逢夏季，故夜登山免去寒冷之苦，加之那晚正逢十五，皓月當空，銀色的月光把那莽蒼蒼的王屋山，山上山下照耀得如同白晝，故爾免去黑夜摸索之難；時值夏季，山間樹梢已掛些野果自可供他果腹充饑，而從王屋山頂山泉依山勢瀉下的潺潺小溪，足可供吳盈巨飲之免去口渴並一洗汗顏。故爾那晚吳盈巨渴飲山泉，饑食山果，鼓足勇氣直攀而上，加之那時他年十八歲正值年少且煉過八年拳腳，海拔 2000 公尺左右的王屋山竟然讓他一夜之間攀上頂峰。

且說次日黎明，吳盈巨迎著從浩渺東海初升的朝陽登上王屋山頂，他先到山頂道觀中給諸位神像虔誠地焚了香，然後走出道觀環顧四周一看，不覺大感神奇。

原來立於獨聳雲天的王屋山峰頂，向東看，東邊有一座山叫迎日峰，還著朝陽宛如太陽嬌子巍巍而立。向西看，西面有一山叫望月峰，其山勢竟酷似一月下老人的愛女亭亭玉立；向南一看：莽蒼蒼的大地猶如一幅壯美的山水畫卷平鋪在中原。低頭一瞧，這時王屋山下滔滔黃河水宛若一游龍直奔入東海與老龍王相會，站在王屋山朝北一顧；南北縱橫一千多華里的太行山幾乎盡收入眼底。

而在這王屋山主峰與太行山之交，恰有一形似大石屋的大山半山腰則是神奇古幽的王母洞。王母洞周圍，善男信女集資構建的王母廟煞是壯美神奇。

而王母洞東側則又見一座山峰甚為古幽，這古幽的山

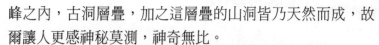

峰之內，古洞層疊，加之這層疊的山洞皆乃天然而成，故爾讓人更感神秘莫測，神奇無比。

吳盈巨站在王屋山主峰四顧一番，身置這猶如仙境之地，頓時有超凡脫俗，飄飄欲仙之感，於是他超凡脫俗，拜明師修煉丹道的壯志更堅定。

飽覽了王屋山的雄奇，吳盈巨心中頓時明白了古人稱王屋山為「天下第一洞天」絕非讚美之詞。

且說這吳盈巨美美地在王屋山主峰頂上陶醉在宛如仙境的風光山色之中，超凡脫俗之志更堅，尋拜高師的信心更足，因為他確信：身為中華第一洞天的王屋山和山勢巍巍，歷史古幽的太行山，自是藏龍臥虎之地，完全有可能會有高師隱身其中。

自此之後，吳盈巨就用幫人打短工和與別人種地的方法，在這太行、王屋兩座大山之中遊學尋師，他去過山中不少地方的庵觀寺廟，尋訪了不少山澗古洞，可是尋訪明師的事，確是真不容易，轉眼間光陰又悄悄地過去兩年，他要尋訪的年逾百歲猶童顏的高師仍舊無半點蹤影，面對此狀，吳盈巨並沒有灰心傷氣，而是一如既往，細心尋訪。

且說吳盈巨來到王屋山的第三年冬天，風雪將王屋山封住，山間農民處於農閒之日，吳盈巨便在王屋山頂的道觀之中，幫著道人們幹些雜活，道觀之中方丈知道吳盈巨是出來訪道之人，便留他在道觀之中常住。

單說一日清晨，鵝毛大雪紛紛揚揚下個不停，因為天寒地凍，自然來王屋山道觀進香的香客甚少，吳盈巨便在道觀的客堂幫著年僅二十歲的年輕知客李道人，整理所登記的來道觀掛單人員的登記簿，他忽聽得外邊有人冒雪且

行且作歌曰：

> 「錢財聚複散，衣冠終久壞，
> 怎如我二人，置身於世外，
> 不欠國家糧，不少兒女債，
> 不說好和歹，不言興和敗，
> 不與世俗交，免惹他人怪。
> 長存凌雲志，一心遊上界。」

　　吳盈巨一聽陡然一驚，他知道：這是首遊仙道歌，乃當年漢鍾離、呂洞賓二位丹道高師在陝西甘河橋上度王重陽時所唱。他正欲細聽下去，忽然厚厚的棉門簾動處，一鶴髮童顏的老道人飄然而至客堂房中郎聲曰道：「誰是知客，我要掛單住觀。」

　　年輕的知客李道人連忙登記，只見他手操毛筆，擺開登記簿而問曰：

　　「您老仙姓？」

　　老道人隨口答曰：「在下姓老。」

　　李道人一聽，頓感詫異，不禁停筆抬頭向這老道人曰：「您老給小的開玩笑，這天底下沒聽說有姓老的。」

　　誰知這老道人一聽拈須一笑曰：「怎麼沒聽說有姓老的，老天爺姓老，老子看來也姓老故而稱老子，我修老子傳下來的道，所以理應姓老。」

　　知客李道人一聽不禁也笑了，便接著笑問老道人曰：「您老仙號？」

　　「我名叫道人。」

　　「您老為何名喚道人。」

　　「修道人不叫道人該叫什麼？」老道人反笑問知客李

道人。

「您老仙鄉何住？」知客李道人接著笑問老道人籍貫與常住的道觀洞府。

「天底下。」老道人答曰。

「為何曰天底下？」

「古往今來，世人不管您所居天南海北，皆住在天底下，您說是不是？」老道人倒反問李道人。

「小的斗膽問您老高壽幾何？」知客李道人又問老道人曰：

「您問這，我早已記不清了。」

「您老真的記不清了？」

「真的記不清了，您要真的想知道，那只好問老天爺他老人家去吧。」老道人講完，微微一頓接著講道：「在您處掛單盤問半天，我看我還是尋個山洞住下來自在。」

老道人說完這番話仰天大笑，旁若無人。

知客李道人也隨之大笑起來。

在一旁的吳盈巨卻沒有笑，因為他在靜觀這老道人，但見他身逾五尺，體形瘦高，面容清瘦，鶴髮童顏，慈眉善目，眼含精光。由這老道人與知客李道人一番幽默風趣地對話，吳盈巨感到老道人胸襟豁達，識見不凡，他細揣祥老道人衣著打扮，但見老道人穿戴甚是隨便，身穿一領藍色道袍，細看去在這大雪紛飛的嚴冬，老道人道袍內竟沒有一件棉衣，從老道人剛才與知客李道人精神抖擻地勁頭，自然毫無寒冷的跡象，吳盈巨在往下看，看這老道人腳上穿什麼鞋？他一看不禁大驚，原來他定眼細看那雙腳，老道人竟光著一雙腳，在漫天的風雪中，那雙紫柏色的雙腳竟毫無半點凍壞的痕跡，吳盈巨看到這裡，心裡清

楚，老道人是因修煉道家內丹道功成而體內精氣神圓滿而至寒暑不侵的程度。

此時他心頭一震不由的低頭沉思道：莫非這老道人就是我久久地欲尋的高師？莫非這老道人就是年逾百歲而童顏的丹道高師？莫非這老道人會秘傳我黃帝、老子丹道可度我至康壽超凡天人合一境界……

可是當吳盈巨沉思抬頭看時，剛才還立在那裡的老道人早沒了蹤影，原來當他沉思之際，老道人早已飄然而走出戶外不知何處去了，吳盈巨連忙奔出客堂，急急尋覓，尋覓了半天，隱隱約約見這老道人冒著風雪下得王屋山頂峰，向後山王母洞方向飄然而去，於是吳盈巨立即大步流星地直追而去。

單說那日，吳盈巨在老道人之後奮起直追，可是別管他怎麼追，就是追不上，後來他看老道人來到王母洞時，只一閃身便悄然入王母洞中去也。

吳盈巨只追老道人至王母洞內，他舉目四顧王母洞；這王母洞內不像他想像的那樣廣大高闊，但卻比他想像的要幽深得多，洞內幽暗無光，蜿蜒曲折，吳盈巨往裡爬了很深、很深，也不見老道人的蹤影，沒法子他只好恭候老道人出來。

誰知這吳盈巨從早上等到中午，又從中午等到傍晚之際，他隱隱約約聽到王母洞深處有聲音響，他順著聲音看時，那老道人已赫然立到他面前。吳盈巨一看老道人立在自己面前，他驚喜若狂，跪在老道人面前道：

「老仙翁，弟子吳盈巨，乃這王屋山南邊氾水縣人，今三生有幸有緣得見仙翁，懇請老仙翁慈悲，收我做弟子，傳我黃帝、老子秘傳丹道。」

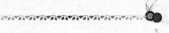

吳盈巨一口氣把話講完，他本以為這老道人聽他如此這麼一說，會像神話故事中講得那樣，老道人會高興地將他從地上扶起，收為弟子，傳以黃帝、老子秘傳丹道。

誰知這老道人竟和白天給他留下的影像判若兩人，分明厲色對他喝道：

「您要學丹道？學什麼道？煉什麼丹？學煉丹道有什麼好？！」

老道人厲色把話講完，還沒有等跪在地上的吳盈巨答話，早已返回洞中轉眼間又不見了蹤影。

吳盈巨當時一腔熱血，不想被這老道人一頓訓斥，猶如當頭一盆涼水，從頭到腳澆了個透心涼。但吳盈巨求道志堅秉性剛毅，竟直挺挺地跪在那王母洞口整整一夜，任憑山間冬夜寒冷侵襲，虎嘯狼嚎猿啼。

次日，天剛朦朦朧朧透出一絲亮光直挺挺跪在那裡的吳盈巨便發現老道人看他在此長跪一夜，可能會為其至誠所動收其為徒，便打起精神聽候老道人吩咐。

且說那日清晨老道人走出洞來，看這吳盈巨仍跪在那裡，不僅不為他這番舉動所感動，而是比昨晚聲音更加嚴厲道：

「跪在那裡就可以求到什麼道？快快起來回家去享清福吧。」老道人說完竟連看吳盈巨一眼也不看，便右手提著一把採藥用的鐵鏟，左手提著一個藥籃，走出王母洞去採藥去了。

於是乎：吳盈巨只好跪在那裡不動，開始吳盈巨心中甚是不快，可是後來他轉念一想：古今中外，在世間幹成任何一件事都沒有一帆風順的，況自己是求得屬天地人至寶的丹道。就這樣：吳盈巨整整又跪了一天，到晚間，那

老道人從外邊採藥回到洞口，竟連看一眼吳盈巨也沒有，便悄然而入洞中。

於是，吳盈巨又跪了整整一夜，伴隨他的除了饑渴困乏、寒冷，就是風雪和虎嘯。

如此這般，這吳盈巨在洞口整整跪了三天三夜。

第三天早上，老道人見這個十八、九歲的年輕後生竟跪三天三夜而不起求道，於是他走到吳盈巨面前不冷不熱道：

「小娃子，看您跪在這裡三天三夜怪可憐的，那好吧，我把實話講給你：我根本不是像你想像的那樣是什麼仙翁，我是一個無依無靠、四海飄零的臭老頭子，我這幾天來王母洞，只是給王母進進香和採些藥，過幾天不知道又要到哪裡去了，我身邊正好缺一個伺候我的人，如果您願意伺候我，可隨我漂泊四方。但我有言在先，您要想學什麼道，煉什麼丹？我可什麼也不會。」

老道人說完上述話，略一停頓，接著補充道：

「您伺候我只管您粗茶淡飯，可沒有一點工錢，您啥時候覺得受不了，想離開我儘管離開我，也不用給我打招呼，比住店離去還方便。」

老道人的話雖講得十分冷，可當時吳盈巨聽後卻如枯木逢春，因為他悟道老道人讓他留在身邊，這無疑是天大的緣分，天大的恩德。於是，跪在那裡的吳盈巨連連給老道人叩了九個響頭，口中連聲道：「謝師父慈悲，謝師父慈悲。」

有道是：

> 千辛萬苦來學道，高師卻言沒有道；
> 借問世間名利客，幾人識得其中妙。

　　且說自那日吳盈巨在王屋山王母洞口被老道人喚做傭人留在身邊，第二天一早，老道人即帶吳盈巨離開王屋山、王母洞，進入太行山深處的一個人煙罕見不見經傳的古洞內往下，老道人只是讓他早早起身先打掃洞內洞外，然後供奉在洞內的黃帝、老子、伏羲、西王母、觀世音菩薩像叩拜，隨後則生火做飯，飯後則到洞四周圍的農田勞作。每年時逢春、秋兩季，老道人常帶他到四處名山大川雲遊，嚴冬、盛夏則仍回到這太行、王屋兩山深處古洞隱居。光陰似箭，轉眼又是六年過去。

　　這六年中，老道人除了每日讓吳盈巨吃齋（食全齋）和誦持《黃帝陰符經》、《老子道德經》、《觀世音菩薩夢授真經》外，於那丹道功夫果真連一個字也沒有教吳盈巨，但吳盈巨卻毫無怨言，而是伺候老道人益發恭謹；食全齋和誦持《黃帝陰符經》、《老子道德經》、《觀世音菩薩夢授真經》益發認真領悟躬行。

　　單說吳盈巨跟老道人的第七個年頭春天的一日清晨，他像往常一樣起得很早，依然如故地打掃完洞外，接著焚香於黃帝、老子、伏羲、西王母、觀世音菩薩像前。

　　其時，當他用火將香焚住，雙腿站定，正欲進前一步將手中燃起的三柱檀香恭恭敬敬地插入諸神像案上的青銅爐中，不知為什麼，此刻他忽然不由自主地打了個趔趄，身體撲通一聲向香案栽去，不偏不正，青銅香爐，左上方角正好把吳盈巨的兩眉心處，「嘭」地一聲撞了一下，霎時，吳盈巨的兩眉心處隱隱侵滲著一團紅血，可當時他非但沒有暈倒，大腦此刻益發清醒，他目呆呆地站在那裡，浸沉在一種玄妙的境界之中。

　　諸同道眾讀者，吳盈巨他萬萬沒有想到，他千辛萬苦

學道多年的收穫不大，倒是這不可言狀的在諸神像前一碰，卻使他一瞬間告別凡夫俗子的庸庸生活，進入那神奇無比的玄妙之門，頓入超凡之路。

卻說立在一旁的老道人，眼前之景，猶如聞到晴天霹靂，甚是驚愕，原來，老道人求道多年，深知兩眉心之處，乃人體生命科學最關鍵之竅之所在，——玄關竅之所在。老子《道德經》開篇第一章中所講的：「常有欲觀其竅，常無欲觀其妙。」既是指丹道修煉玄關竅秘之綱要，一般人修道多年，未必能將關竅修煉開，老道人今日看這吳盈巨在黃帝、老子、伏羲、西王母、觀音菩薩諸位神仙前，將玄關竅一下撞開，心中不免想到，若非這吳盈巨道根深厚，若非這吳盈巨求道至誠，若非這吳盈巨德性敦厚，若非這吳盈巨悟性高妙，焉能有如此天大的緣分，故而老道人順應天機而行，決定把黃帝、老子秘傳道家內丹傳授於他。

當時老道人先極鄭重地跪在黃帝、老子、伏羲、西王母、觀音菩薩像前虔誠告之曰：「既我中華民族神聖祖先黃帝、老子、伏羲、西王母、觀音菩薩冥冥之中示我傳道於吳盈巨，小的今日尊天命而行之。老道人祭告完黃帝、老子、伏羲、西王母、觀音菩薩聖像前之後，然後轉過身來，對呆呆站在那裡的吳盈巨道：

「盈巨，你得道的機緣到了我決定今日正式收你為徒，傳你黃帝、老子、秘傳丹道之訣。」

吳盈巨一聽「撲通」一聲跪在老道人面前，「謝師父再生之恩。」

可是，這老道人卻極其鄭重其事地對吳盈巨說：「施你再生之恩的不是我，而是咱們的中華聖祖黃帝、老子、

伏羲、西王母、觀音菩薩，你應該給他們叩頭才是。」吳盈巨聽老道人如此一指點，他隨即起身面向黃帝、老子、伏羲、西王母、觀音菩薩像前虔誠地行了九叩首大禮。

老道人這時在神像香案下側一個蒲團上自然盤腿式坐下，隨即對吳盈巨道：「我收你做我的弟子，依古規，先給您取個道號：我慎思之，給您取一個道號，名喚「吳雲青」；這個名字非同小可，其寓意為：「天上開一口，雲中隱青山」。名內還有不少玄妙之處，因天機不可泄，您日後便會一一明白。」

隨後老道人喚吳雲青即取來文房四寶筆墨紙硯，然後起身伏在香案上認認真真寫就一道通天之表文，寫畢後則喚吳雲青速準備早飯，並特別囑咐他早飯後到山前，山後採集鮮瓜果備好供品今晚子時他要在這黃帝、老子、伏羲、西王母、觀世音菩薩像前傳他丹道秘訣。

吳雲青聽後唯唯稱是。

且說那日當晚子時，老道人把吳雲青領到黃帝、老子、伏羲、西王母、觀世音菩薩諸神像香案前，先按古規一一擺好時鮮瓜果精心製作的供品，然後親自燃起他珍存多年的上好檀香，念畢早上寫好的通天表文，隨後則讓吳雲青跪在黃帝、老子諸像前對天發願：嚴守道機，最後則對吳雲青萬分鄭重其事地講道：

「我仍中華民族神聖祖先黃帝、老子秘傳丹道，乃我中華聖祖黃帝、老子依天地人生滅玄機而確立並秘傳之。數千年的歷史表明：黃帝、老子秘傳丹道實乃人類康壽超凡，倒轉乾坤，掌握自然之大法，為徒務必虔誠而慎之而學，務必虔誠而慎之而用。務必虔誠而慎之珍藏之，務必虔誠而慎之，傳給確德才兼備有志康壽起凡造福人天之大

德高士。

　　老道人又十分鄭重地對吳雲青講道：

　　「昔者，中華民族神聖祖先黃帝不辭千辛萬苦，兩次登崆洞山拜廣成子為師學得丹道，而後充實之、完善之、確立之而傳之於世，為使後世，天性慈悲，德厚緣人學得丹道真機又嚴防小人竊得，故而定下道規：丹道功理載於《伏羲先天八卦圖》《黃帝陰符經》《老子道德經》之內，而丹道修煉具體下手功夫，萬萬不准立於文字，只准在有德有緣的師徒之間口口相傳，故稱口訣。」

　　老道人然後將話鋒一轉，對吳雲青講起他們師徒二人結緣的王母洞與西王母：「你我師徒二人結緣於王屋山中的王母洞也非偶然，西王母乃道家開山祖師之一，因其常於崑崙山瑤池畔修煉丹道，故爾古來丹道修煉者也稱其為『瑤池金母』，西王母與瑤池金母實乃一人。昔日，西王母曾鼎力肋中華聖祖黃帝拓殖華夏之業，黃帝與蚩尤作戰時，西王母還曾派其弟子們親自出謀劃策並幫助作戰取得勝利。另外，西王母還曾協助黃帝確立與弘傳丹道，故爾西王母對中華事業發展、對中國道家之貢獻巨大，故爾請你日後尊之西王母若在。」

　　老道人與吳雲青講完王母洞與西王母，接著又特別慎重地向吳雲青講起識別丹道功法，與丹道高師的真假之法，以免上當受騙遺恨終生。

　　「由於黃帝、老子秘傳丹道名滿乾坤，古來便有偽丹道與假高師欺世盜名。其實，鑒別之法極易，真丹道高師必須是年逾百歲猶童顏，真的丹道功法必須是年逾百歲猶童顏之高師所傳，否則必然為假。望我徒刻骨銘心記之！」

　　老道人將上述一番話極其鄭重地講完，然後將那黃

帝、老子秘傳九轉還丹，也稱月道九品，口訣附耳，秘傳於吳雲青，其功法步驟為：

　　　一品煉己：性如灰，心掃雜念，

　　　二品築基：至善地，固住本源，

　　　三品按爐：採大藥，文烹武煉，

　　　四品結丹：在柢樹。兩大中懸，

　　　五品還丹：過崑崙，降落會宴，

　　　六品溫養：玉靈胚，也得三千，

　　　七品脫胎：鬚眉頂，嬰兒出現，

　　　八品懸珠：並六道，妙載難言，

　　　九品還虛：九載功，丹成九轉。

　　老道人將上述之黃帝、老子秘傳丹道九品步驟講完，又將其一部煉己的具體下手功夫附耳秘傳與吳雲青，吳雲青聞言大驚，因為老道人秘傳於吳雲青的功法與吳雲青這幾年訪道時，所聽到所見到的功法全然不同，他當下按口訣行之便立竿見影，大見其效。

　　於是，吳雲青當時站起身來，再次於中華聖祖黃帝、老子、伏羲、西王母、觀世音菩薩像前重新施以大禮，以感黃帝、老子、伏羲、西王母、觀世音菩薩，依人天科學確立與秘傳丹道之豐功偉績。然後又給老道人施以大禮以酬其傳丹道秘訣大恩大德。

　　且說那日吳雲青學會丹道九轉功法之一部煉己秘訣之後，每日裡嚴遵老道人所囑，於子午卯酉、二六時中勤修不輟，待百日之後將一部功煉成，老道人親自驗其一部功確成功，方傳其二部丹功口訣，待吳雲青將二部功煉成，老道人又親自驗其二部功成不虛，方傳其三部丹功口訣：

如此以上類推，吳雲青直至丹成九轉，九步功成。

習煉丹道成功後的吳雲青，確有脫胎換骨，超凡脫俗之感，也只有習煉黃帝、老子秘傳丹道功成的人，才能真正體會到《黃帝陰符經》所講：丹道修成可至「宇宙在乎手，萬化生乎身」的真實含意。也才真正有了老子《道德經》所言：「復歸於嬰兒」那神妙無比，不可言狀的體會。

諸同道眾讀者：筆者遵黃帝、老子秘傳丹道古規，丹道口訣只可口傳天下有志超凡之善士，萬萬不可著於文字，故而在本回之中，只寫了丹道真機綱要，但我同時深深地理解，你們最關注、最迫切、最渴望瞭解與學習到黃帝、老子秘傳丹道，當代158歲高師吳雲青傳承丹道的具體下手功夫，鑒於此筆者曾於一九九四年古曆五月初三親赴陝北古洞中當面請示吳老，吳老三思後曰：

「為方便海內外求道善士，我今特給您寫下手書一封，其內客為：蘇華仁是我親傳弟子，一九八〇年七月十五子時，我親傳內丹道功給蘇華仁，賜號蘇德仙。蘇德仙可代我傳功。」

吳雲青老人家寫完上述手書並蓋上其印章後曰：「海內外確有志習煉丹道之善人高士，可讓他們寫信於您，您可依伏羲先天八卦數理推之，酌情隨緣逐階傳授丹道口訣。如此您可將您之通訊位址示之。」故今筆者將通訊位址附本文之後：

這真是：

> 黃老丹訣人天寶，三才合緣傳吳老，
> 求道志士速修書，鴻雁飛來聞玄妙。

第七章

吳雲青弟子在海內外
講話論文選

第一節　易道養生是人類康壽、事業成功法寶

第十八屆《周易》與現代化國際討論會應徵論文：
中國道家內丹養生之道與《周易》養生之道
是全人類身心康壽、事業成功的最佳法寶
世界傳統養生文化學會
蘇華仁　　巫懷澂　　楊文學　　吳祥相　　　楊勇虎

　　一般人一聽養好生，大多以為是講養生保健與營養科學方面知識。因為現代講保健與營養科學知識的專家、學者，大多是以這方面內容來講。

　　當我們站在歷史的高度放眼看去，一定會有重要的收穫；中華民族神聖祖先：伏羲、廣成子、黃帝、周文王、老子所開創的「中國傳統道家內丹養生之道與《易經》養生之道」之中所講的人類養生。其指的是全方位的大養

生。其著眼角度以「天人合一」的世界觀和「道法自然」的方法論為綱。讓人類的生活規律和生活習慣與宇宙大自然運行規律融合為一，從而養好生。同時，透過修煉好中國傳統道家內丹養生之道與《易經》養生之道，採集宇宙大自然萬物之靈氣，來養好生，來調補好身心，從而獲得身心康壽，大成智慧，取得事業成功。

用現代語言講：人類要養好生，捷徑就是自身修煉好中國傳統道家內丹養生之道與《易經》養生之道，採集宇宙大自然萬物之能量於己身，取得身心康壽，事業成功，同時保護好大自然萬物的生存環境。

中華數千年的歷史啟迪人類：中國傳統道家內丹養生之道與《易經》養生之道，道理真切而博大精深；內容廣博而精煉實在；方法實用而簡潔高妙；效果神奇而真實鞏固。

其史實記載如下：

從今上溯大約八千年，中華易道始祖伏羲，史書《易·繫辭傳》所記載其：「仰則觀象於天，俯則觀法於地。觀鳥獸之文與天地之宜，近取諸身，遠取諸物。於是始作先天八卦，以通神明之德，以類萬物之情，以明養生之道……」

從今上溯五千年，中華民族神聖祖先黃帝將伏羲先天八卦，發展成中天六十四卦。名為《黃帝歸藏易》。其養生之道，主要在黃帝《陰符經》，《黃帝內經》《黃經外經》其中要訣曰：「宇宙在乎手，萬化生乎身。」「生者死之根，死者生之根。知之修煉，謂之聖人。」

從今上溯三千多年，中國《周易》始祖周文王在中原羑里城，即今中國易都河南安陽，將伏羲先天八卦，黃帝中天八卦推演為後天六十四卦而成《周易》，《說卦傳》曰：「昔者聖人之作易也。將以順性命之理，是以立天之道。」

從今上溯兩千五百年，中國春秋時代道家養生與易經養生集大成者老子在其名著：《老子道德經》曰：「人法地，地法天，天法道，道法自然。」《老子內丹經》曰：「修生之法，保身之道，因氣安精，因精養神，神不離身，身乃長健。」

上述四段史料含意為：中華易道始祖伏羲，中華民族神聖祖先黃帝和中國《周易》始祖周文王，中國道家養生集大成祖師老子，創立的中國傳統道家養生之道與《易經》養生之道大綱有三：

一為其道理「道法自然」，即道法宇宙大自然萬物變化規律；

二為其方法：即由修煉好中國傳統道家內丹養生之道與《易經》養生之道。而採取大自然萬物之能量於人類自身；

三為其養生最高目的，為「天人合一」；即人類的生活方式和生活習慣與宇宙大自然萬物變化規律合而為一。

中國唐代著名道家內丹養生與《易經》養生名家呂洞賓祖師，精闢地用詩歌來闡述，來謳歌伏羲，黃帝，周文王，老子所創立的中國傳統「道法自然」「天人合一」的養生之道。其詩曰：

伏羲創道到如今，窮理盡性致於命。

「窮理盡性致於命」是中國傳統道家內丹養生之道的總綱：「窮理盡性致於命」也是中國《易經》的總綱。令人婉惜的是，古往今來有不少學習、研究中國傳統養生之道的專家、學者重於「窮理盡性」，而輕於「致於命」（即致力於養護好自己乃至整個人類的生命）。

而古來不少學習、研究中國《易經》的專家、學者重於預測與風水的「窮理盡性」而輕於「致於命」。忽略了

給世人預測未來與調理風水的主要目的是讓人們養護好生命。故古往今來只重「窮理盡性」而輕於「致於命」者，有不少早夭者，令人思之促人猛醒。

需要特別補充的是：中華易道始祖伏羲本人創立了「中華易學」，同時自己養生有大成，史書載其壽高百餘歲乃去。根據大量史料記載：八千年前，那時人類的平均壽命很短，大約二、三十歲而已。

自中華易道始祖伏羲開創的「道法自然」、「天人合一」、「調補身心」養生之道始，中華民族神聖祖先黃帝和中國道家內丹養生之道與《易經》養生之道集大成者老子繼承和發展了中國傳統養生之道。

中國正統史家籍載其詳況如下：

距今大約五千年左右，歷史進入即中華人文之祖、也是中國道家始祖的黃帝時代。黃帝在其恩師廣成子指導下，繼承和發揚了中華易道始祖伏羲「天人合一」、「道法自然」的養生之道。《莊子·在宥篇》載：黃帝立十九年，聞知中華道家養生始祖廣成子隱居於中國西北崆峒山上。於是黃帝不遠千里，不辭辛苦，兩次登臨崆峒山而拜廣成子為師，學習養生大道於廣成子。

當時，廣成子深知，黃帝本身已經對中華民族文明發展積了大功德，並且黃帝又至誠地尊師重道，而且嚴格地遵循廣成子讓其按「道法自然」的規律生活，同時切實做到「持齋沐浴」即「飲食常素，常沐浴」，採集宇宙大自然日、月、星光之能量於己身。

基於上述：廣成子才先傳黃帝一部養生寶典《自然經》，然後用口對口秘傳形式，秘傳黃帝養生大道。其時，廣成子對黃帝曰：

　　「至道至精、杳杳冥冥、至道之極、昏昏默默，無視無聽、抱神以靜，形將自正，必靜必清。無勞汝形，無搖汝精，無思慮營營、乃可以長生。目無所見，耳無所聞，心無所知，汝神將守汝形，形乃長生，慎汝內，閉汝外，多知為敗，我為汝遂於大明之上矣。至彼至陽之原也。為汝入窈冥之門矣，至彼至陰之原也。天地有官，陰陽有藏，慎守汝身，物將自壯，如其守一，以處其和，故身可不老也。」

　　中國二十四史之首的《史記·封禪》篇中載：黃帝因修煉中國傳統道家內丹養生之道與《易經》養生之道有大成。獲得身心康壽，大成智慧；其壽高三百八十歲。中國《道藏·軒轅黃帝本紀》載：黃帝乃被龍馱上天而仙去。

　　黃帝繼承與發揚了中華易道始祖伏羲廣成子，開創的「中國傳統養生之道」，其內容主要見於《黃帝歸藏易》、《黃帝陰符經》、《黃帝內經》、《黃帝外經》。其核心指導思想是：黃帝《陰符經》指出的「聖人知自然之道不可違，因而制之」。

　　從黃帝始，歷史再越二千餘年。到了中國道家養生與《易經》養生大祖師老子所生活的春秋時代。老子全面繼承、發展了中華易道始祖伏羲，中華民族神聖祖先黃帝開創發展的「天人合一」、「道法自然」的中國傳統道家內丹養生大道。被世界公認為東方聖經《道德經》的作者老子，是中國傳統養生文化的集大成者。

　　老子將中華易道始祖伏羲、中國養生始祖廣成子、中華民族神聖祖先、中國道家始祖黃帝、中國《周易》始祖周文王，開創的「天人合一」的養生大道陶熔於一爐、集於大成。使中國傳統道家內丹養生之道與《易經》養生之道在理論上、方法上、傳承上均達到一個新局面。

　　老子集大成中國傳統道家內丹養生之道與《易經》養生之道，其理論要旨，主要集中在《老子道德經》之內，我們明顯地可以在《道德經》中讀到中國道家養生之道與《易經》養生之道綱要：

　　1.道法自然：聖人之道，為而不爭；

　　2.返樸歸嬰：反者、道之動，弱者，道之用；

　　3.長生久視：天地所以能長且久者，以其不自生，故能長生；

　　4.陰陽和諧：萬物負陰而抱陽，沖氣以為和；

　　老子將中國傳統道家養生之道與《易經》養生之道最上乘的養生秘法：「中國道家內丹養生之道」，擬傳於天下道德高尚，與道有緣的人，故寫出中國第一部關於中國傳統道家內丹養生之道的著作：《老子內丹經》，中國《道藏》題名為：《太上老君內丹經》。

　　其要點曰：「修生之法、保生之道、因氣安精、因精養神，神不離身、身乃長健。凡修大道，利於生靈之性，發人智見，使人達道，得天沖虛之氣也。」

　　老子關於中國道家內丹養生之道，具體修法的理論與方法，主要見於老子親傳弟子，尹真人（即周朝函谷關令尹喜，因其道德高深，後世尊稱其為尹真人。）著《文始真經》《尹真人東華正脈皇極闔辟證道仙經》，兩部經為十分珍貴的中國傳統道家內丹養生之道與《易經》養生之道精華寶典：其修煉具體部署為：

　　一、添油接命　　　二、凝神入竅

　　三、神息相依　　　四、聚火開關

　　五、採藥歸鼎　　　六、卯酉周天

　　七、長養聖胎　　　八、乳哺嬰兒

九、移神內院　　　十、煉虛合道

　　需要特別指出的是：老子即為了讓世世代代天下有道德，同時與道有緣的人學習到中國道家內丹養生之道與《易經》養生之道，並嚴防世間小人學得，幹出傷天害理之事。特別繼承採用了廣成子傳黃帝「中國道家內丹養生之道與《易經》養生之道」時用的口口相傳的秘傳道規。故數千年來，中國道家內丹養生之道與《易經》養生之道也一直採取口口相傳的方式。

　　故筆者在此特別真誠地告訴大家：學習中國道家內丹養生之道下手功夫的真訣，必須有得道與成道的高師親自秘傳，同時在嚴密地特殊環境中才能學得大道真訣。

　　何為真正得道與成道的高師？《黃帝內經》曰：上古知道者，和於術數，法於陰陽，度百歲乃去。不言而喻：有緣學得中國道家內丹養生與《易經》養生之道秘傳口訣，同時又修煉成功了中國道家內丹養生之道與《易經》養生之道的高師；自然而然是年逾百歲而鶴髮童顏。同時又能掌握宇宙萬物生死規律密碼的高師。

　　因此：海內外有道德，同時與道有緣，渴望學習到中國道家內丹養生之道與《易經》養生之道秘傳口訣之士，請您廣積道德，創出條件與年逾百歲而鶴髮童顏的高師結緣。學習到中國道家內丹養生之道與《易經》養生之道。以便早日身心健康長壽，事業獲得成功。同時再攀高峰，達到「天人合一」境界。

　　綜上所述，中國傳統道家內丹養生之道與《易經》養生之道，其開創始祖及其經典著作主要如下：

　　中華易道始祖伏羲及其《先天八卦易學》；中華養生始祖廣成子養生大道及其《自然經》；中華民族神聖祖

先、中國道家始祖黃帝及其《黃帝陰符經》、《黃帝歸藏易》；中國道家養生集大成祖師老子及其《老子道德經》、《老子內丹經》與老子親傳弟子尹喜著《尹真人東華正脈皇極闔闢證道仙經》。

上述中國傳統道家內丹養生之道與《易經》養生之道開創始祖、他們開創了中國傳統的養生之道，他們著出流傳萬世而不衰的經典著作，是中國傳統養生之道中精華中的精華，他們是中華民族，也是全人類養生文化寶庫中的瑰寶與法寶，同時是中華數千年中國傳統文化的源泉與主流，在中華大地世世代代傳承不衰。

在中國傳統文化的孕育下創造出輝煌燦爛的中國文化，造就出許許多多的偉人，真人，聖人，哲人，哺育出了偉大的中華民族，展卷記載中華民族五千年史實的中國《二十四史》一目了然：中華民族各界泰斗與各界高人，大多在上述中華易道始祖伏羲及其《先天八卦易學》，中華養生始祖廣成子及其《自然經》，中華民族神聖祖先、中國道家始祖黃帝及其《黃帝陰符經》、《黃帝歸藏易》，中國道家養生之道集大成祖師老子及其著作《老子道德經》，《老子內丹經》，與老子道家內丹養生之道親傳弟子尹喜著《尹真人東華正脈皇極闔闢證道仙經》內含的「道法自然」，「天人合一」精神和方法鼓舞下，在其經典著作文化薰陶下，同時在歷朝歷代之中國道家內丹養生之道與《易經》養生之道傳師、口口相傳丹道真訣和具體指導下學習，修煉成功了中國傳統道家內丹養生之道與《易經》養生之道而有大成，獲得身心康壽，大成智慧；因而成為各界泰斗與高人。

其不同歷史時期主要代表人物與代表著作如下：

1. 中國教育界泰斗，中國春秋時代拜老子為師的儒家聖人孔子，平生修煉中國傳統道家內丹養生之道與《易經》養生之道有大成，獲得身心康壽，大成智慧；平生培育弟子三千，賢人七十二。同時著述出《易大傳》、《大學》、《中庸》等經典傳世。（詳情請看《史記‧老莊申韓列傳》，《史記‧孔子世家》。）

2. 中國道學聖哲，中國春秋時代老子之後，另一位道家代表人物莊子，平生修煉中國傳統道家內丹養生之道與《易經》養生之道有大成，獲得身心康壽，大成智慧；繼承了老子道學。同時著出道學經典《莊子》，也稱《南華真經》而傳世。（詳情請看《史記‧老子、韓非列傳》）

3. 中國軍事界泰斗、中國春秋時代兵家孫武子，平生因修煉中國傳統道家內丹養生之道與《易經》養生之道有大成，獲得身心康壽，大成智慧；建成大功。同時著出道家兵學經典《孫子兵法》傳世。（詳情請看《史記‧孫子‧吳起列傳》）

4. 中國商貿界祖師、春秋時代的道學高人范蠡，平生修煉中國傳統道家內丹養生之道與《易經》養生之道有大成，獲得身心康壽，大成智慧。他先與越國大夫文種和西施等人，輔助越王勾踐滅吳復國，然後功成身退，改名換姓為陶朱公，隱於山東與太湖之濱，一邊修道一邊經商。（詳情請看《史記‧越王勾踐世家》）

5. 中國智慧聖人，中國戰國時代道學高師鬼谷子，平生修煉中國傳統道家內丹養生之道與《易經》養生之道有大成，獲得身心康壽，大成智慧；並培養出蘇秦，張儀，孫臏，龐涓，茅蒙，茅盈，徐福，毛遂，尉繚子等傑出人才。後人將其著作彙集為《鬼谷子全書》傳世。（詳情請

看《史記·蘇秦列傳》，《史記·張儀列傳》等史書）

6. 中國秦朝道學名家黃石公（世人尊稱為黃大仙）。平生修煉中國傳統道家內丹養生之道與《易經》養生之道有大成，獲得身心康壽，大成智慧；平生修學培養出一代道學高人張良，同時著出道學經典《素書》而傳世。（詳情請看《史記·留侯世家》）

7. 中國一代道學高人秦、漢之際的張良，平生修學中國傳統道家內丹養生之道與《易經》養生之道有大成。獲得身心康壽，大成智慧；輔助劉邦，項羽滅掉暴秦，輔佐劉邦建立西漢王朝，而後功成身退，隱居陝南紫柏山修煉丹道，同時著出道家兵典《張良兵法》而傳世。（詳情請看《史記·留侯世家》）

8. 中國一代道學高人張良八世孫東漢時期的張道陵，平生修煉中國傳統道家內丹養生之道與《易經》養生之道有大成，獲得身心康壽，大成智慧，創立了中國道教，同時著出道家經典《正一威盟》而傳世。（詳情請看《張天師家傳》）

9. 中國著名大科學家張衡，是中國道教創始人張道陵長子，平生修煉中國傳統道家內丹養生之道與《易經》養生之道有大成，獲得身心康壽，大成智慧，發明了著名的「地動儀」，「混天儀」，「風向儀」。同時著出《黃帝飛鳥曆》傳世。（詳情請看《後漢書張衡傳》）

10. 中國「萬古丹經王」《周易參同契》的作者，東漢時期的魏伯陽，平生修煉中國傳統道家內丹之道與《易經》養生之道有大成，獲得身心康壽，大成智慧。他將中國道家內丹養生之道、中國《周易》、中國道學三者參同為一，著出《周易參同契》而傳世。（詳情請看《參同契通真

義‧序》）

11. 中國晉代道學名家代表人物葛洪，平生修煉中國傳統道家內丹養生之道與《易經》養生之道有大成，獲得身心康壽，大成智慧，建成大功而功成身退，修道於中國廣東羅浮山，建成羅浮山道場。同時著出道家經典《抱朴子內外篇》而傳世。（詳情請看《晉書‧葛洪列傳》）

12. 中國書道聖人、中國晉代道學名家王羲之，平生修煉中國傳統道家內丹養生之道與《易經》養生之道有大成，獲得身心康壽，大成智慧。他在道家思想指導下，潛心書法，成為古今中外的書法聖人。同時留下王羲之書《老子道德經》書法精品傳世。（詳情請看《晉書‧卷八十‧列傳第五十》）

13. 中國藥王，中國隋、唐之際道家醫學代表人物孫思邈，平生修煉中國傳統道家內丹養生之道與《易經》養生之道有大成，獲得身心康壽，大成智慧。平生集中國道家內丹養生、道醫養生、易學養生、佛學養生、儒學養生大成於一身，救人無數。同時著出道家醫學經典《千金要方‧道林養性》而傳世。（詳情請看《舊唐書‧孫思邈傳》）

14. 中國詩仙李白，平生崇尚道家；《舊唐書‧卷一百九十二吳筠列傳》載：李白曾拜唐玄宗時著名道士吳筠為師，修煉中國道家內丹養生之道有成，獲得身心康壽，大成智慧。寫出大量千古傳頌的遊仙詩和煉丹詩。後人將其詩歌集成《李太白全集》傳世。

15. 中國唐代道家真人鍾離權、呂洞賓，平生修煉中國傳統道家內丹養生之道與《易經》養生之道有大成，獲得身心康壽，大成智慧。普度天下有道緣者無數。同時著出道家經典《鍾、呂傳道集》而傳世。（詳情請看《宋史‧陳

搏傳》）

16. 中國宋代道學名家，中國華山陳搏老祖，平生修煉中國傳統道家內丹養生之道與《易經》養生之道有大成，獲得身心康壽，大成智慧。培養出火龍真人（張三豐道家內丹學恩師），邵康節等高人。同時著出道家經典與易學經典《無極圖》，《指玄篇》，《入室還丹詩》而傳世。（詳情請看《宋史·陳搏傳》）

17. 中國北宋、南宋之際，中國傳統道家內丹養生名家，中國道家南宗創始人張伯端，道號張紫陽，平生修煉中國傳統道家內丹養生之道與《易經》養生之道有大成，獲得身心康壽，大成智慧。他創立了中國道家南派，同時著出道家內丹養生名著《悟真篇》而傳世。（詳情請看《張伯端悟真篇序》）

18. 中國道教龍門派始祖：中國元代道教代表人物丘長春，平生修煉中國傳統道家內丹養生之道與《易經》養生之道有大成，獲得身心康壽，大成智慧。元帝成吉思汗因拜丘長春為國師而統一天下。後丘長春發展中國道教全真派，功勳卓著。同時著出道家經典《大丹直指》而傳世。（詳情請看《元史·丘長春傳》）

19. 中國太極拳始祖，中國明代道家代表人物張三豐，平生修煉中國傳統道家內丹養生之道與《易經》養生之道有大成，獲得身心康壽，大成智慧，集中國道家、佛家、儒家、易學、武術養生大成；並培養出沈萬三，汪錫齡等傑出道學人才。著出道家經典，《丹經秘訣》。後人將其著作彙集為《張三豐全集》而傳世。（詳情請看《明史·張三豐傳》）

20. 中國清代道學名家黃元吉，平生修煉中國傳統道

家內丹養生之道與《易經》養生之道有大成，獲得身心康壽，大成智慧。他在四川省富順縣設「樂育堂」講解《老子道德經》，同時秘傳中國道家內丹養生之道與《易經》養生之道，還著有黃元吉《老子道德經注釋》、《樂育堂語錄》等經典傳世。（詳情請看蕭天石著：黃元吉《道德經注釋》例言）

21. 中國近代與當代道學名家，世界著名老壽星吳雲青，平生修煉中國傳統道家內丹養生之道與《易經》養生之道有大成，獲得身心康壽，大成智慧。創出了舉世聞名的三大生命科學奇跡：① 年逾百歲而童顏；② 預知歸期，臨終坐化；③ 坐化之後肉身不腐。老壽星吳雲青啟迪世人：中國傳統道家內丹養生之道與《易經》養生之道，效果真實而神奇，激勵後人學習中國道家內丹養生之道。

需要特別指出的是：中國傳統養生之道集大成祖師老子，為了讓世世代代天下具備有道德和與大道有緣的人，學習到中國道家內丹養生之道與《易經》養生之道，又為了防止世間小人學得。特別繼承採用了，廣成子傳黃帝中國道家內丹養生之道與《易經》養生之道時，用口口相傳的秘傳道規。故數千年來，中國道家內丹養生之道與《易經》養生之道一直採取口口相傳的方式。

故筆者在此特別真誠地告訴大家：學習中國道家內丹養生之道與《易經》養生之道下手功夫的真訣，必須由得道與成道的高師親口秘傳。同時嚴格地在特定環境中才能學得。

何為真正的得道與成道高師？《黃帝內經》曰：上古知道者，和於術數，法於陰陽，度百歲乃去……不言而喻。有緣得到中國道家內丹養生之道與《易經》養生之道秘傳口訣、同時又修煉成功了中國道家內丹養生之道與

《易經》養生之道的真正高師，自然而然是年逾百歲而鶴髮童顏，同時又能掌握宇宙萬物生死規律密碼的高師。

因此；海內外有道德同時與道有緣，渴望學習到中國道家內丹養生之道與《易經》養生之道秘傳口訣之士，請您努力學習中國傳統道學文化，廣積道德，創出條件，與年逾百歲而鶴髮童顏的高師或他的親傳弟子結緣，學習到中國道家內丹養生之道與《易經》養生之道，以便早日獲得身心健康，長壽，事業成功；同時再攀登高峰，達到天人合一境界。對宇宙天地人做出有益的貢獻。

蘇華仁（手機：13138387676）

二〇〇七年六月三日羅浮山

第二節　中國道家內丹養生的歷史地位至高無上

——在新加坡道家養生學會年會上發言：

蘇華仁

引詩

參透萬物與人生，最高者練內丹功。

黃帝老子皆如此，我輩自應步道蹤。

——筆者禮讚道家內丹養生之道詩之一

展卷博大精深記載中華五千年文明史的中國《二十五史》和大量歷史典籍您自然而然會一目了然：大凡在中國

歷史上大有作為的各界泰斗人物，大多渴求中華民族神聖祖先黃帝、老子創立的中國道家內丹養生之道，習煉中國道家內丹養生之道，平生受益於中國道家內丹養生之道，因習煉中國道家內丹養生之道而掌握了生命密碼規律。以致身心康壽超凡大智大慧大增，因而取得了事業成功，成為千古聖哲、萬古偉人，各界泰斗。

世界近代著名的英國大哲學家培根有一句至理名言「讀史使人明智。

讓我們沿著中華民族的歷史長河泛舟而去——

共同看如下壯美的歷史畫卷。

共同體味歷史對我們的啟迪，

是那樣的高妙、深遠、自然

距今約五千年前的中國上古時代，中國政治泰斗，我們中華民族的「人文之祖」軒轅黃帝，《史記卷一・五帝本紀》《莊子・在宥》《抱朴子內篇・登涉訪》載：黃帝為學得內丹道功。不遠千里兩次登臨崆峒山上，誠心拜當時之內丹道功高師廣成子為師習煉內丹道功。

史載其過程大體如下：今筆者依古文試譯白話文如下：

黃帝立為天子十九年，聞當世道學真人廣成子修煉內丹道功於崆峒山上，故往而見之曰：

「聞吾子老師您達於至道，敢問至道之精。吾欲取天地之精，以佐五穀，以養民人；吾又欲官陰陽以遂群生，為之奈何？」

廣成子曰：「您所欲問者，物質之質也，而您用管理天下的方法來管理萬物由於違背了自然的規律以至將萬物致殘也，您看自您治天下，雲氣不待聚足而下雨，草木不

得黃透而衰，日月之光，益以減落也。而您世俗之心重重，我又怎麼能與您言至道！」

黃帝聞廣成子此言，深以為是。從崆峒洞山退回來，黃帝馬上改正以前的錯誤行為，「捐天下」，讓天下的人都信大道，自己特地建築一個靜室，拿去獸皮褥子，用白茅做席子鋪地。閒居三月，再一次登崆峒山向廣成子問道，當時廣成子頭朝南而臥，黃帝順下風膝行而進至廣成子跟前，再拜稽首而曰：

「聞吾老師您通達養生大道，我斗膽敢問治身，奈何可以用什麼方法可以使身心長久？」

廣成子蹶然而起曰：「善哉：您問的太好了，來！我告訴您至道：至道至精，杳杳冥冥，至道之極，昏昏默默，無視無聽，抱神以靜，形將自正，必靜必清，無勞您形，無搖汝精，乃可長生，目無所見，耳無所聞，心無所知，您神將守形，形乃長生，慎您內，閉您外，多知為敗。我為您遂於大明之上矣，至彼之陽之原也。天地有官，陰陽有藏，慎守您身，物將自壯，我守其一，以處其和，故我修身千二百歲矣，我身心沒有一點兒衰。」

至於內丹道功具體煉法真機口訣，為了嚴防小人盜道，廣成子則依古規讓黃帝歃血為盟，然後方秘用不立文字，惟以口相授方法秘傳之。

《史記‧五帝本紀》載黃帝益修煉於內丹道功有大成，壽高131餘歲時而羽化；《史記‧封禪》和《道藏》則載黃帝壽高「380歲」時白日撥宅飛升。

為使千秋萬代我們黃帝子孫中德才兼備，有志超凡脫俗，掌握生命密碼，超越生命者能夠掌握內丹道功，掌握這一真實而神奇的生命科學和人天科學法寶，黃帝著成了

《黃帝陰符經》、《黃帝外經》及中醫學祖典《黃帝內經》將中國道家內丹養生之道和內丹道功真機蘊含其中，而內丹道功具體修煉的真機口訣，則按古道規不立文字，代代秘傳於德才兼備有志超凡脫俗之士。

　　為稱頌我們中華民族人文之祖軒轅黃帝道德高深、大智大慧、將中國道家內丹養生之道秘傳給千秋後人，我昔日曾試寫一首小詩禮贊黃帝，今吟書於此，意欲懇請行家雅正之：

　　中華聖祖黃帝禮贊

　　其一：

　　　　拓殖華夏創聖功，崆峒求道拜廣成。

　　　　煉成內丹著《陰符》，德澤後人天地通。

　　其二：

　　　　黃帝修煉內丹成，騎龍九天遊太空。

　　　　爲使世人通天道，精心著出《陰符經》。

　　距今大約兩千五百多年前，中國儒家創始人，中國教育界泰斗孔子，《史記·孔子世家》《史記·老子韓非列傳》載其年齡51歲時，親自到周都洛陽，恭身拜春秋之季的中國道家內丹養生之道集大成者，西方世界公認為「東方聖經」的《老子道德經》作者老子為師。史載老子對孔子曰：「子所言者，其人與骨皆已枯矣，獨其言所在耳，且君子得其時則駕，不得其時則蓬累而行，吾聞之，良賈深藏若虛，君子盛德容貌若愚。去子之驕氣與多欲，態與色淫志，是皆無益於子之身。吾所以告子，若是而已。

　　孔子去，謂弟子曰：「鳥，吾知其能飛，魚，吾知其能遊，獸，吾知其能走；走者可以為網，遊者可以為綸，

飛者可以為射，至於龍，吾不能知其乘風雲而上天。吾今日見老子，其猶龍邪！」

又《史記‧仲尼弟子列傳》記載：孔子平生言其所嚴師事者六位，老子居首位。

我昔日曾試寫詩二首，禮贊老子，禮贊孔子，今吟書於此，意欲懇請行家雅正之：

禮贊老子：

　　胸藏宇宙興衰史，道法自然常清靜。

　　孔子求教歎為龍，萬世人頌《道德經》。

又試寫小詩一首禮贊孔子並試欲啟迪我輩。

禮贊孔子：

　　參透萬物與人生，大聖人求內丹功。

　　孔子周都拜老子，我輩自應步聖蹤。

中國軍事界泰斗，春秋之季的大軍事家孫武子，他所著的《孫子兵法》，為古今中外兵家推崇，奉為兵家祖典，《孫子兵法》中明言為將帥的重要之事是「修道保法」。有關史書記載孫子功成身退後則隱居在其故鄉「阿、鄄」，今山東西南東阿、梁山一帶，潛心修煉中國道家內丹養生之道。

我昔日曾試寫小詩一首禮贊孫武子：今吟書於此，意欲懇請行家雅正之：

孫子禮贊：

　　兵家之祖孫武子，修道保法十三篇。

　　百戰百勝談笑間，功成煉丹隱「阿、鄄」。

中國古代商貿界供奉祖師范蠡，《史記‧越王勾踐世

家》記載：輔助越王勾踐建成春秋五霸之業，而後即急流勇退。功成身退。更名陶朱公，隱於太湖之濱，一邊修道，一邊經商，成為一代高士。中國近代道學名家陳櫻寧曾引圓嶠詩讚美范蠡，詩名曰：《江上詠范少伯》詩中寫道：

> 注到《陰符》第幾篇。還家壯士錦衣鮮，
>
> 陶朱計定傾吳日，黃老功成霸越年；
>
> 一舸載來人似玉。五湖歸去月如煙，
>
> 三高祠宇今猶在，誰更熔金鑄浪仙。

中國大謀略家，身為漢高祖劉邦帝王之師的留候張良，《史記·留候世家》載張良三生有幸，拜得當世道家隱士黃石公（即黃大仙）為師而成才；爾後，輔佐漢高祖劉邦建立西漢王朝而被封為齊王，志欲隨內丹道功高師赤松子黃大仙仙遊，因此，張良隱於川陝之交的留壩紫柏山中，而張良不貪富貴而其秘煉內丹道功，故史稱其為留候，又其因言行高遠神奇，後世人稱其為「古今無雙第一」。

我昔日曾試寫小詩一首禮讚張良，今吟書於此，意欲懇請行家雅正之：

張良禮讚：

> 張良師事黃石公，高祖敬之大業成。
>
> 古今無雙數留候，功成身退煉丹功。

又試寫小詩一首，禮讚張良平生曰：

> 當年為報故國仇，博浪錘擊秦皇頭，
>
> 輔漢滅秦身先退，欣然而隨赤松遊。

中國道教創始人張道陵，《後漢書·劉焉傳》《雲笈七鑒》載其乃張良八世孫，張道陵於丹道與道術均精通，

他往來於神州各地傳道而常居四川鶴鳴山，青城山，江西龍虎山，壽至123歲時而羽化。

我昔日曾試寫小詩一首禮贊張道陵，今吟書於此，意欲懇請行家雅正之：

張道陵禮贊：

張良玄孫張道陵，龍虎山煉內丹功。

創立道教繼黃老，正一術數鬼神敬。

世界上最早發明地震預測儀器地震儀、測量風向儀器風候儀的中國大科學家張衡，《後漢書·張衡傳》和《四川總志》載其乃是中國道教創始人張道陵之長子，張道陵將修煉丹道與道術之：「篆劍冊印授長子衡」。

張衡發明的地震儀和風候儀，更新曆法《黃帝飛鳥曆》。是在黃帝和老子道家思想指引下完成的，據中國近代道學名家陳櫻寧著《道教與養生》108頁載，近代在敦煌又發現了六朝人所寫張陵撰著，張衡傳本《老子想爾注》。

我昔日曾試寫小詩一首禮贊張衡，今吟書於此，意欲懇請行家雅正之：

張衡禮贊：

祖上家父皆高道，門裡修真隱宏韜。

創出地動風候儀，其中玄妙源黃老。

中國《周易》研究界大名家魏伯陽，東漢桓帝時人，他精心著出的《周易參同契》古來公認為「萬古丹經王」。

五代後蜀彭曉著《周易參同契分章·真義》載：「真人魏伯陽者，會稽上虞人也。世襲簪裾，唯公不仕。修真潛默，養志虛無。博贍文詞，通諸緯候，恬淡守素，唯道是從，每視軒裳如糠秕焉，不知師授誰人。得到秘本《古文龍虎經》盡獲妙旨，乃約《周易》撰《參同契》三篇，

又云：未盡纖微，復作《補塞遺脫》一篇，繼演丹經之玄奧。所述多以寓言借事，隱顯異文……」

不言而喻：《周易》研究大名家，實乃中國道家內丹養生之道之修煉大名家。近代道學名家陳攖寧引圓嶠詩《江上詠魏伯陽》曰：

　　　　一卷參同萬古傳、已將道妙泄先天，

　　　　陰徐師表承前輩、鍾呂淵源啓後賢；

　　　　消息潛通周易理、闡相宜證悟真篇，

　　　　閏丹爐火都研究、我是金床馬自然。

中國書法界之書聖王羲之，晉代時人，其書道高妙，千秋稱頌，尤以書法精品《蘭亭序》飲譽古今，為古今世人重之。《晉書·列傳第五十》年長則與當時著名道士許邁常優遊林下，共修中國道家內丹養生之道。

我昔日曾試寫小詩一首，禮贊王羲之，今吟書於此，意欲懇請行家雅正之：

王羲之禮贊：

　　　　中國書聖王羲之，千秋人頌《蘭亭序》。

　　　　讀史方知其奧秘，先生書法源道機。

中國佛教界之大德高僧，慧眼深識中國道家內丹養生之道長壽，超凡入聖，天人合一至寶者大有人在；僅舉晉代著名法師曇鸞師事當世之內丹道學高師陶弘景，潛心修煉內丹道學於佛門之內；北魏著名法師佛門天臺宗三祖慧思，他既習煉內丹道學同時又著述道家內丹養生學。

我昔日曾試寫小詩一首，禮贊曇鸞，慧思兩位佛門大德，今吟書於此，意欲請行家雅正之：

　　　　參透萬物與人生，佛門大德煉丹功。

　　　　曇鸞慧思尚如此，我等自應步佛蹤。

中國中醫藥界泰斗，藥王孫思邈，醫、易、道三學均精通。《舊唐書‧列傳一百四十一》載：其弱冠善談《老子》《莊子》及百家之說，兼好佛典，年長則隱居太白山，一邊潛心煉內丹道功，一邊行醫濟世，同時著出《千金要方》《千金翼方》等道醫名著以益當世與後世。壽至一百四十二歲方羽化。其間，唐太宗李世民聞其道德高深，乃「詔詣京師」嗟其容貌甚少，謂曰：「故知有道者誠可尊重，羨門，廣成，豈虛言哉！」將授以爵位，孫思邈固辭不受。

我昔日曾試寫小詩一首，禮贊藥王孫思邈，今吟書於此，懇求行家雅正之：

丹道易學全精通，《千金要方》濟蒼生。

身歷五帝四朝去，偉哉藥王萬世敬。

中國文學界詩壇泰斗李白，《中國文學史》載其平生好道，自號「謫仙」其詩充滿仙味，李白曾與當世著名道長吳筠互為師友，互贈詩歌並向吳筠學習修煉丹道，後來靠吳筠道長鼎力舉薦於唐玄宗，唐玄宗方詔李白入京師。

我昔曾試寫小詩一首，禮贊李白，今吟書於此，懇請行家雅正之：

禮贊李白

仙風道骨號謫仙，詩景直通彩雲間。

本隨吳筠修大道，爲濟蒼生方出山。

中國唐、宋之際道學名家鍾離叔、呂洞賓。據《全唐詩話》、《宋史‧卷四百五十七‧列傳第二百十六》《宋朝事實類苑》卷35記載，鍾、呂二人為師徒，兩人皆為中國道家內丹養生之道修煉有成之大名家，「世人稱之為神仙」，兩人關於中國道家內丹養生之道修煉著作甚豐，同

時大慈大悲，樂於度人，唐、宋之後的中國道家內丹養生之道在華夏神州得以弘揚廣大，其二人貢獻巨大。

我昔日曾試寫小詩一首，禮贊鍾離權、呂洞賓，今吟書於此，意欲懇請行家雅正之：

其一：鍾離權祖師禮贊：

先爲將軍後修道，閱歷豐富識見高。

紅塵之中度呂祖，致使中華丹道昭。

其二：呂洞賓祖師禮贊：

身爲仙翁卻喜凡，樂將凡人度爲仙。

只因呂祖大慈悲，神州萬世多神仙。

中國《易》學界泰斗陳摶，《宋史·陳摶傳》載其潛心丹道，高臥華山，四辭朝命，承上古黃帝之遺教，開後世易道之師風，壽高180歲方蛻化於華山張超谷。陳摶善於度化人，火龍真人乃其高徒，火龍真人之弟子張三豐是其徒孫。

我昔曾試寫小詩一首，禮贊華山陳摶老祖，今吟書於此，懇請行家雅正之：

陳摶老祖禮贊：

風神脫俗古今罕，高臥華山煉內丹。

帝王誠邀至皇宮，陳摶高志樂九天。

中國太極拳創始人。中國武術界武當派創始人張三豐，武術與丹道均精，他外顯金鋒內煉內丹，所著丹道名篇《無根樹》，寓意深廣，飲譽古今。在前，我曾試寫小一詩首，禮贊張三豐，今吟書於此，懇請行家雅正之：

張三豐禮贊：

仙風道骨世罕見，《無根樹》下還大丹。

幾多帝王欲一見，先生高志遊銀漢。

中國清代道學名家黃元吉，平生以潛心修煉。大力弘揚黃帝、老子秘傳中國道家內丹養生之道為樂，以闡述老子《老子道德經》中所蘊含之大道之理和道家內丹養生之道真機為己任。

黃元吉先生的名著《老子道德經注釋》至今飲譽海內外，他傳授中國道家內丹養生之道，受益者眾多。據人民體育出版社一九九二年出版梅自強所著《顛倒之術》——養生內丹功《九轉十法真傳》222頁記載：中華人民共和國開國元帥朱德、劉伯承、未達時均曾入其門下，習煉內丹道功。

我曾試寫小詩一首，禮贊黃元吉先生，今吟書於此，意欲懇請行家雅正之：

黃元吉禮贊：

道傳晚清勢漸衰，幸有先生闡內丹。

注釋老子《道德經》，世人方知天外天。

中國近代道學名家陳攖寧（1880—1969），先學儒後學佛再入道，平生道德學問高深，被公推為中國道教協會第一屆副會長兼秘書長，第二屆中國道教協會會長，他站在高文化素養的基石之上，對中國道家內丹養生之道，功理功法的科學性，實用性尤為推崇、因而他平生主要精力用於自我修煉與弘揚中國道家內丹養生之道事業之上。

近代，在中國處於列強欲瓜分之際，陳攖寧先生高瞻遠矚，大力提倡中國固有的先進的與現代科學同源的中國道學之精華的內丹道功，以促進振奮民族精神，強健民眾身心，建立了不可磨滅的傑出業績，至今在海內外尚為有識之士稱譽。

筆者曾試寫小詩一首禮贊陳攖寧先生，今吟書於此，意欲懇請行家雅正之：

陳攖寧禮贊：

　　道骨錚錚學者風，儒釋道醫全精通。

　　先生慧眼非凡品，弘揚內丹濟蒼生。

歷史的經驗值得注意。（毛澤東語）

歷史的結論不言而喻。

中華民族神聖祖先黃帝、老子創立中國東漢道學家魏伯陽所著《周易參同契》。內蘊含天人興衰規律，確立之中國道家內丹養生學，確乃是全人類康壽超凡最佳法寶，在中國歷史上的地位是至高無上的。

歷史的啟迪簡明深遠：

中華數千年史實表明，習煉《周易參同契》內含中國道家內丹養生學是中國各界泰斗掌握生命科學，達到袪病強身，回春開智、養生長壽、天人合一，超越生命取得事業成功真實可靠而神奇的法寶。

道家養生長壽基地崛起
山東沂蒙山

——代《中國道家養生與現代生命科學系列叢書》
再版後記

　　承蒙海內外各界有識有緣之士的理解與厚愛，《中國道家養生與現代生命科學系列叢書》出版上市後很快脫銷並即將再版，我有幸作為本叢書總主編，首先懷著十分感恩的心情，懇謝我們中華民族神聖祖先伏羲、黃帝、老子等古之大聖哲，是他們運用大智大慧，參透宇宙天地人生命變化規律，而後克服無數艱難險阻，給我們創立了古今中外有識之士公認為全人類最佳養生長壽之道的中國道家養生之道。

　　再者懇謝對在本叢書編寫、出版、傳播過程中給以支持的海內外各界有緣之士；同時懇謝海內外各界有緣又深深理解本叢書內含的中國道家養生之道神奇效果與科學文化價值的讀者們。

　　這其中特別值得一提的是：中國當代著名傳統養生文化研究專家、博士，海內外著名的中國傳統養生文化傳播者李志杰博士，結緣於我隱居修練中國道家養生之道的中國廣東羅浮山軒轅庵，我們倆一談相知，因為我們對中國傳統養生文化精華中國道家養生之道認識、理解、研究、

完全一致，在相見恨晚的談話中，李志杰博士告訴我一個令人十分鼓舞的喜訊：為了盡快弘揚中國道家養生文化，造福世人、身心康壽。他已和山東金匯蒙山旅遊資源開發有限公司董事長李興等有關同道，在位於中國山東沂蒙山腹地蒙陰縣「蒙山國家森林公園」與「蒙山國家地質公園」內，已經開始建設一個中國道家養生長壽基地，而且已初具規模。李志杰博士希望我能盡快實地考察，如有緣，他希望我以後能常到基地去講授、傳播中國道家養生之道。

因為我是學習與研究中國歷史和中國道家養生之道的，故我深知：中國山東沂蒙山和沂蒙山廣闊的周邊地區，是一片地靈人傑的風水寶地。根據諸多史書明確記載：古來這塊寶地孕育造就出為數不少的中國儒家聖人與中國道家仙真，同時孕育出數位大軍事家與中國文化名人，其中，最著名的有儒家聖人有孔子、孟子、曾子、荀子與中國書法聖人王羲之、顏真卿以及中國算術聖人劉洪、中國孝聖王祥、孔子的老師之一郯子也生活在蒙山一帶。最著名的中國道家仙真有鬼谷子、赤松子、安期生、黃大仙……最著名的軍事家有孫武子、孫臏、蒙恬、諸葛亮……，緣於此，山東沂蒙山也被史家稱為中華仙聖文化的搖籃。

緣於上述原因，我欣然應諾李志杰博士的邀請。於是，2009 年 6 月 7 日，我先邀請李志杰博士、李興董事長、河南省工商銀行劉樹洲先生、河南電視台辦公室劉素女士、青島甘勇董事長、廣西張勇董事長、深圳中華養生樂園創辦人張莉、河南易學新秀李悟明等一行九人來到我的故鄉，舉世聞名的《周易》發源地中國河南安陽。在安

陽靈泉寺內參加了我與師弟山西大學劉鵬教授合辦的我的道家養生師父、世界著名壽星吳雲青不腐肉身拜謁儀式。而後，《中國道家養生與現代生命科學系列叢書》編委、河南省著名企業家、《周易》學者、安陽市貞元集團董事長駢運來的夫人梁婷梅與台灣易學名人、《周易》學會理事長丁美美設午宴盛情款待我們。下午二時，我們一行十人告別古都安陽，驅車千里，於當晚到達位於山東沂蒙山腹地的蒙陰縣蒙山國家森林公園內，此處是著名的國家4A級名勝風景區。

當日夜半，我們一行十人登上蒙山，舉目四望，但見在皎潔月光輝映下，群峰起伏，莽蒼蒼的蒙山像一條沉睡的巨龍安臥在齊魯大地上，滿山遍野的松樹林散發的陣陣松花香味沁人心脾，使人身心頓爽……

次日清晨，李志杰博士帶領我們一行數人到蒙山頂上考察。我們登上白雲繚繞的蒙山峰頂，環顧四方曠野，親身體驗了孔子當年「登蒙山而小齊魯」的神韻；同時，親身體驗了荀子身為「蘭陵令」即沂蒙山地區長官所生活多年的山水與人文風貌……

清日上午，李志杰博士又特意安排專人帶我考察了位於蒙山峰頂的兩座古道觀「雨王赤松子、黃大仙廟」（當地人簡稱為雨王廟）與「紫雲觀」。（紫雲觀之名源於老子「紫氣東來坐觀天下」）但見廟觀建築風格古樸而壯重，廟內供奉的神像有中國雨王赤松子、黃大仙、中華智聖鬼谷子、中國道家真人呂洞賓、道佛雙修的慈航道人觀音菩薩，於此足見蒙山中國道家文化底蘊深厚……

次日下午，李志杰博士、李興董事長特意與我就在蒙山籌建中國道家養生長壽基地，交換了各人觀點與打算，

令我們三人感到十分滿意的是，我們三人見識、觀點與打算竟然不謀而合。最後我們三人達成了共識：充分發揮蒙山得天獨厚的壯美大自然環境與底蘊深厚的人文環境。同時以蒙山現有的四星級標準的蒙山會館為基礎，儘快籌建起中國道家養生長壽基地。隨後，李博士、李董事長又與我詳細探討了中國道家養生長壽基地的近期與遠期規畫。

我們到蒙山的第三天，李志杰博士又特意安排兩個專人陪我們一行人從山上一直考察到山下，又從山下考察到山上，其間收穫甚豐；最大的收穫為參觀中國戰國時代軍事家孫臏與龐涓修道讀書山洞。孫臏洞給我們留下的印象尤為深刻；我們身臨孫臏洞，但見四周美如仙景，那古樸幽靜的山洞高低深淺適度，令我們假想當年大軍事家孫臏拜中國智聖鬼谷子為師，在地靈人傑的蒙山中學習與研究其祖父孫武子所著《孫子兵法》，而後成為大軍事家、著出流傳萬世而不衰的《孫臏兵法》的一幕幕……而今，山東臨沂銀雀山漢墓竹簡博物館陳列出土的《孫臏兵法》竹簡，是孫臏著兵法的印證。

下午，我們則重點考察了具有四星級標準的蒙山會館，但見蒙山會館主體大樓座西面東、背山面水、紫氣東來。蒙山會館大樓共有四層，設施與服務水平可以說是一流，蒙山會館可以容納一百多人的食宿與學習，其標準房間和會議室裝修風格使人有賓至如歸的感覺。

第三天晚上，我們一行人和李志杰博士、李興董事長舉行了晚餐會。其間，我們進一步確立了中國道家養生基地基本框架：以蒙山大自然的環境為大課堂，以蒙山會館作為生活與學習的小課堂，以《中國道家養生與現代生命科學系列叢書》為中國道家養生基地的主要教材。

　　光陰似箭，轉眼三天過去，當我即將離開蒙山之時，我看著李志杰博士與李興董事長大慈大悲，立志建設中國道家養生基地，大力弘揚中國道家養生長壽文化，造福人類健康長壽的雄偉藍圖，同時，我再一次飽覽了山東蒙山壯美的風光山色，深信曾經孕育造就出諸多聖人與仙真和中國大軍事家和文化名人的山東沂蒙山，緣於中國道家養生基地的建立，一定會在當代孕育出更多的中國道家養生人才而造福世人。

　　我深信中國山東蒙山道家養生基地會越辦越好。

　　我深信世界各地中國道家養生基地會越辦越好。

　　我深信來中國道家養生基地養生者會越來越好。

蘇華仁

2009年7月1日寫起於中國廣東羅浮山軒轅庵中

聯繫手機：13138387676

郵箱：su13138387676@163.com

中國道家養生廿字要訣

——中山大學舉辦「羅浮山道家養生與哲學專題講座」
　　綱要之一
　世界著名丹道壽星吳雲青弟子、中山大學兼職教授
　中國廣東羅浮山軒轅庵、紫雲洞道長　　蘇華仁

　　中國道家養生之道，其養生效果真實而神奇。其道理
「道法自然」規律，博大精深，師法並揭示宇宙天地人萬
事萬物變化規律。因而能夠讓全人類達到健康長壽、天人
合一。確如中華聖祖《黃帝陰符經》中所言：「宇宙在乎
手，萬化生乎身」。

一、　中國道家養生廿字要訣內容

　　中國道家養生之道，其具體方法卻極其簡單、至簡至
易，便於操作。正如古今丹道祖師所言：「大道至簡。」
要爾言之，不過「道家養生廿字要訣。」其內容如下：

　　　永保童心，
　　　早睡早起，
　　　長年食素，
　　　練好內丹，
　　　積德行功。

以上「中國道家養生廿字要訣。」是我多年反覆學習道家養生經典：《黃帝陰符經》《黃帝內經》《黃帝外經》《老子道德經》《太上老君內丹經》和《周易參同契》《孫思邈千金要方‧道林養性》《呂洞賓祖師全書》《張三豐全集》等道家經典，然後對其中道家養生之道成功經驗的高度濃縮與高度概括；同時是我多年來，學習當代多位年逾百歲猶童顏的道家內丹養生高師吳雲青、李理祥、趙百川、唐道成和道功名家邊治中、李嵐峰，道家內丹養生之道成功經驗的高度濃縮與高度概括。

二、 中國道家養生廿字要訣眞實效果

我近年來，應邀在海內外講學，講授中國道家養生之道時，我都主要講：「道家養生廿字要訣。」無數實踐證明：凡是聽課者能切切實實執行「道家養生廿字要訣」的，都能取得身心康壽、開智開慧、事業成功的真實而神奇的養生效果。故大家稱讚「道家養生廿字要訣」。

為「健康聖經」。為此，我特意寫出「道家養生廿字要訣」。禮贊：

> 永保童心返歸嬰，
> 早睡早起身常青，
> 長年食素免百病，
> 練好內丹天地同，
> 積德行功樂無窮。

三、黃帝《陰符經》老子《道德經》
是中國道家養生廿字要訣本源

中國道家養生廿字要訣，其方法簡便易行，效果真實神奇。溯其根源，主要來源於中華民族神聖祖先、中國道家始祖黃帝《陰符經》、中國道家祖師老子《道德經》。

當我們靜觀細讀、反覆揣摩黃帝《陰符經》老子《道德經》，你自然而然會真切地感受到，黃帝與老子對人類身心健康長壽的關懷與大慈大悲的博大胸懷。

為了全人類健康長壽，黃帝、老子自願將他們取得養生長壽，成功經驗，毫無保留地貢獻給全人類，衷心地希望全人類，獲得健康長壽。《史記‧五帝本紀》《史記‧封禪》記載：黃帝平生用道家養生之道，獲得壽高一百一十一歲以上高壽，《史記‧老莊韓非列傳》記載老子「壽高二百餘歲不只知所終」。

1.「永保童心」源自黃帝《陰符經》「至樂性餘」老子《道德經》「聖人皆孩子」。

「永保童心」，是古今中外壽星與養生名家取得養生長壽共同成功經驗之一，故黃帝《陰符經》老子《道德經》，反覆諄諄、循循善誘的教導全人類要從「爭名奪利」，「庸碌一生」中解脫出來，人類的生活方式，要全方位地回歸自然，要時時刻刻保持心性樂觀，做到「至樂性餘，至靜性廉」，（黃帝《陰符經》下篇）同時，時常永保童心，如嬰兒之未孩。並且特別指出，聖人的養生要訣是：「聖心皆孩子」（老子《道德經》第四十九章。）詳情請看：黃帝《陰符經》老子《道德經》全文。

2.「早睡早起」來源於黃帝《陰符經》、老子《道德

經》「道法自然」規律養生。

眾所周知：人是大自然的兒子，人是宇宙萬物之靈，故人與大自然本來就是天人合一天人一體的。這一點：我們中華民族的偉大祖先、中國道家始祖黃帝，早在約五千年前就發現這一科學真理。故黃帝《陰符經》上篇曰：「宇宙在乎手，萬化生乎身。」中國道家祖師老子早在二千五百多年，繼承發展黃帝關於「天人合一」思想，老子在其名著老子《道德經》中曰：「人法地，地法天，天法道，道法自然。」

不言而喻：「道法自然」規律是人類養好生的根本法則、根本準則、根本保證。

「日出而作，日落而息」是古今人類與大自然同步的具體體現。

「早睡早起身體好」是婦幼皆知的養好生的好習慣與成功經驗。

「萬物生長靠太陽」是婦幼皆知的生命生長的根本法則。

中國道家傳統養生要訣詩曰：

> 天有三寶日月星，地有三寶水火風；
> 人有三寶精氣神；善用三寶可長生。

道家傳統養生要訣又曰：「人生在卯」。指人生健康長壽要卯時起床，修練與工作。卯時，即早上5～7點，而早上5～7點，恰恰是日、月、星三寶聚會之時。

清晨初生的太陽光，古人稱之為「日精」，將日精吸入人體之內稱為「採日精」。無數採日精者經驗證明：對

著清晨的太陽練功，沐浴清晨的陽光，呼吸清晨的新鮮空氣，對人類健康長壽補益甚大。

月亮光，古人稱之為「月華」早上5～7點和晚上5點～7點，對著初升的月光修練，將月亮光呼吸入人體之內，古人稱之為「吸月華」，對身體也有很大的補益。

星星光，古人稱之為「星輝」，早上5～7時，和晚上5點～7時，包括夜晚對著星辰修練，將星光呼吸入人體之內，對身體也有很大的補益。而且可以激發人類大腦的活力與想像力、創造力。

而現代科學透過現代化儀器，試驗表明：太陽光、月亮光、星星光中，均含有大量的對宇宙生命生長、特別是人類生命有益的大量的微量元素。而每天早上5～7點，正是太陽光、月亮光、星星光三光相聚之時，三種光綜合為一產生的微量元素對人類健康長壽，更為有益。這是無數早上卯時修練者、取得健康長壽與開發智慧成功的經驗總結。

黃帝《陰符經》下篇曰：「聖人知自然之道不可違，因而制之。」老子《道德經》第二十五章曰：「人法地、地法天、天法道，道法自然。」這兩者之說，都是強調人類養生一定要「道法自然」規律，而早睡早起，則是《道法自然》規律、具體養生方法之一，早睡早起身體好，是無數取得養生長壽者的寶貴經驗，誰認真遵行誰身心健康受益。

3.「長年食素」源自老子《道德經》「見素抱樸」「深根固蒂」。

「長年食素」是中國道家傳統養生二十字要訣之一，也是中國道家取得養生長壽成功經驗。老子《道德經》第十九章、五十九章曰：「見素抱樸」是謂「深根固蒂」

「長生久視」之道。

「長年食素」對人類健康長壽有益。早已為現代科學實踐證明：故現代科學之父愛因斯坦，運用大智大慧，經過長期的嚴謹科學實驗後，深刻而精闢地指出：「我認為素食者的人生態度，乃是出自極單純的生理上的平衡狀態，因此，對於人類的影響應是有所裨益的。」

在中國古代老子與現代科學之父愛因斯坦等大聖哲、大科學家影響下，當今世界食素的人數的越來越多，各國素食學會如雨後春筍，日益增多。有資料表明：在台灣很早以前就率先建立了「素食醫院」。新加坡等國家和地區早已有了素食幼兒園、素食中學與素食大學。

更有資料表明：除上述老子與愛因斯坦外，長年食素者還有古今中外許許多多的大聖哲：如中國儒家聖人孔子、佛祖釋迦牟尼，耶穌基督……大科學家達爾文、愛迪生、牛頓……大政治家邱吉爾、甘地……大作家托爾斯泰、蕭伯納、馬克吐溫、伏爾泰……大畫家達芬奇和體壇名人劉易斯……

綜上所述：「長年食素」是中國道家傳統養生二十字要訣之一，是中國道家養生長壽成功經驗，也是古今中外諸多大智大慧者的明智選擇，更重要的是您只要認真的食素一個月，您的心身健康素質和智商就會改善。這是無數健康長壽者的經驗之談。

還有重要的一點是：現在環境污染與轉基因飼料飼養動物，給人類健康造成危害日益嚴重，故當今人類實行長年素食者日益增多。

4.「練好內丹」源於黃帝《陰符經》、老子《道德經》《老子內丹經》。

「練好內丹」是中國道家傳統養生二十字要訣之一，因為，中國道家養生之道精華是中國道家內丹養生之道。中國道家內丹養生之道，是古今中國各界泰斗和中國道家養生名家取得養生長壽，開發大智，事業成功、天人合一的真實而神奇法寶。古今中外無數修練者的實踐表明：中國道家內丹養生之道，也是全人類取得養生長壽，開發大智，事業成功、天人合一的真實而神奇法寶。

中國道家內丹養生要訣與秘訣，主要蘊含於黃帝《陰符經》、老子《道德經》、《老子內丹經》之內。黃帝《陰符經》中講的「宇宙在乎手，萬化生乎身。知之修練，謂之聖人」是指修練中國道家內丹養生之道。修練中國道家內丹養生之道的核心是人與宇宙天人合一。

老子《道德經》中第一章講的「常有欲觀其竅，常無欲觀其妙」，實是講修練中國道家內丹養生之道的第一要訣是「守玄觀竅」，所以其下文緊接著曰：「玄之又玄，眾妙之門」。

鑒於上述，故中國道家南宗祖師張伯端在《悟真篇》中，用詩歌禮讚黃帝《陰符經》與老子《道德經》曰：

陰符寶字逾三百，道德靈文止五千，
今古上仙無限數，盡從此處達真詮。

老子《道德經》與《老子內丹經》一同珍藏於中國《道藏》之內。《老子內丹經》在《道藏》中原題名為《老上老君內丹經》，眾所周知：「太上老君」是中國道家與中國道教對老子的尊稱，緣於此《太上老君子內丹經》，實是《老子內丹經》。《老子內丹經》闡述中國道

家內丹養生之道要訣曰：「夫練大丹者，精勤功行。修生之法，保身之道，因氣安精，因精養神，神不離身，身乃長健。」

5.「積德行功」源於《黃帝陰符經》「天人合發」，老子《道德經》「重積德則無不克」。

「積德行功」是中國道家傳統養生二十字要訣之一。

「積德行功」源於《黃帝陰符經》「天人合發、萬變定基」，「知之修練、謂之聖人」，與老子《道德經》第五十九章：「重積德則無不克。」倘我們靜觀、細讀《黃帝陰符經》和老子《道德經》，您可以從字裏行間深深體會到：黃帝、老子對「積德行功」精華的論述。特別是老子《道德經》第五十一章、五十四章、五十九章論述尤顯詳細、尤顯重要，故今敬錄如下：

老子《道德經》第五十一章曰：「道生之，德蓄之，物形之，勢成之，是以萬物莫不尊道而貴德，道之尊，德之貴，夫莫之命而常自然。故道生之，德蓄之，長之育之，成之熟之，養之復之。生而不有，為而不恃，長而不有，是謂玄德。」

老子《道德經》第五十九章曰：「治人事天莫若牆。夫唯嗇，是謂早復，早復謂之重積德，重積德則無不克。無不克則莫知其極，莫知其極則可以有國，可以長久。是謂深根固蒂，長生久視之道。」

老子《道德經》第五十四章曰：「修之於身，其德乃真，修之於家、其德乃餘，修之於鄉、其德乃長，修之於國、其德乃豐，修之於天下，其德不普；故以身觀身，以家觀家，以鄉觀鄉，以國觀國，以天下觀天下。吾何以知天下之然哉？以此。」

中華丹道・傳在吳老

——己丑年（2009年）恭拜世界著名壽星吳雲青眞身
獻辭（徵求意見稿）吳雲青入室弟子、廣東羅浮山
軒轅庵蘇華仁（吳老賜道號：蘇德仙）

一

五月十五、歲在己丑，
恭立安陽、吳老身後，
靜觀人類、放眼宇宙，
面對現實、悲歡皆有，
諸多災難、時降五洲，
經濟風暴、令人哀愁，
信仰迷茫、競擬走獸，
Ａ型流感、侵襲全球，
人類繁榮、大家共求，
仰問蒼天、良方何有？

二

當今世界、中華獨秀，
雖歷滄桑、終居上游，
舉世仰慕、探其源由，
究其根源、全在道家，

道家文化、孕育偉大，
人類歷史、啓示人類，
道家文化、救世良方，
得道者昌、失道者亡。

三

道家文化、淵源流長，
中華聖祖、黃帝開創，
越五千年、如日月光，
聖祖黃帝、演易《歸藏》，
著《陰符經》《黃帝內經》；
偉哉老子、集其大成，
著《道德經》、傳《內丹經》。
道家文化、「道法自然」，
人類遵之、自然日興，
道家核心、「天人合一」
人類忠行、萬事可成。

四

道家秘傳、最重內丹，
養生法寶、修真成仙；
因此中華、也稱神州，
縱觀古今、橫覽中外，
朗朗乾坤、獨尊內丹，
中華泰斗、多練內丹，
黃帝練成、龍馭升天，
龍的傳人、因此開端；
老子丹成、著《道德經》，
「東方聖經」、世世永傳；
孔子學道、拜師老子，
發猶龍嘆、《史記》明載：
孫子兵法、萬古流傳，
修道保法、乃其大概；
商祖范蠡、攜同西施，
外助勾踐、內練內丹，
隱居太湖、逍遙自在。

五

智聖鬼谷、練成內丹，
注《陰符經》、隱雲蒙山，
入世法傳、蘇秦張儀，
毛遂徐福、孫臏龐涓，
出世法傳、茅蒙茅山，

雨王赤松、稱黃大仙，
內丹練成、逍遙人天，
育出張良、一代國師，
功成身退、辟谷修仙；
張良玄孫、名張道陵，
為傳大道、創立道教，
從此中華、方有教傳，
外傳法術、內傳內丹，
光陰似箭、越二千年，
代代仙真、口傳內丹，
名家輩出、功德永傳，
葛洪練丹、隱羅浮山，
著《抱朴子》、建立道觀，
偉哉藥王、名孫思邈，
著《千金方》、內丹詩傳。

六

呂祖洞賓、天仙狀元，
為學內丹、受盡苦難，
鍾離權師、口授真傳，
為使大道、永傳人間，
偉哉呂祖、不避艱險，
東西南北、為度有緣，
中華大地、遺跡猶在，
《呂祖全書》、德澤人天：
北有七真、祖述呂祖，
南有五祖、根在呂仙，

大江西派、呂祖開源，
呂祖師友、最尊陳摶，
高臥華山、傳道眞脈，
承前啓後、繼往開來，
育出弟子、火龍眞人，
育出徒孫、名張三豐，
創太極拳、秘傳內丹，
造福人類、口碑永傳。

七

方今世忙、人身少健，
為益身心、惟有內丹，
歷史經驗、史書明載，
練好內丹、心身康泰，
練好內丹、轉危為安，
練好內丹、人類日健。

八

當今之世、內丹何在？
中華大道、內丹誰傳？
吳老雲青、練成內丹，
上承黃帝、老子眞傳，
吳老雲青、眞人典範，
年逾百歲、鶴髮童顏，
積德行功、廣度有緣，
臨終坐化、歸空九天，
金身不壞、萬世稱讚，
我輩效之、練成內丹，
度己度人、造福人天，
笑傲滄桑、得大自在。

二〇〇九年六月七日吟於安陽
有修改意見請打手機：13138387676

國家圖書館出版品預行編目資料

世界著名壽星吳雲青談中國傳統養生之道／蘇華仁　丁成仙
劉裕明　徐曉雪　編著
——初版，——臺北市，大展，2013〔民102.04〕
面；21公分 ——（道家養生與生命科學；6）
ISBN　978-957-468-944-6（平裝）
1.道教修鍊　2.養生
235.2　　　　　　　　　　　　　　　　　　102002784

世界著名壽星吳雲青談中國傳統養生之道

原　　著／吳雲青
編　　著／蘇華仁　丁成仙　劉裕明　徐曉雪
責任編輯／趙志春
發 行 人／蔡森明
出 版 者／大展出版社有限公司
社　　址／台北市北投區（石牌）致遠一路2段12巷1號
電　　話／（02）28236031・28236033・28233123
傳　　眞／（02）28272069
郵政劃撥／01669551
網　　址／www.dah-jaan.com.tw
E－mail／service@dah-jaan.com.tw
登 記 證／局版臺業字第2171號
承 印 者／傳興印刷有限公司
裝　　訂／建鑫裝訂有限公司
排 版 者／弘益電腦排版有限公司
授 權 者／山西科學技術出版社
初版1刷／2013年（民102年）4月

定　價／330元

大展好書　好書大展
品嘗好書　冠群可期

大展好書　好書大展
品嘗好書　冠群可期